가/림/레/포/츠 ❺

디지털 카메라 · 디지털 비디오
촬영에서 편집, 활용까지의 노하우

나도 디지털 전문가
될 수 있다!!!

이승훈 지음

가림출판사

책 머 리 에

　아주 멀리는 구석기 시대로부터 가깝게는 조선시대 김홍도까지 사람들은 세상 모습을 그리고 싶어했다. 그러나 눈으로 본 세상을 그리는 일은 뛰어난 눈썰미와 손재주가 있어야만 가능했다.

　과학과 기술의 발전은 누구나 쉽게 세상 모습을 세밀하게 저장할 수 있는 카메라 시대를 열어 주었다.

　펄프로 만드는 같은 종이라고 해도, 어떤 종이는 구구절절한 사연이 담겨 있고 어떤 종이는 볼펜 사용 여부를 확인한 낙서만 남아 있다.

　보이는 무엇이나 담을 수 있다는 사실은 아무 의미 없는 모습조차도 담을 수 있다는 말과 같다.

　지구의 최고봉 에베레스트 산 정상은 바로 50년 전, 1953년 ′에드먼드 힐러리′와 셰르파 ′텐징 노르가이′ 두 사람이 처음으로 밟았다. 셰르파 ′텐징′의 도움이 없었다면 ′힐러리′ 경은 지구에서는 더 이상 오를 곳이 없는 곳, 에베레스트 정상까지 오르기 위해 험난한 고생을 했었을 것이다.

　필자 또한 사진과 비디오에 호기심을 가진 마니아에 불과하지만, 영상 만들기에 첫 발을 들여놓은 사람들에게 충실한 셰르파 같은 책이 필요함을 절실히 느껴 이 책을 집필하게 되었다.

　셰르파는 여러분에게 정상을 알려주지도, 정상에 올려 주지도 않는다. 여러분이 정상으로 생각하는 그곳에 갈 수 있도록 도와주기 위해 존재할 뿐이다.

2003년 6월
이승훈

Contents

Contents

Contents

PART III 나는 영상 제작자

Contents

PART I

디지털 세상

Chapter 1

'카메라' 하면 필름과 인화된 사진을 떠올렸지만 이제는 컴퓨터를 생각하지 않을 수 없다. 또한 인화된 사진 대신 모니터를 바라보며 추억하고 즐기는 세상이 되었다. 우리가 본 것을 그대로 옮겨 놓을 수 있는 참으로 신기한 '카메라'. 카메라의 과거와 현재의 모습, 그리고 진화과정을 하나씩 하나씩 알아보는 여행을 떠나보자.

바늘구멍 사진기로부터

1. 바늘구멍 사진기

오래 전 사람들은 문에 생긴 작은 구멍을 통해 어두운 방안 벽에 문 밖의 세상이 거꾸로 비춰지는 현상을 발견했다. 놀랍고 신비한 이 현상으로부터 바늘구멍 사진기(pinhole camera)가 만들어졌고 초기의 조잡했던 사진기는 미술사에 정밀 묘사라는 새로운 시대를 열어 주었다.

사진은 독립된 매체가 아니라 투영되는 정물을 연필로 정밀하게 묘사하기 위한 도구로서 시작되었다. 그러나 바늘구멍 사진기는 투영되는 상이 너무 어두워 고감도 필름을 써야 했고 노출 시간도 오래 걸렸다. 따라서 모델에게 노출 시간만큼 정지된 포즈를 요구해야만 하는 등 실용적이지 못했다.

1839년 L. J. M. 다게르가 만든 사진기가 프랑스 과학 아카데미에서 정식 발명품으로 인정받게 되었고, 이후 렌즈가 개발되고 감광 소자로 필름이 사용되었다. 초기의 카메라는 지금의 카메라와 마찬가지로 조리개와 셔터 조절장치, 그리고 몸체로 구성되어 있었다.

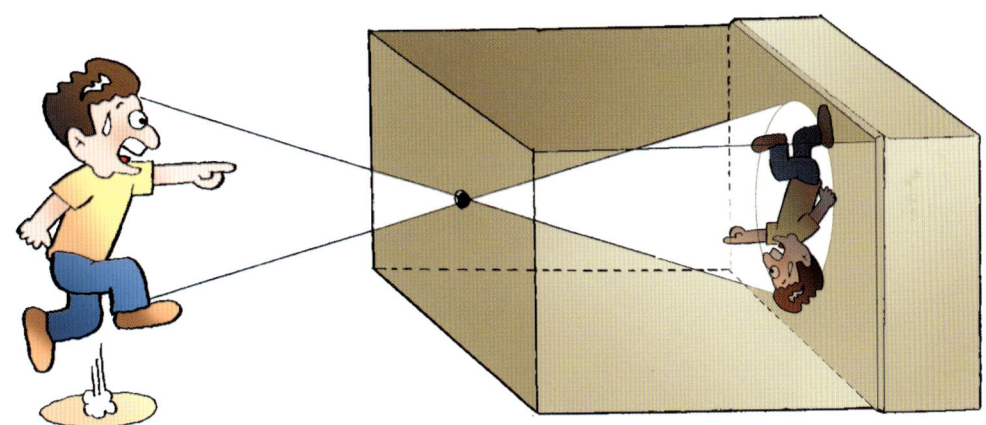

🔲 **바늘구멍 사진기:**
바늘구멍 사진기는 겉 상자와 속 상자로 되어있다. 겉 상자의 앞쪽에는 바늘구멍이 있고 속 상자의 안쪽에는 불투명 유리가 붙어 있다.

NOTE :
_____
_____
_____
_____

2. 카메라의 구조

● 렌즈

빛은 렌즈(Lens)라는 광학 매질을 지나면서 굴절현상이 일으켜 상(像)을 한 곳에 맺게 된다.

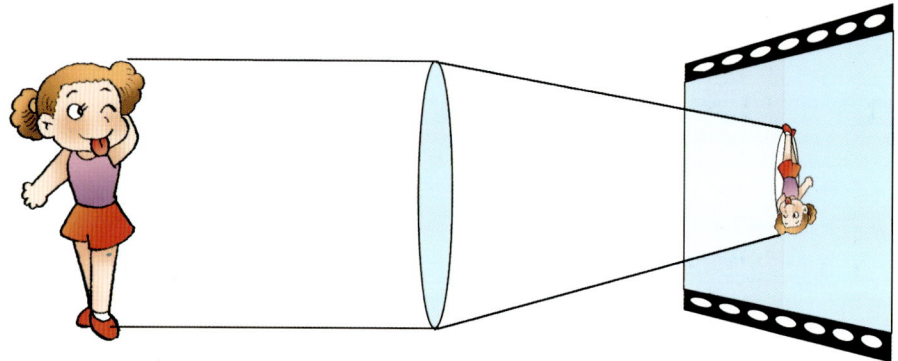

🔸 렌즈를 지나며 상이 맺히는 모습

🔸 디지털 카메라의 구조

Power Tip | 렌즈의 역사

제2차 세계대전에서 패망한 독일은 더 이상 군수품을 생산할 수 없게 되자 전쟁준비로 갈고 닦은 기술을 민간인을 대상으로 상업화하게 되었다. 첩보전에 쓰였던 렌즈 기술은 카메라 산업으로, 탱크와 비행기, 로켓에 사용되었던 엔진과 로켓 기술은 자동차와 항공기 제트엔진 산업으로 이어졌다.

렌즈 분야에서 '칼짜이즈'라는 이름은 단순한 회사 이름이 아닌 렌즈를 설계하고 제작하는 모든 것을 의미했다. 18세기 후반부터 1950년대까지는 칼짜이즈 회사에 소속된 박사급 연구원들만이 세계에서 유일하게 복잡한 다차원 방정식을 필요로 하는 렌즈 설계를 할 수 있었다. 그러나 1960년대 이후 전자공학, 기계제어공학의 발달은 렌즈 설계에 혁신을 가져왔고 그때부터 칼짜이즈 사가 아닌 다른 곳에서도 렌즈를 만들 수 있게 되었다.

● 조리개

　조리개(Iris)는 액체를 한 곳에 모으기 위한 깔때기와 비슷한 기능을 가진 기구이다. 구멍이 작으면 흐르는 액체의 양은 적어지고 반대로 구멍이 크면 흐르는 양이 많아지는 원리처럼 카메라에서 렌즈로 들어가는 빛의 양을 조절한다.

❖ 조리개는 빛의 양을 조절한다

● 셔 터

　조리개가 빛의 양을 조절한다면 셔터(Shutter)는 피사체의 이미지를 담은 빛이 필름(CCD)에 닿는 시간을 조정한다.

칼짜이즈의 명성은 많이 줄었지만 지금도 렌즈 T코팅 기술은 세계 최고 수준으로 영화 카메라, 고급 카메라, 현미경에 사용되는 최고급 렌즈로 그 유명세를 이어가고 있다. 소니에서 만들어 내는 디지털 카메라와 디지털 비디오 광고에 "칼짜이즈 렌즈사용"이라는 문구가 빠지지 않는 점으로도 칼짜이즈의 위력을 알 수 있다.

소니 칼짜이즈 렌즈

3. 카메라의 진화

● 필름 카메라

카메라로 들어온 빛은 렌즈→조리개→셔터를 지
나 필름에 저장된다. 빛을 저장하는
소재로 필름이 사용되고 렌즈와
보디, 필름 종류에 따라 표현되
는 이미지가 달라진다. 전문가는
이 특성을 이용해 다양한 영상을
표현해 낸다.

✚ 필름카메라

✚ 디지털 카메라

● 디지털 카메라

디지털 카메라(Digital
Camera)의 구조는 필름 카메
라(Film Camera)와 크게 다르
지 않으나, 빛을 저장하는 감광
매체로 필름이 아닌 CCD 전자소자를
사용한다는 점이 다르다. CCD는 빛의 신호를 전기 신호로 바꾸어 주며 컬
러가 아닌 흑백 소자이다.

DV 카메라

디지털 카메라와 같은 구조
로 되어 있지만 한 장씩 저장
하는 디지털 카메라와는 달리
720×480(약 34만 화소) 영상을
1초에 30장(정확하게 29.97/NTSC
방식 기준), 48kHz 16bit 스테레
오 음성까지 저장한다. 저장 매
체로는 6mmDV 카세트 테이프
가 사용되며 보통 테이프 한 개
에 60분 분량을 저장할 수 있다.

□ DV 카메라

NOTE :

4. 필름 vs CCD

◉ 필름

필름은 얇은 플라스틱으로 보이지만 그 속에는 많은 화합물이 여러 층으로 구성되어 있다. 트리아세테이트나 폴리에스테르 계열의 얇은 플라스틱 베이스가 기본층으로 되어 있고 빛을 받으면 반응하는 물질인 감광 유제가 베이스 층에 물감을 칠한 듯 발라져 있다.

CCD는 흑백 소자라 필터와 전자회로 계산(보간법)을 통해 색신호를 만들어 내지만 필름은 R(빨강), G(녹색), B(파랑) 감광층이 따로 있어 빛의 색에 따라 다른 감광층에 저장된다.

필름은 현상, 인화 과정을 거쳐야만 하는 번거로움이 있지만 넓은 관용도와 풍부한 색상 표현으로 여전히 독보적인 영상 저장 매체로 군림하고 있다.

할레이션 지방층
베이스층
감광 유제층
필름 보호층

생각보다 복잡하네!

◘ 필름 단면도

NOTE :

◉ CCD

한자어로는 고체촬상관이라 하는데, 발음하기도 어려워 보통
CCD(Charge Coupled Device)라고 부른다. CCD는 빛이 닿으면
전자신호를 발생하는 광전변환 소자를 바둑판처럼 배열하고, 이
바둑판처럼 깔린 화소에서 생긴 영상 신호를 릴레이식으로 전달
하는 전송 기능까지 포함된 일체형 소자이다.

□ CCD

디지털 카메라에 사용되는 CCD 크기는 보통 5.52 × 4.14mm
정도로 새끼손가락 손톱 위에 올릴 수 있을 정도로 작고, DV 카메라용 CCD는 이보다 더 작다.

CCD는 만들기가 무척 까다로운 전자소자라 크기가 커지면 화질은 좋아지지만 가격은 몇 배 비싸지
고 전력 소모도 많아진다.

Power Tip | 관용도

필름의 관용도가 CCD의 관용도보다 높다는 말은 일반
인들이 이해하기에는 조금 어려운 부분이다. 햇살이 파
고드는 숲 속에 노란 들국화가 있다. 들국화에 노출을
맞추면 상대적으로 밝은 하늘과 어두운 숲의 그림자는
어떻게 표현될까? 관용도가 아주 낮은 경우라면 들국화
에 맞추어진 노출보다 밝은 부분은 하얗게 날아가 버리
고, 반대로 어두운 부분은 노출 부족으로 검게 나온다.
관용도가 높다면 하늘도 표현하고 어두운 숲 속 그림자
까지도 세밀하게 표현할 수 있는데, 바로 이런 폭이 관
용도이다.
필름은 CCD와 비교해 2스탑(1스탑 위는 2배의 광량, -1
스탑은 1/2광량) 이상 관용도가 크다.

5. 왜 디지털로 진화할까?

1980년대 중반에 등장한 은빛 찬란한 CD는 LP라는 검은 비닐 레코드를 몰아냈다. 그 결과 LP는 이제는 황학동에서나 구경할 수 있는 유물이 되었다. 2003년 현재 텔레비전도 아날로그에서 디지털 HD TV로 진화중이다.

왜 디지털로 바꾸려고 안간힘을 쓸까? 답은 간단하다! 디지털 방식이 아날로그 방식에 비해 장점이 많기 때문이다. 조선시대 허균이 지은 소설의 주인공 홍길동이 자기소개서를 만들어 보관한다고 하자.

아날로그 방식은 펜으로 쓴 원본을 서류함에 두었다 필요할 때마다 복사해서 쓴다. 복사를 여러 번 하면서 원본은 찢어지거나 마시던 커피 등이 묻게 되거나 부주의한 동료 덕분에 쓰레기통으로 사라지기까지 한다.

디지털 방식이라면? 워드프로세서로 자기소개서 파일을 만들어 플로피 디스켓 또는 하드디스크에 담아두면 망가지지 않는 한 원본은 반영구적으로 사용할 수 있다. 또 저장된 파일은 다른 디지털 매체로 바꾸거나 전송하기도 쉽고 작은 메모리장치에 담아 가지고 다닐 수 있으니 인터넷 시대에 맞아떨어진다. 디지털 방식은 아날로그 방식과 달리 화질이나 음질이 떨어지지 않게 저장할 수 있고, 저장된 데이터를 다양한 매체로 복사하거나 변경하는 것이 쉽다는 장점이 있다.

6. 디지털 카메라의 장점과 단점

장점

필름이 필요 없다. 필름에 담는 스틸 사진은 현상과 인화를 위한 시간과 돈이 필요하다. 그러나 디지털 카메라는 셔터를 누르고 바로 확인해 맘에 들면 남겨두고 아니면 지우면 된다.

필름 카메라와 비교해 필요한 경비를 돈으로 따지자면 충전비용 정도(몇백 원)면 되는 뛰어난 경제성을 가지고 있다.

필름은 보관할 장소가 있어야 하며 자외선과 먼지, 습기에 변질되기 쉽기 때문에 매우 조심해야 한다. 농경사회부터 산업사회까지는 너저분하게 쌓아 두는 물건들이 재산이었지만 지식기반 시대를 살아가는 현대인들은 깔끔하게 살고 싶어한다.

끝으로 필름은 인화를 해야만 결과를 알 수 있지만 디지털 카메라는 컴퓨터 모니터를 보면서 맘에 드는 컷만 골라 인화할 수 있다. 또한 인화도 따로 사진관에 가지 않고 인터넷 사진관에 파일을 보내면 인화된 사진을 우편으로 받아 볼 수 있다.

단점

300만 이상의 화소를 가진 디지털 카메라의 가격은 보통 40~50만원 정도로 부담스러운 가격이다.

D-SLR(Digital Single Lens Reflex) 고급형으로 가면 카메라 몸체만도 200만원을 훌쩍 넘는다. 그래서 아직은 디지털 카메라가 비싸다는 점이 단점 중의 하나라 할 수 있다. 필름 해상도를 디지털 카메라 화소로 바꿔보면 약 2000만 화소(ISO 100기준)에 이른다. 디지털 카메라는 D-SLR방식이 600만 화소 정도로 화질은 아직 필름을 따라가기 역부족이다.

NOTE :

Chapter 2

숨가쁘게 돌아가는 전자산업의 발달은 반 년만 지나면 가격도 저렴하고 성능도 훨씬 좋은 신제품을 쏟아낸다.
디지털 카메라를 사려고 상점이나 인터넷 사이트를 돌아보면 너무나 많은 가짓수와 가격에 놀라게 된다.
튼튼해서 평생 안 망가지는 물건을 고르던 구매 습관을 고집하기엔 세상은 많이 변했다. 디지털 카메라와 비디오 카메라는 앞으로도 새로운 제품이 쏟아져 나오겠지만 따져 봐야 할 지식만 갖추면 누구나 자신있게 고를 수 있다.

디지털 카메라 휘어잡기

1. 렌 즈

카메라로 들어오는 빛이 처음 만나는 곳이다. 소니는 렌즈의 명가 독일의 칼짜이즈, 삼성은 슈나이더 그리고 파나소닉은 라이카 렌즈를 사용했다는 광고 카피만 보더라도 렌즈가 얼마나 중요한지 알 수 있다.

빛은 입자이면서 파동인 물리학적으로 신비한 존재이다. 이 빛을 담기 위한 렌즈는 구경이 클수록 유리하다.

먼 우주로부터 오는 희미한 빛을 관측하는 아마추어 천문가들은 "천체망원경은 구경이 깡패"라는 이야기를 한다. 그 뜻은 수도 파이프의 구경이 크면 클수록 많은 물을 흐르게 할 수 있듯이 렌즈 구경의 크기 또한 빛을 받아들이는 중요한 요소이기 때문이다.

즉 렌즈의 구경이 크면 클수록 더 많은 빛을 모을 수 있다는 의미이다. 수도 파이프의 종류를 구경과 파이프 길이로 구분하는 것처럼 렌즈의 종류는 초점이 맺히는 거리(mm)와 렌즈 밝기(f수)로 구분한다.

카탈로그에 쓰여진 렌즈 밝기를 보면 F2.0 렌즈, F2.7 렌즈라고 되어 있는데 둘 중에서 수치가 낮은 렌즈가 더 밝은 렌즈이다.

수식이 나온다고 머리 아파할 이유가 없다. 초등학교 시절 돋보기로 검은 종이를 태운 기억을 떠올리자. 돋보기를 종이에서 멀리하거나 가까이하다 보면 모아진 빛이 선명하게 되고, 그러다 바로 검은 종이가 지글거리면서 타버리던 기억이 있을 것이다. 모아진 빛이 선명하게 되었을 때의 렌즈와 종이 사이의 거리가 바로 초점거리이다. 공식에서 초점거리가 짧을수록, 렌즈구경이 커질수록 렌즈 밝기(F)의 수가 적은 밝은 렌즈가 됨을 알 수 있다.

⬆ F수가 표기된 렌즈

 **Power Tip | 렌즈 밝기 공식**

렌즈 밝기(F) = 렌즈 초점거리 ÷ 렌즈 구경

Power Tip | 렌즈 카탈로그 살펴보기

예) 소니 f717 카탈로그
- 렌즈 f = 7.1~35.5mm(35mm 필름 환산시 f=38~190mm)
- 칼짜이즈 바리오조나 줌 5배 광학 줌 x 10배 프리시전 디지털 줌
- 렌즈 구경 : 58mm
- 렌즈 밝기 : F2.0 ~ 2.4
- 매크로 : 2cm ~ 무한대

소니 F717

① 소문자 f는 렌즈의 초점거리이다. 괄호를 하고 35mm 필름으로 환산하는 이유는 CCD 크기가 제조회사와 제품에 따라 다르기 때문에 렌즈 초점거리를 35mm 필름 카메라 값으로 환산해 쉽게 이해할 수 있도록 하기 위함이다. 소니 f717 렌즈는 줌 렌즈이므로 최소값 38mm는 최대 광각에서의 초점거리를, 190mm는 최대 망원에서의 초점거리를 의미한다.

② 5배 광학 줌 표시는 5배 광학 줌 표시는 줌을 최대한 당기면 최소일 때보다 5배 더 크게 확대된다는 뜻이다 (정확하게는 '잡아당긴다'가 맞다. 확대라면 시각을 그대로 유지하고 피사체가 커져야 한다). 10배 프리시전 디지털 줌은 광학적 줌이 아닌 전자 회로로 확대한 영상으로 실용성이 없다.

③ 렌즈 구경은 필터링 크기로 액세서리인 필터와 컨버전 렌즈는 지름 크기를 이 크기에 맞추어 사야 한다.

④ 렌즈 밝기(최대 광각시 F2.0, 최대 망원시 F2.4) 렌즈 밝기가 줌에 따라 변함을 알 수 있다. 최대 광각에서 가장 밝고, 최대 망원에서 가장 어둡다. 자동차 헤드라이트로 가까운 곳을 비추면 범위가 작지만 밝고, 먼 곳을 비추면 범위는 넓어지지만 밝기가 어두워지는 원리와 같다. 50만 원대 중급형 캐논 IXY Digital 400 제품은 최대 망원에서 렌즈 밝기는 F4.9이며 100만 원대 중·고급형 소니 F717은 최대 망원에서 F2.4를 유지한다. 최대 광각에서 F3.0 이하면 사용하는데 지장이 없으니 너무 밝은 렌즈만을 찾을 필요는 없다.

⑤ 매크로 2cm : 매크로란 물체에 가깝게 다가가 크게 확대한 모습을 말한다. 촬영하려는 피사체에 가깝게 가져갈 수 있는 거리를 표시하는데 보통 10cm 정도면 된다. f717은 매크로 2cm까지 가능하므로 접사 성능이 상당히 우수한 편이다.

4.0 MEGA PIXELS
SAMSUNG DIGITAL CAMERA

POWER ▷

■ 디지털 카메라 줌 렌즈

2. 줌 렌즈

　300만 화소 디지털 카메라 광학 줌은 2~3배 정도이다. 줌은 3배 광학 줌이면 충분하며 실용성 없는 디지털 줌은 참고할 필요도 없다.

Power Tip | 카탈로그 줌 렌즈(Zoom Lens) 살펴보기

① 소니 U20 : 줌 기능 없음
(초점길이 f=5mm/35mm 필름 환산시 약 33mm)
② 캐논 IXY Digital 400 : 광학 3배, 디지털 3.6배 줌
(초점길이 f=35mm 필름 환산시 약 36~108mm)
③ 소니 F717 : 5배 광학 줌×2배 프리시전 디지털 줌

(초점길이 f=9.7~48.5mm/35mm　필름　환산시 f38~190mm)
2배줌, 3배줌 표시는 최대 망원 렌즈 초점거리를 최대 광각 초점거리로 나눈 값이 된다(캐논 IXY Digital 400에서 보면 108mm÷36mm=3, 즉 3배 줌 렌즈 값이 나온다).

3. 화소수와 bit 수

잡지에 실린 광고 사진의 여성 피부를 돋보기로 확대해 보면 매끈한 피부가 아니라 무수히 많은 점으로 보이는데 이 점을 화소, 픽셀(Pixel)이라 한다. 픽셀은 Picture Element에서 하나씩 따와 Pixel이라고 부르는데 주로 컴퓨터 모니터에 보여지는 이미지 파일의 크기를 표현하며, 바둑판과 같은 점 배열로 된 구성 요소의 수를 말한다. CCD의 화소수(Picture Element)를 따지는 이유는 영상을 얼마나 많은 점으로 표현할 수 있느냐 하는 해상력을 의미하기 때문이다.

● 컬러 표현력(bit 수)

픽셀은 명도(밝고 어두움)와 색상(컬러)을 가지는데 1비트는 흑과 백으로 된 흑백 영상만을 표시하며, 8비트는 256컬러로 자연스러운 색을 표현하게 되고 16비트는 6만 5천 컬러를 표현할 수 있다.

- 1비트 : 2컬러
- 8비트 : 256컬러
- 16비트 : 65,356컬러(High컬러/TIFF파일 화질)
- 24비트 : 16,777,216컬러(True컬러)

● 화소수가 높으면 고화질?

극단적으로 60만 화소와 300만 화소의 디지털 카메라 중에서 어떤 제품이 화질이 좋은가 하고 묻는다면 300만 화소가 고화질이라는 점은 분명하다. 그러나 300만과 400만 화소 중에서 고르라고 하면 조금 전 질문처럼 답이 간단하지 않다. 왜냐하면 300만 화소와 400만 화소를 비교하려면 색 표현력과 감도를 따져봐야 하기 때문이다.

크기는 같고 화소수가 적은 CCD는 화소 하나의 크기가 커 빛을 받는 면적이 넓어지고 감도는 높아

Power Tip | 카탈로그 살펴보기 : 화소

- 캐논 IXY DIGITAL400 : 1,8인치 CCD 400만 화소
- 캐논 IXUS V3 : 1,27인치 CCD 320만 화소
- 캐논 IXUS V2 : 1,27인치 CCD 200만 화소

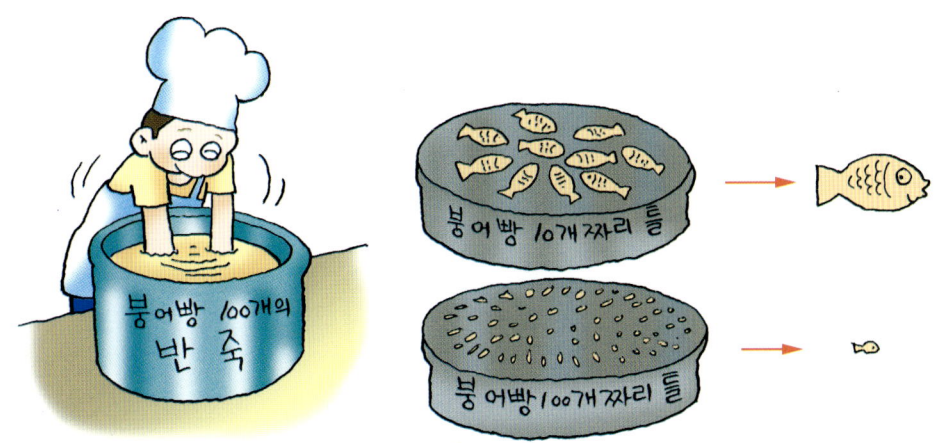

🔹 같은 CCD 크기에서 화소수가 많을수록 CCD 한 cell의 감도는 떨어진다.

진다. 반대로 화소수가 많은 CCD는 화소가 촘촘해 해상도가 높지만 셀 하나가 받는 빛은 개수만큼 나뉘지므로 감도는 낮아진다.

쉽게 설명하면 같은 크기의 박스에 컵이 10개, 100개 각각 들어 있다고 하자. 위에서 물을 쏟아 부으면 컵 한 개에 담아지는 물의 양은 어디가 많을까? 당연히 10개 들이 컵에 더 많은 물이 찬다. 물을 빛으로, 컵을 CCD 셀 개수로 생각하면 개수가 적은 CCD에 많은 빛을 담을 수 있다는 결론을 쉽게 얻을 수 있다. CCD 감도란 빛에 민감하게 반응하고 색을 잘 표현해야 하기 때문에 개수보다 감도와 표현력이 화질에 더 중요한 요인이 된다.

캐논의 디지털 카메라 히트작품 IXUS 시리즈는 2002년 V3 신제품을 출시했었다. 화소가 200만에서 320만으로 늘어났지만 마니아들은 큰 아쉬움을 표현했다. CCD 크기는 그대로 두고 화소만 늘어났기 때문이다. 2003년 4월 새롭게 출시한 캐논의 IXY DIGITAL 400은 1.8인치 CCD 400만 화소를 사용해 기존 1.27인치보다 크기와 화소가 함께 늘어나 큰 인기를 끌고 있음을 봐도 CCD 크기의 중요성을 알 수 있다.

Power Tip | 인화지 크기별 필요한 화소수

사진크기(인치)	필요한 화소	사진크기(인치)	필요한 화소
3.5 x 5	1024(640) x 768(480) (78만 화소)	8 x 10	2048(1600) x 1536(1200) (300만 화소)
4 x 6	1280(1024) x 960(768) (120만 화소)	10 x 15	2048 x 1536(이상)
5 x 7	1600(1280) x 1200(960) (200만 화소)	–	–

※괄호 안에 화소 수는 인화지 크기를 유지할 수 있는 최소 화소 수이다.
  일단 200만 화소가 넘어가면 인화 사이즈 4 x 6, 5 x 7 사이즈 모두 필름 카메라 인화 품질보다 떨어지지 않는다.

4. CCD 속으로의 여행

300~400만 화소 디지털 카메라의 CCD 크기는 1/2.7~1/1.8인치 정도이다. D-SLR 방식 캐논 1D 제품의 CCD 크기는 28.7×19.1mm 정도로 보통 디지털 카메라에 비해 큰 편이다. 값비싼 캐논 1D 방식만이 겨우 필름 크기에 비슷하게 다가섰지만 앞으로는 1:1 대응이라 불리는 35mm 사이즈의 CCD(또는 CMOS) 소자가 채용된 D-SLR 카메라의 등장이 예상된다. CCD는 흑백 감광 소자라 보색 필터 또는 원색 필터 그리고 전자회로를 이용해 색을 유추해서 컬러 신호를 만든다. 색을 만들기 위한 필터 처리는 종류별로 다음과 같은 차이점이 생긴다.

> 참고 CCD 실제크기
> · 2/3˝(inch) = 8.9mm×6.7mm
> · 1/1.8˝(inch) = 7.14mm×5.36mm
> · DV 카메라 1/4˝~ 1/6˝(3CCD 고급형 1/3˝)
> 디지털 카메라와 DV 카메라 CCD는 크기 차이뿐 모두 같은 방식으로 만든다.

🌐 원색 필터

CCD에 RGB〔적색(RED, 赤) 녹색(GREEN, 綠) 청색(BLUE, 靑)〕필터를 사용해 컬러 신호를 만드는 방식으로 자연스럽게 표현한 선명한 색상이 장점이다(소니, 올림푸스, 후지 같은 회사가 사용한다).

Power Tip | CMYG

CMYG = [Cyan(물색=Green+Blue), Magenta(적자색=Red+Blue), Yellow(노랑색=Red+Green), Green(녹색)]

보색 필터

비교적 단순한 원색 필터에 비해 CMYG 4단계를 거치는 필터로 휘도가 선명하고 적은 노이즈와 높은 감도가 장점이다(니콘, 캐논 같은 회사가 사용한다).

Power Tip | CCD에 생기는 특별한 현상

렌즈에 직접 햇빛이 들어오면 빛이 반사되고 분산되어 플레어라는 현상이 생긴다.
CCD에서는 필름에서 볼 수 없는 몇 가지 현상이 있다.

– 블루밍 현상
어두운 배경에 아주 밝은 피사체를 담으면 어둡게 나와야 할 배경이 뿌옇게 빛이 번져 보이는데 이러한 현상을 블루밍 현상이라 한다. 이것은 물통에 물이 가득 차면 넘치는 현상처럼 CCD가 셀이 받아들일 수 있는 용량 이상의 빛을 받으면 옆 CCD 셀로 전하가 넘치기 때문에 일어나는 현상이다.

– 스미어 현상
빛이 CCD에 수직으로 들어가지 않고 옆으로 들어갈 경우 생기는 현상이다.
화살은 대부분 과녁에 수평으로 꽂히지만 때로는 비스듬하게 꽂힐 수도 있다.
이처럼 렌즈로 들어오는 빛도 셀 정면이 아닌 옆으로 들어와 셀이 배열된 방향과 일직선으로 빛이 이어져 줄이 생긴 듯 번져 나가는데 이러한 현상을 스미어 현상이라 한다.

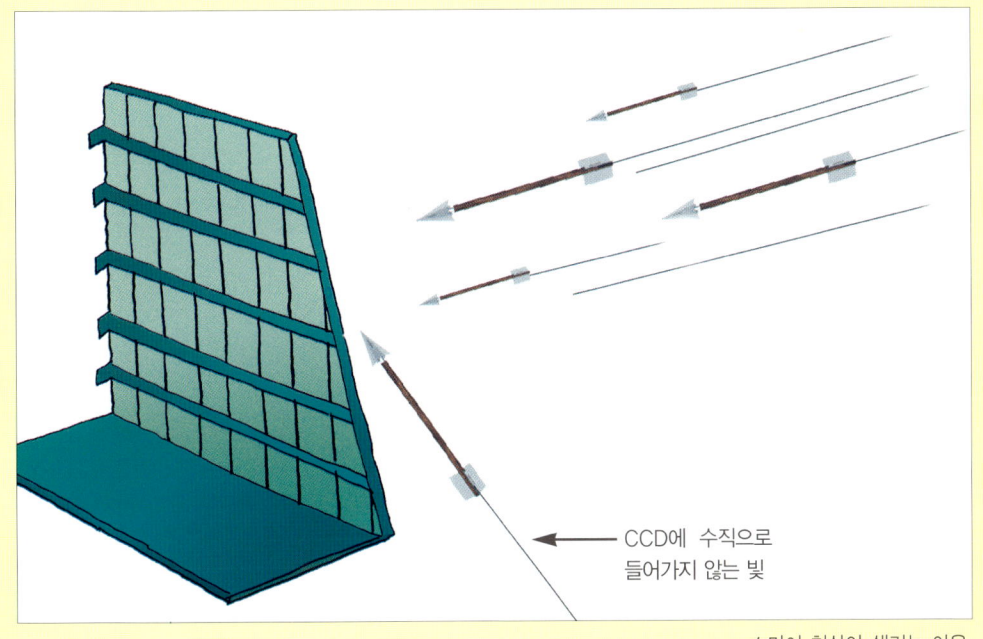

CCD에 수직으로
들어가지 않는 빛

스미어 현상이 생기는 이유

5. 이미지 파일 저장 방식

　셔터를 누르면 CCD에 잡힌 영상 신호를 메모리에 저장하는데 CCD 화소 수 그대로 메모리 카드에 담으면 화질은 좋겠지만 큰 메모리 용량을 필요로 한다. 큰 용량의 메모리 카드의 필요성에는 두 가지 문제가 따른다. 첫째, 담아야 하는 그릇인 저장매체 용량이 커져 비싼 메모리 소자 비용이 더해지며 결국 디지털 카메라 가격이 올라간다. 둘째, 큰 파일을 저장하여 뷰파인더에 보여주기 위해서는 빠르고 큰 용량을 가진 카메라 CPU가 필요하고, 결국 응답, 처리 속도는 늦어진다.

　디지털 카메라로 촬영한 이미지 파일(Image File)은 위와 같은 이유로 압축을 해서 파일 크기를 줄이는 압축 방식과 화질을 위해 압축을 하지 않는 비압축 방식이 있다. 프로들은 원본의 화질 손상을 염려해 비압축 방식으로 저장하지만 어디까지나 특별한 경우이며 보통 압축 방식으로 이미지 파일을 저장한다.

● TIFF 방식(비압축)

　압축 없이 16비트로 이미지를 저장하며 표준화되어 디지털 카메라 메이커별로 완벽하게 호환되지만 16비트 방식이라 화질이 RAW 방식보다 떨어진다.

Power Tip | JPEG 옵션(High, Normal, Low)

JPEG로 저장할 때 압축률을 선택하는 3단계 옵션이 있어 High는 압축을 제일 적게 해 화질을 높이고 파일 크기는 커진다. 반대로 Low는 화질보다 압축률을 높이는 방식으로 파일 크기는 제일 작지만 화질은 조금 떨어진다. 화질을 비교하면 큰 차이는 없으나 보통 High, Normal 옵션을 쓰고 단순한 기록이라면 Low 옵션으로 저장한다.

RAW 방식(비압축)

압축 없이 32비트 방식으로 저장하므로 TIFF 방식보다 다양한 표현으로 저장된다(비트수가 많을수록 정보량이 많아진다). 메이커별로 방식이 조금씩 차이가 있어 제조회사가 다른 카메라는 서로 파일이 호환되지 않는 경우가 있다.

JPEG 압축 방식

비압축 방식은 파일의 크기가 커서 사진 한 장이 1.44M 플로피 디스켓에 담기지 않는다. JPEG(Joint Photographic coding Experts Group) 방식은 압축률을 조정해 파일 크기를 자유롭게 늘리고 줄일 수 있으며 원본 사진에 따라 압축률은 다르지만 보통 1/100~1/200까지 압축된다. 인터넷을 중심으로 GIF 방식과 JPEG 방식이 함께 쓰여졌지만 지금은 JPEG 파일이 대부분 사용된다. GIF는 256컬러, JPEG는 1600만 컬러로 색상 표현에서도 JPEG 파일은 True color 표현이 가능하다. 압축에 따른 화질은 계속 발전되어 비압축 방식과 비교해도 화질에 큰 차이가 없어 현재 디지털 카메라의 표준 저장방식으로 자리잡고 있다.

Power Tip | 파일의 압축 원리

국회의 회의내용은 속기라는 기록 방식으로 기록하는데, 그것은 반복되는 말을 기호로 만들어 표시하므로 빨리 말해도 충분히 글로 받아 적을 수 있다. 이미지 압축 또한 비슷한 원리로 반복되는 같은 색을 몇 개의 그룹으로 묶어 어느 곳에 어떠한 색이 있다는 정보를 저장해서 파일 크기를 줄이는 것이다.

6. 메모리 카드

컴퓨터에 사용되는 저장장치는 램(ram)과 하드디스크 두 가지가 있다. 램은 처리 속도가 빠르고 전력 소모도 적지만 전원을 끄면 저장된 자료가 사라져 버리고 하드디스크는 자기 디스크에 기록하는 방식이라 소음과 전력 소모는 크지만 자료는 일부러 지우기 전까지는 남아 있다.

디지털 카메라에 사용되는 메모리 카드(Memory Card)는 램의 장점에 전원을 꺼도 내용이 사라지지 않는 플래시(Flash) 메모리를 주로 사용한다.

🔲 C.F. 메모리

◉ C.F. 메모리 카드

C.F.(Compact Flash) 메모리 카드는 캐논, 니콘 같은 대표적인 디지털 카메라 회사에서 사용한다. 1994년 처음 만들어져서 지금까지 사용되고 있으며 용량은 최대 512M로, 보통 128M, 256M 용량이 주로 쓰인다(TYPE1 방식). 디지털 카메라가 고급화되면서 큰 메모리 용량이 필요해졌고 기존 방식 TYPE1에서 발전한 TYPE2 방식이 개발되었다.

TYPE2 방식은 마이크로 드라이브(Micro Drive)라 부르며 최대 3G 제품까지 나와 있다.

마이크로 드라이브는 컴퓨터의 하드디스크를 카드처럼 초소형으로 만들어 전력 소모가 많고 충격에 약하다.

◉ 스마트 미디어 카드

스마트 미디어 카드(Smart Media Card)는 후지, 올림푸스 회사에서 사용하는 메모리 카드이다. 용량은 2M, 4M, 8M, 16M… 128M까지 다양하며 두께가 얇고 크기도 작지만 견고해서 데이터 신뢰도가 높다. 그러나 최고 용량이 128M로 작다는 것이 단점이다.

🔲 스마트 미디어 카드

● 메모리 스틱

소니에서 개발한 자사만의 규격으로 소니 디지털 카메라, DV 카메라, 노트북에 쓰이는 메모리 카드이다(삼성 DV 카메라에 정지 영상 용도로 쓰인다). 256M가 제일 큰 용량이었으나 2003년 512M 용량 메모리가 출시되었다(실제로는 128M와 128M 두 개를 더해 용량을 늘린 제품이었다). 메모리 스틱(Memory

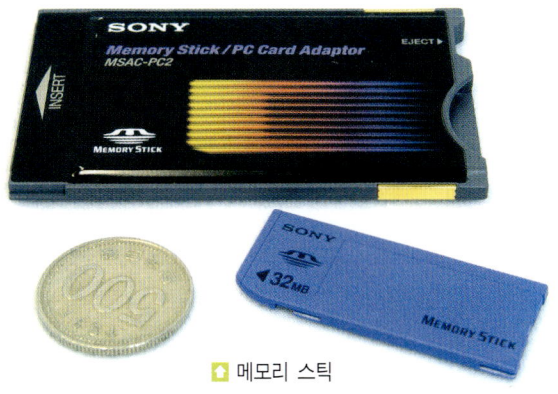

↑ 메모리 스틱

Stick)과 비교해 더 빠르고 고용량을 가진 새로운 메모리 스틱 프로 방식이 나와 512M 이상의 제품을 생산할 수 있게 되었다.

문제는 호환성으로 메모리 스틱 프로는 기존에 생산된 모델 중에서 F717 카메라와만 호환성이 있으며 카메라 펌웨어 업그레이드를 통해서만 사용이 가능하다고 한다.

● FDD/CD

플로피 디스켓을 저장 매체로 쓰는 디지털 카메라도 있었지만 1.44M 라는 작은 용량 때문에 잘 쓰지 않는다. CD를 저장 매체로 하는 디지털 카메라는 디지털 카메라와 CD 라이터 기능이 합쳐진 아이디어가 좋은 제품이지만 크기가 크고 처리 속도가 느려 대중화에 실패했다.

↑ CD

NOTE :

7. 메모리 카드 압박에서 탈출

128M 메모리 카드에 중간 화질(300만 화소)로 촬영하면 150장 정도를 담을 수 있으므로 24장이 담긴 35mm 필름과 비교하면 충분한 용량이라 할 수 있다. 그러나 디지털 카메라와 필름 카메라는 다르다. 특별한 날에 어색한 표정을 담는 필름 카메라가 아니라 일상의 기억을 담는 도구로 150장은 부족하다. 필름은 어디서나 쉽게 살 수 있지만 메모리 카드는 구멍가게에서 팔지 않는다. 그렇다고 평상시에는 필요없는 메모리 카드를 오지 여행과 같은 비상시를 위해 몇 개씩 구입하는 일은 자원의 낭비다.

● 서브 노트북

디지털 카메라와 노트북은 궁합이 잘 맞지만 굳이 새 노트북을 사야 한다면 금전 부담이 너무 크고 14인치 노트북은 휴대용이라는 본래의 목적과 거리가 멀어 신주단지처럼 모시고 다녀야 한다.

필자는 5~6년 전에 일본 도시바에서 생산한 리브레또 서브 노트북(sub notebook) 모델 중 하나인 리브 50M 모델을 사용하고 있다. 크기는 VHS 비디오 테이프 크기로 휴대하기에는 안성맞춤이다. 중고 구입 가격이 20만원 미만이므로 하드디스크를 10G 정도로 업그레이드하고 메모리 카드를 노트북에 연결하는 PCMCIA타입 변환 카드(1만원 정도)를 사면 메모리 압박으로부터 벗어날 수 있다.

서브 노트북이라 간단하게 워드, 액셀, 인터넷 검색까지 할 수 있으므로 컴퓨터도 자주 쓴다면 이상적인 선택이다. 단점은 하드디스크 연결, 하드 초기화 FDISK 작업, 윈도우 인스톨과 같이 컴퓨터 지식을 필요로 하므로 완전 초보자들은 관련 동호회를 찾아 정보를 얻어야 한다.

http://cafe.daum.net/lib50M

(리브레또 50M 구입과 활용에 관한 다음 카페 주소)

🔹 리브레또 50M 노트북

● 6IN-1 메모리 리더기

우리나라뿐만 아니라 외국에서도 쉽게 PC방을 찾아 볼 수 있다.

메모리에 저장된 영상을 컴퓨터 하드디스크에 옮겨놓고 CD라이터로 백업(BACK UP)을 하거나 인터넷 웹 하드 사이트에 업로드하면 해결된다. 컴퓨터에 메모리 파일을 옮길 때 카메라에 포함된 케이블과 전용 프로그램을 이용해도 되지만 케이블도 복잡하고 프로그램 크기도 만만치 않다.

6IN-1 메모리 리더기는 크기가 명함만 하며 두께도 얇고 이름처럼 모든 메모리 카드 6종류를 연결할 수 있다. 메모리 카드를 리더기에 연결하고 달려 있는 USB 케이블을 컴퓨터와 연결하면 새로운 하드디스크 장치로 인식한다.

WINDOWS 2000, XP OS는 별도 인스톨 CD 없이 쓸 수 있고 WIN98, SE에서는 제품에 포함된 CD를 인스톨 하면 된다.

🔲 6IN-1 메모리 리더기

NOTE :

8. 뷰파인더와 LCD

D-SLR 뷰파인더는 광학식으로 되어 있지만 보통 디지털 카메라의 뷰파인더(View Finder)는 작은 LCD(Liquid Crystal Display)를 렌즈로 확대해 보도록 만들어져 있다. 대부분 뷰파인더와 함께 2인치 이상의 LCD도 있으며 LCD는 브라운관과 달리 낮은 전력에 얇은 두께로 만들 수 있어 꾸준히 발전해 왔고 이제 브라운관을 대체하는 수준에까지 이르렀다.

LCD는 TN – LCD, STN – LCD, MIM – LCD 순서로 발전해왔고 TFT – LCD 시대에 와서 브라운관과 비슷한 밝기와 옆에서 보더라도 제대로 보이는 실용성을 갖추게 되었다. 그러나 TFT – LCD는 응답속도가 늦어 저온 폴리실리콘 LCD처럼 더 밝은 화면에 빠른 응답속도를 보여주는 제품까지 개발되었다.

응답속도란 화면을 구성하는 시간으로 LCD는 폭발 장면이나 빠른 이동장면에서 화면을 바로 만들지 못하고 딜레이가 생겨 잔상이 생기는 문제점이 있었다.

뷰파인더는 물론이고 LCD가 가진 문제는 화면 크기가 작아 정확한 초점 맞추기가 어렵다는 점이다. 초점이 조금 어긋나거나 색상이 흐려도 크기가 작기 때문에 실제보다 깨끗하게 보인다는 점이다.

제대로 세팅된 컴퓨터 모니터와 카메라 LCD 밝기와 색상을 조절해서 서로 비슷하게 보이도록 만들어야 한다.

● 뷰파인더

눈을 밀착하므로 이미지에 집중할 수 있고 밝은 야외에서도 잘 볼 수 있다. LCD에 비해 배터리 소모가 적으므로 배터리 여유가 없다면 뷰파인더만 사용하는 것이 좋다.

● LCD

최근 사용되는 LCD는 밝고 선명해서 보이는 그대로 저장된다고 생각하지만 큰 모니터로 보면 실망할 때가 종종 있다.

보통 LCD는 한낮의 밝은 태양 아래에서 보기에 무리가 있으니 뷰파인더로 보거나 LCD용 후드를 사용해 빛을 가려주면 좋겠다.

◉ 저온 폴리실리콘 LCD, 하이브리드 LCD

TFT – LCD의 느린 응답 속도를 없애고 더 선명하게 볼 수 있도록 개발된 저온 폴리실리콘 LCD와 함께 하이브리드 LCD는 밝은 야외에서 보기 힘들었던 문제를 해결했다. 앞으로 LCD는 TFT – LCD에서 저온 폴리실리콘 LCD를 거쳐 하이브리드 LCD로 바뀌게 될 것이다.

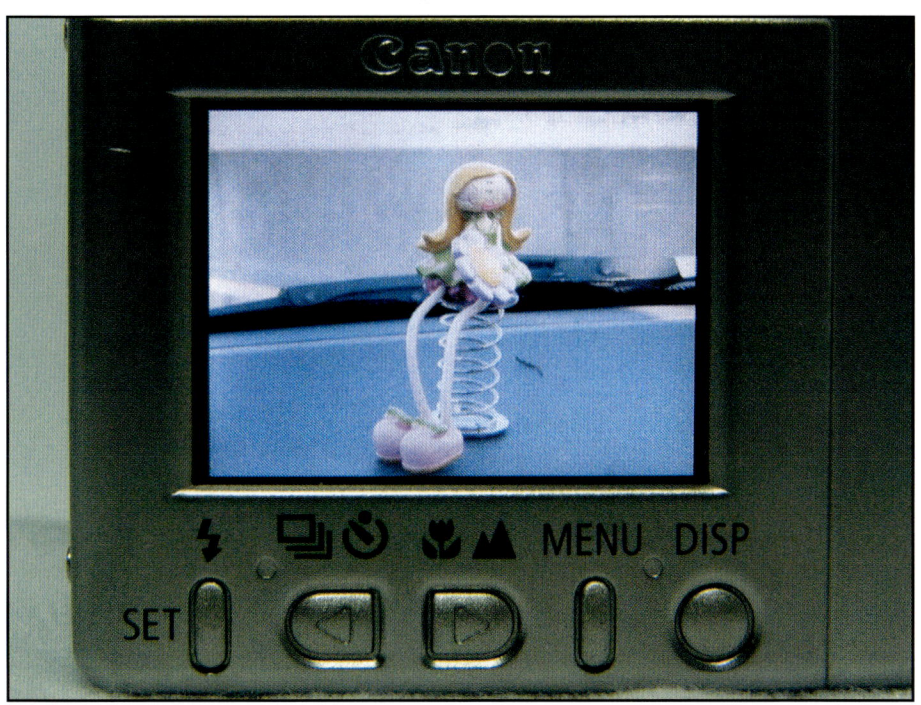

⬆ 캐논 디지털 카메라 IXY VII의 LCD

NOTE :

디지털 카메라 취어잡기

43

9. 충전 배터리

디지털 카메라는 배터리가 없으면 아무것도 할 수 없는 기계에 불과하다. 디지털 카메라와 함께 충전 배터리 기술도 하루가 다르게 발전하고 있지만 아직까지 만족할 만한 수준은 아니다.

● Ni-Cd(니켈-카드뮴) 배터리

한 셀(Cell)의 전압은 1.2V이며 이름처럼 니켈과 카드뮴으로 만든 충전 건전지이다. 싼 가격 때문에 무선 전화기, 무전기와 같은 곳에 사용되었지만 충전시간이 너무 오래 걸리고 메모리 효과 때문에 완전충전이 어렵다는 단점이 있어 점점 사라지고 있다.

● Ni-MH(니켈-수소) 배터리

한 셀의 전압은 1.2V이며 급속 충전(60분 이내)이 가능하고 니켈-카드뮴 배터리에서 보여준 최대 단점인 메모리 효과가 적다. 현재 소형 음향기기 MDP, CDP 등 여러 분야에 사용되고 있다.

● Li-ion(리튬 이온) 배터리

소니 사에서 개발했으며 충전 배터리 중 가장 우수한 성능을 보여준다. 작은 크기와 가벼운 질량에도 한 셀의 전압은 높아서 3.6V를 가지고 있으며 메모리 효과도 없고 충전 용량이 크다.

참고 배터리 소모가 큰 비디오 카메라 (가정용, 방송용 ENG)에는 대부분 리튬 이온 배터리를 쓴다.

■ 소니 리튬 이온 배터리+충전기
충전중에도 사용시간이 표시된다.

Chapter 3

홈 비디오 카메라 휘어잡기

1. 홈 비디오 카메라의 역사

1970년대 공중파를 녹화할 수 있는 VCR의 탄생은 안방극장의 문을 연 획기적인 사건이었다. DVD 고화질과 5.1CH 서라운드 사운드로 제대로 된 가정극장을 구현하는 지금은 별것 아니지만 당시에는 대단한 일이었다. 텔레비전 방송을 녹화하는 VCR이 일반화되자 일반인들도 직접 비디오 카메라로 촬영하고 싶은 욕구가 생겨났고 돈벌이를 놓칠 리 없는 업체들은 몇 가지 방식의 홈 비디오 카메라를 만들어 냈다.

● VHS

초창기 홈 비디오 카메라는 VHS(Video Home System) 방식이었다. 테이프가 크고 카메라 덩치까지 커 휴대용이라고 하기에는 무리가 있었다. 수평해상도 250선으로 공중파 방송 340선보다 화질이 떨어졌으며 테이프 녹화 시간은 30분에서 2시간까지 있었다. 휴대성을 위해 작은 크기인 VHS-C(VHS Compact) 방식을 만들었으나 테이프 저장 시간이 40분 정도로 짧고 별도 어댑터 케이스를 VCR에 넣어야 볼 수 있는 번거로움 때문에 사라졌다.

● S-VHS

공중파보다 화질이 좋은 위성방송과 LD(Laser Disc) 매체가 등장하자 고화질을 저장하기 위해 1988년 빅터에서 만든 새로운 VCR 방식이다. 하위호환 방식이라 S-VHS(Super VHS) 방식 VCR에 VHS 방식 테이프를 재생할 수 있었고 수평해상도 400선으로 LD 화질과 비슷했다. VHS VCR 고화질 포맷은 비디오 카메라에도 그대로 적용되어 S-VHS 방식 비디오 카메라가 만들어졌고 웨딩촬영과 같은 소규모 프로덕션에서 많이 사용했었다.

● 8mm 캠코더

워크맨 카세트로 세계의 엔터테인먼트 전자제품의 흐름을 바꾼 소니에서 만들었다. VHS 테이프와는 비교할 수 없을 정도로 작은 테이프로 테이프 넓이 8mm(Hi8mm)에 수평해상도 250선의 영상을 저장했다. 명함크기 만한 작은 카세트 테이프는 한 손에 들어오는 홈 비디오 카메라를 만들게 했고 이후 수평해상도 400선을 녹화하는 Hi8mm 방식이 만들어졌다.

🔼 소니 TR900 Hi8mm 캠코더

    8mm방식은 휘도 신호 주파수 대역이 4.2~5.4MHz이었지만 Hi8mm는 5.7~7.7MHz로 높아졌고 높은 대역폭은 수평해상도 400선까지 녹화할 수 있게 해주었다. Hi8mm 방식에는 메탈 테이프가 사용되었는데 저장하는 자기력이 세고 고밀도 저장이 가능해 최고의 기록 매체가 되었다. DV 카메라 바로 전까지 널리 사용된 방식으로 진정한 홈 비디오 카메라 시장을 열어준 제품이다.

    캠코더(Camcorder)라는 이름은 소니가 미니 카세트를 워크맨(Walkman)이라고 만든 별명처럼 소형 비디오 카메라의 상품명이다.

● Mini DV(Digital Video) 6mmDV 방식

휴대가 가능한 CD 플레이어와 MD(Mini Disc) 플레이어를 생산하는 소니는 소리뿐만 아니라 홈 비디오 카메라까지 디지털로 바뀌어야 함을 알았다. 1995년 디지털 비디오 카메라의 첫 번째 방식인 DV 카메라를 선보였고 아날로그 방식 8mm 테이프 폭보다 더 작은 6.35mm 사이즈에서 이름을 빌려 6mmDV 카메라로 부르게 되었다.

DV 카메라는 JVC가 시장에 처음 선을 보였지만 디지털 신호를 출력하는 ie1394 포트가 없었다. 소니는 ie1394 포트를 장착한 진정한 디지털 비디오 카메라를 선보였고 시장 흐름을 Hi8mm에서 6mmDV로 바꾸어 버렸다.

⬆ 비디오 카메라 ie1394포트 DV 단자

Power Tip | 해상도(解像度 : Resolution)

텔레비전과 같은 디스플레이 기기에서 보여줄 수 있는 최대 화질을 선으로 표시한다. 보통은 수평해상도(세로)만을 표시하는데 400선이라는 의미는 수평으로 400개의 선을 표시할 수 있는 화질을 가졌다는 의미이다. 컴퓨터 모니터는 수평해상도 표현이 아니라 화면을 구성하는 픽셀로 표시하며 640×480, 720×480과 같은 화면 사이즈는 가로×세로 픽셀을 나타낸다.

2. DV 깊숙이 보기

디지털 비디오 방식은 아날로그 시절 소니의 베타방식, 빅터의 VHS 방식처럼 한 회사가 특허를 내는 방식이 아니었다.

여러 회사들이 컨소시엄 형태로 개발해 디지털 비디오 방식을 만들었다.

디지털 비디오는 DV25, DV50, DV100 규격이 있으며 뒤의 숫자는 1초에 전송되는 데이터의 양을 말한다. DV25는 25MB/sec, DV50은 50MB/sec, DV100은 100MB/sec로 DV25 규격은 가정용, DV50은 방송용, DV100은 HDTV용으로 쓰인다.

DV25 방식은 MiniDV(6mmDV), Digital 8mm, DVCAM, DVCPRO에 똑같이 사용된다.

디지털 비디오는 ME(Metal Evaporated : 메탈 증착 테이프)방식 테이프만을 쓴다.

● Hi8mm : 6mmDV 비교

	Hi8mm	6mmDV
화소(가로/세로 픽셀)	600 × 400	720 × 480
입/출력	아날로그 AV IN/OUT	아날로그+디지털 IN/OUT
사운드	FM 변조 44kHz 16bit/stereo	PCM 방식 48kHz 16bit/stereo

● MiniDV(6mmDV)

DV25방식으로 Y/R-Y/B-Y 콤포넌트 영상신호를 4:1:1로 8bit 해상도로 샘플링해 인트라프레임 압축방식으로 1/5로 압축을 한다.

압축이 전혀 없는 원본영상의 콤포넌트 신호 Y/R-Y/B-Y는 4:4:4이며 DV50(베타급) 4:4:2, NTSC DV25(6mmDV) 4:1:1, PAL DV25(6mmDV) 4:2:0 이다.

참고 MiniDV(6mmDV) 규격
- 해상도 500라인 이상
- 신호대 잡음 비 54dB(베타캠 방식 보다 뛰어남)
- 컬러대역폭 1.5Mhz(베타캠과 동일)
- 압축방식 Intraframe MPEG2(DCT 기반 YUV 4:1:1)
- 비디오 3MB/sec(5:1압축, 1초 약 3메가 전송)
- 오디오 4채널 12비트(32kHz)/2채널 16비트(48kHz)
- 테이프 폭 1/4inch(6.35mm)
- 테이프 진행 속도 18.8mm/sec
- 피치(트랙간격) 10μ(SP), 6.67μ(LP모드)
  μ(Micro Meter/ 1마이크로 미터는 1/1,000mm)
- 헤드드럼 2헤드/9,000RPM
- 테이프용량: 60분(11GB), 270분(50GB)
- 에러정정(한 프레임 2/3 데이터만 있어도 복구 가능)

	DV25	DV50
전송률	25Mbit(2.98MB)/sec	50Mbit(5.96MB)sec
컬러샘플링 (Y/R-Y/B-Y)	4:1:1(NTSC방식)	4:2:2
압축률	1/5	1/3.3

Power Tip | Y/R-Y/B-Y

컬러텔레비전에 색 신호를 보내는 방법은 콤포지트와 콤포넌트 방식이 있다.
콤포지트 방식은 A/V케이블로 연결하여 DVD, VCR을 보는 경우에 해당하며 콤포넌트 방식은 공중파 방송 NTSC, PAL/SECOM에 해당한다.
콤포넌트 신호 전송중 Y는 luminance(휘도 신호로 흑백 영상에 해당), 나머지 Y/R, Y/B는 2개의 색차(color difference)신호에 해당한다.
이렇게 두 개의 색차 신호와 Y신호를 계산해 제대로 된 컬러로 재생하게 된다.
한마디로 색 신호를 R, G, B로 전송 못하고 Y/R-Y/B-Y로 나누는 것은 전송 또는 저장공간을 가장 적게 써야 하는 대역폭 문제점과 컬러와 흑백 텔레비전 모두 볼 수 있어야 하기 때문이다.

디지털 영상이란?

아날로그 방식 Hi8mm와 디지털 방식 DV 카메라 모두 카메라 상태에서 뷰파인더로 보면 화질 차이는 별로 없다. 차이가 난다면 렌즈와 CCD 차이로 생길 뿐이다. 그러나 각각 녹화를 하고 테이프로 재생해서 보면 차이점을 누구나 알 수 있을 정도로 아날로그 방식은 색이 번지고 또렷하지 못하지만 디지털 방식은 매우 선명함을 느낄 수 있다. 아날로그와 디지털은 화질에서 비교가 안 되기 때문에 비싼 값에도 불구하고 디지털 비디오 카메라가 일반화되고 있는 것이다.

디지털/아날로그 입·출력

DV 초기 모델은 ie1394 포트를 달지 못하고 생산되었다. 영화와 음반 저작권을 가진 회사들이 디지털 매체의 강력한 복제 기능 때문에 라이센스 협의가 마무리되지 못했기 때문이다. 이후 협의가 되어 ie1394 포트를 달 수 있었지만 아날로그 입력이 되지 않는 제품이 많았다. 2000년

🔼 아날로그 입·출력

이후 제품들은 ie1394를 통한 디지털 입·출력은 물론이고 아날로그 입·출력까지도 가능하다.

아날로그 입·출력은 영상은 콤포지트(Composite : 노란색 핀 케이블) 단자 또는 S케이블을 사용하고 사운드는 빨강과 흰색 핀 케이블을 사용한다. 아날로그로 A/V 신호를 DV 테이프에 저장하면 디지털 방식으로 저장되고 그 이후부터는 ie1394 포트로 연결해 녹화하면 화질 변화 없는 디지털 복제가 가능하다.

S단자≠S-VHS단자

S단자는 휘도(흑백영상) 신호와 색 신호를 따로 전송하기 때문에 노란색 핀 케이블처럼 휘도와 색신호를 섞는 방식보다 조금 더 깨끗한 영상을 전달한다. S단자는 S-VHS(SUPER-VHS) 방식의 약자가 아니라 분리라는 의미의 SEPARATE 약자이다. 일반인들이 DV 카메라 S단자를 S-VHS단자라고 부르는데 그것은 틀린 것이다.

🔼 S케이블

3. 6mmDV vs DVCAM

    DV(6mmDV)는 가정용으로 만들었지만 업무용을 위해 소니는 DVCAM, 파나소닉은 DVCPRO방식을 만들었다.

    소니 PD150 경우 DV, DVCAM 방식 모두 사용 가능하며 DV방식에서 60분 사용하는 테이프는 DVCAM 방식에서 40분을 쓸 수 있다. 테이프 사용 시간이 줄어드는 이유는 트랙피치가 크기 때문이다.

    가정용과 달리 업무용은 편집과 검색을 위해 테이프를 많이 쓰는 편이므로 데이터 보존과 신뢰도를 위해 트랙피치를 크게 했다.

    어설픈 전문가들이 DV방식보다 DVCAM 화질이 더 좋다고 하지만 DV, DVCAM, DVPRO 같은 방식이라 화질과 음질은 100% 동일하다.

Power Tip | 트랙피치와 프레임

테이프에 기록되는 트랙과 트랙 사이의 간격을 트랙피치(Track Pitch)라 한다. 육상 경기장에서 10미터 폭에 5개 트랙을 두는 경우와 20개 트랙을 두고 달리기 시합을 한다. 트랙이 5개면 한 번에 뛰는 선수는 적지만 널찍하게 사용하고, 반면에 20개를 두면 뛰는 선수는 많아지지만 서로 엉켜 사고 나기 쉽다. 기록되는 트랙피치가 크면 클수록 테이프 소모는 많지만 데이터 신뢰도는 높아진다.

1개의 트랙 폭은 DV 방식은 10μm(1/1,000mm), DVCAM 15μm, DVCPRO 18μm이다. 1개의 트랙에는 10개의 프레임(FRAME), 즉 10개 화면이 들어 있다.

4. 디지털 8mm

　소니 사는 DV 카메라를 만들어 판매하면서 이전에 생산했던 Hi8mm(8mm포함) 사용자를 무시할 수 없었다. 아무리 DV 카메라가 화질도 좋고 크기도 작지만 기존 테이프와 호환성이 없는 문제는 큰 고민거리였다. 이런 고민 끝에 Hi8mm 방식과 DV 카메라 방식을 섞은 디지털 8mm 방식을 선보였다.

　디지털 8mm는 아날로그 Hi8mm 방식으로 녹화된 테이프의 재생이 가능하고 디지털로 녹화도 가능하다(Hi8mm 아날로그 방식으로는 녹화 안 됨). 디지털 입·출력 단자 ie1394포트가 있으며 DV 카메라와 비교해 화질이 나쁘거나 하는 문제는 없다. 그러나 표준으로 자리잡은 디지털 비디오 포맷인 6mmDV 테이프를 사용할 수 없으며 기존의 Hi8mm 테이프를 사용하기에는 카메라 크기가 크다는 단점도 있다. 2시간 길이 Hi8mm 테이프에 디지털로 녹화하면 60분 정도로 녹화 시간이 줄어드는데 테이프 주행 속도가 빠르기 때문이다.

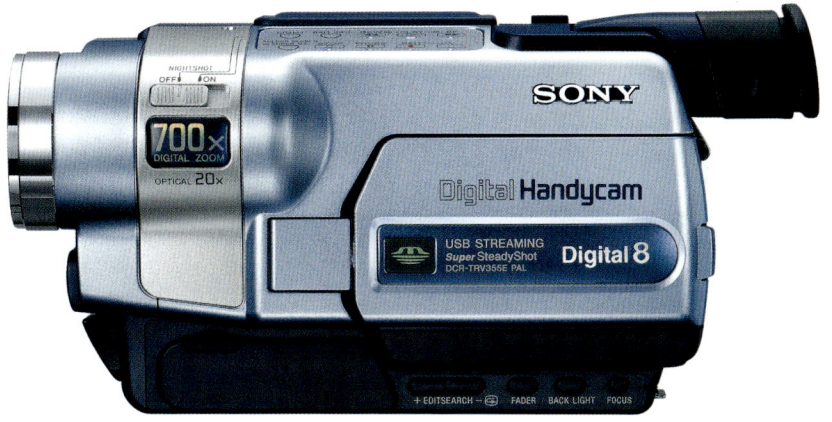

🔼 디지털 8mm방식

Power Tip | *DV와 DVCAM 호환성*

모든 DVCAM은 DV, DVCAM 방식 테이프 재생이 가능하다. 그러나 DV 방식은 PD150처럼 기능이 추가된 경우에만 DVCAM 방식 테이프를 재생할 수 있다.

5. 디지털 카메라가 DV 카메라로 들어간 까닭?

대부분 DV 카메라에는 디지털 카메라 기능이 포함되어 있으며 계속 높은 화소를 가진 디지털 카메라 기능으로 업그레이드 되고 있다.

● 장점

동영상을 촬영하면서 정지영상까지 담을 수 있으므로 두 가지 작업이 필요한 경우 단 한 대로 해결된다. 정지영상을 저장하는 메모리 장치로 DV 테이프를 사용하면 보통 메모리 장치보다 훨씬 많은 사진을 담는다.

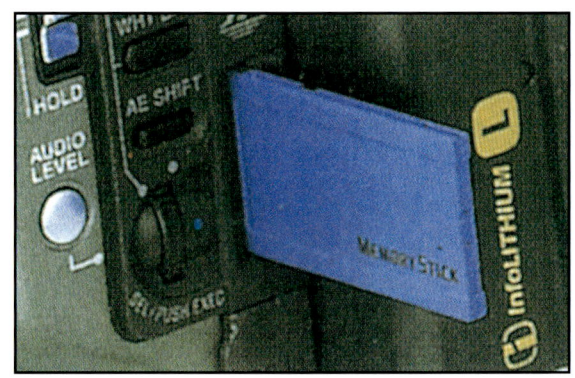

🔲 DV 카메라, 디지털 카메라 기능

● 단점

같은 화소를 가진 디지털 카메라와 1 : 1로 비교했을 때 화질이 떨어진다. CCD 한 개로 100만 화소 이상의 정지영상과 34만 화소의 동영상을 모두 처리해야 하므로 정지영상 품질을 높이기가 쉽지 않다.

가볍게 디지털 사진만 담으려고 할 때도 덩치 큰 비디오 카메라를 가져가야 한다. 비디오 카메라에는 디지털 카메라 기능이, 디지털 카메라에는 동영상을 저장하는 기능이 추가되고 있지만 어디까지나 가능하다는 의미이지 두 기능을 만족하는 기능은 아니라는 점을 알아야 한다.

Power Tip

디지털 카메라 기능이 포함된 비디오 카메라는 "프로그레시브(Progressive)" 방식으로 사진을 저장해야 깨끗한 이미지를 얻을 수 있다.

6. 렌즈와 줌 기능

렌즈에 관해서는 디지털 카메라 편에서 자세히 알아봤으니 참고하기 바란다. 일반인들의 줌(Zoom)에 대한 관심을 간파한 업체들은 10배 줌은 기본이고 200배, 300배라는 천체망원경이나 현미경 수준을 넘는 황당한 줌 배율로 소비자들을 현혹하고 있다.

비디오 카메라의 광학 줌은 10~12배가 한계이며 그 이상은 실용성이 전혀 없는 디지털 줌에 해당한다. 오히려 줌 배율보다 줌 조작버튼을 만져보는 편이 더 중요하다. 특히 소형으로 갈수록 줌을 사용하기 위해 손가락을 조금만 뻗어도 화면이 흔들리기 쉽기 때문에 조작 버튼을 편하게 누를 수 있는지를 알아보는 것이 줌 배율보다 더 중요하다.

🔹 줌 조작 버튼

참고 비디오 카메라는 10배 줌 렌즈 정도, 디지털 카메라는 3배 줌 렌즈가 보통 달려 있다. 비디오 카메라의 줌 배율이 높은 이유는 CCD 크기가 디지털 카메라보다 작기 때문이다. CCD 크기가 작아 렌즈가 상을 모으는 크기, 즉 이미지 서클(Image Circle)이 작기 때문에 작은 렌즈로 줌 배율이 높은 렌즈를 만들 수 있기 때문이다.

Power Tip | 역사 속의 줌 렌즈

오래된 외국의 흑백 뉴스를 보면 무비 카메라에 렌즈로 보이는 경통이 3개 달려 있던 기억을 떠올릴 수 있다. 표준렌즈를 사용하다가 망원렌즈가 필요하면 렌즈를 철커덕 하고 돌려 망원렌즈를 고정하고 또 필요한 렌즈가 있으면 돌려서 고정하는 방식으로 사용했다. 이제 전자기술과 광학기술의 발달은 버튼만 누르면 모터가 줌 렌즈를 작동해서 피사체를 마음대로 끌어 당겼다 밀어 보냈다 한다. 그러나 편리함은 마구잡이 사용으로 이어져 초보자들에게 줌은 아예 쓰지 말라고 할 정도로 필요악이 되고 있다. 不撓過給(지나치면 모자람만 못 하다)은 시대가 바뀌어도 변하지 않을 명언이다.

7. 1CCD, 3CCD

비디오 카메라를 고르다 보면 가격대가 높은 제품이 있고 거기에는 하나같이 3CCD 마크가 붙어 있다. 3개의 CCD를 쓰는구나 하는 사람들은 센스가 빠른 편이다. 3CCD가 좋으면 6CCD, 9CCD는 더 화질이 좋을까? 하고 생각한다면 그건 아니다. 공중파 방송에 쓰이는 디지 베타 카메라는 물론이고 HDTV 카메라까지 3CCD 방식이 주로 사용된다. 왜 그럴까? 그것은 빛의 3요소만 있으면 모든 색을 표현할 수 있기 때문이다. 보잉 747이나 777 비행기에는 스크린에 선명한 영상을 투영하는 최고급 프로젝터인 벨기에 바코(BARCO) 프로젝터가 있다. 삼관식 방식으로 커다란 렌즈 3개를 통해 각각 R, G, B 영상을 투영하고 스크린에서 합쳐져 선명한 자연색 화질을 보여준다.

1CCD는 CCD 하나로 빛의 밝기 휘도 신호와 모든 색 신호를 만들어야 하므로 색 표현에서 불리하다. 3CCD는 각각의 CCD에 R, G, B 필터를 하나씩 달아 휘도 신호와 색 신호를 처리하므로 이론적으로나 실제적으로 색감이 좋다. 최고의 영상 저장 매체인 필름 또한 R, G, B로 감광층이 나뉘어 있는데 그것과 같다 할 수 있다. DV 카메라의 CCD는 보통 1/4″가 주로 사용되고 있으며 고품질 영상을 위한 3CCD 제품에는 1/3″를 쓰기도 한다.

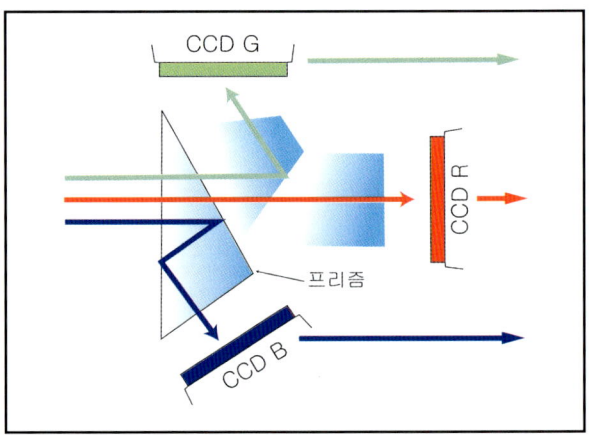

렌즈를 지나온 빛은 프리즘을 지나 R,G,B로 분해되어 색을 재현한다. 3개 CCD 사용으로 원가가 높아지고 전력소모도 크지만 색표현, 즉 화질이 좋다.

Power Tip | 일반인에게는 1CCD, 3CCD?

일반인이 취미 생활로 즐길 비디오 카메라를 구입할 때 3CCD 비디오 카메라를 사야 하는지 궁금해 하는 사람들이 많다. 3CCD가 1CCD에 비해 화질이 좋다는 것은 분명한 사실이다. 하지만 가족사진을 주로 찍는 정도라면 1CCD로 충분하며 MV(Music Video), 다큐멘터리, 영화 같은 취미 생활을 생각한다면 3CCD의 구입을 권하고 싶다. 3CCD를 가진 사람들 또한 한 손에 들어오는 버티컬 타입 하나쯤 가지고 싶어하지만 비싼 가격 때문에 못 하는 경우가 많다.

DV 카메라 광고 중에 200만, 300만 CCD 사용이라는 문구는 상술로 무장한 광고 문구에 해당한다. 200만, 300만 화소는 정지영상 사이즈에 한정되며 동영상 100만 화소 사용이라는 문구도 720×480(34만 화소)을 제외한 나머지 화소는 손떨림 보정기능 정도를 위해 사용할 뿐이다. 심지어 3CCD를 쓴다고 해서 34만 화소×3＝102만 화소라는 주장을 하는 사람도 있지만 기록되는 화소는 34만이다. DV 카메라는 CCD에 아무리 많은 화소를 담아도 녹화를 하면 DV 테이프에 무조건 720×480픽셀(34만 화소)로만 저장된다.

중요한 렌즈와 CCD 이야기를 마치면서 비디오 카메라를 고를 때 눈여겨 볼 부분을 알아보자.

◉ 줌은 10배 줌이면 OK, 최대 광각을 눈여겨본다

줌에는 더 이상 연연할 필요가 없으며 최대 광각(렌즈 초점거리 최소값)을 살펴본다. 35mm 필름 카메라로 환산해서 최소한 40mm 이하로 가 있어야 사용하기 좋다(40mm 이하가 아니라면 광각 컨버전 렌즈를 달아 해결하면 된다).

◉ 유효 화소수만 따진다

100만, 200만 화소는 거들떠보지도 말고 오직 유효화소 34만이 충실하게 녹화되는지만 살핀다.

◉ 최저 조도와 노이즈 상태를 따진다

필름 카메라는 어두우면 전용의 필름으로 갈아 끼우면 되지만 CCD를 쓰는 DV 카메라는 꿈도 꾸지 못한다. 또한 CCD 특성은 빛이 부족한 상태에서는 노이즈가 생기고 색 표현도 형편없게 떨어진다. 최저 조도(lux)와 저조도 상태 노이즈 는 어느정도 되는지 따져 본다.

Power Tip | *DV 카메라 제품 고르기*

비디오 카메라 화질은 렌즈와 CCD, 영상을 재현하는 전자회로로 결정되며 카탈로그를 통해 파악할 수 없다고 본다. 카탈로그에는 하나같이 자사 제품에는 최고급 렌즈에 최고급 CCD를 사용해 화질이 좋다는 내용뿐이다. 일반인이 알아듣지도 못할 전문 용어가 잔뜩 씌어 있지만 대부분 별것도 아닌 기술과 기능이 대부분이다.

8. DV 카메라와 뷰파인더

● 뷰파인더

디지털 카메라는 뷰파인더와 LCD 모두 컬러를 사용하지만 방송용 장비와 소니 PD150 같은 준프로 제품에는 흑백 뷰파인더가 달려 있다. 이유는 LCD 방식보다 해상도가 높은 흑백 뷰파인더를 쓰면 정확한 초점 조절이 가능하기 때문이다.

● LCD

한 손에 들어오는 버티컬 타입은 2.5인치 LCD(Liquid Crystal Display)를, 슈팅형으로 불리는 보통 비디오 카메라 타입은 3.5인치 LCD를 가지고 있다(그 외 3인치, 4인치도 있다). LCD 화면은 크면 클수록 박진감도

🔲 뷰파인더

높고 모니터하기 쉽지만 백라이트(LCD는 자체로 빛을 내는 발광 소자가 아니라 형광등 조명장치가 뒤에서 비춰준다)가 큰 전력을 필요로 하기 때문에 배터리 소모도 커진다. LCD는 화소가 많아야 선명하고 초점 맞추기가 쉬워진다. 또 자유자재로 꺾이고 빙글빙글 돌아가야 다양한 앵글로 촬영할 수 있다는 점을 잊지 말자. 군중이 많아서 높이 들어올려 촬영할 때, 바닥에 바싹 붙여 촬영할 때, 촬영하는 사람을 담는 셀프촬영 때에 LCD를 상하 좌우 마음대로 조작할 수 있어야 수월하다.

Power Tip | LCD 세팅

디지털 카메라에서 다루었지만 뷰파인더와 LCD를 통해 보는 영상은 실제로 보게 될(텔레비전) 영상과는 다르게 선명하고 또렷하게 나온다. 이런 점을 미리 파악해서 최종적으로 보게 될 영상과 비슷하게 세팅을 하거나(밝기, 색상) 스스로 감을 얻도록 노력해야 한다.

9. 비디오 카메라와 배터리

◉ 충전 배터리 개수

비디오 카메라는 큰 전력을 필요로 하므로 충
전 배터리 중에서 성능이 가장 우수한 리튬-이온
(Li-ion) 배터리를 쓴다. 제품을 구입하면 기본적
으로 최소 용량의 배터리를 끼워주는 것은 별도
판매를 위한 마케팅 전략이다. 제품 구입시 포함
된 충전 배터리 한 개로는 테이프 한 개도 제대
로 촬영하기 어렵다.

🔶 리튬-이온 배터리

소니 배터리의 경우 소형은 2시간 정도, 중형
은 5시간 정도, 대형은 8시간을 사용할 수 있는데 LCD를 주로 쓴다면 사용시간은 반 이상으로 줄어든
다. 1시간짜리 테이프에 가득 채우려면 1시간이 조금 넘는 배터리 용량이면 되겠구나 하는 계산은 틀
린 것이다. 1시간을 채우기 위해서는 최소한 3배, 3시간 배터리 용량이 있어야 겨우 가능하다.

◉ 충전 배터리의 수명

충전 배터리도 수명이 있어 충 · 방전을 200~300회 이상 반복하면 충전 성능이 뚝 떨어진다(보통
500회 정도가 평균수명).

충전 배터리는 소모품이므로 수명이 지나면 새로 사야 한다는 생각을 가져야 한다. 절약 정신도 좋
지만 배터리 부족으로 중요한 순간을 놓치는 씁쓸한 기억을 만들 수 있다. 충전 배터리를 구입할 때는
정품을 구입하도록 한다. 포장이 뜯겨 있거나 배터리 접속 금속에 흠집이 있는 제품은 사용했던 배터
리이므로 꼼꼼히 살펴야 한다.

◉ 인터넷에 떠도는 충전괴담

수명이 다한 리튬-이온 배터리를 비닐에 싸서 냉동실에 꽁꽁 얼렸다가 상온에 두면 새것처럼 된다는
루머가 있었다. 그러나 배터리 전문가들은 그런 방법으로는 배터리를 재생할 수 없으며 오히려 카메라
의 고장 원인이 된다고 말한다. 리튬 이온 배터리는 완전충전, 완전방전을 하는 니켈-카드뮴 배터리처

럼 써서는 안 된다. 조금 사용을 했다면 다시 충전을 시키는 방법이 오히려 수명을 최대화한다. 리튬 이온 배터리도 오랫동안 사용하지 않거나 완전충전이 안 되고 사용 시간이 짧아지는데 이 때 완전방전과 완전충전을 해주면 정상 상태로 돌아온다.

🔲 대형 충전 배터리

🌑 소니 인포리튬 배터리

배터리 내부에 전자 회로가 들어 있어 배터리 전압과 사용되는 전력을 계산해 남은 시간을 정확하게 표시해 준다. 타사 제품들은 휴대폰 배터리 표시처럼 3단계 그림 정도로 보여주는데 마지막 단계 그림에서는 배터리가 언제 떨어질지 몰라 쫓기는 기분으로 촬영하게 되는 경우까지 생긴다. 소니 인포리튬 Info Lithium 배터리는 남은 시간을 분까지 정확하게 디지털 수치로 보여주는 장점이 있다.

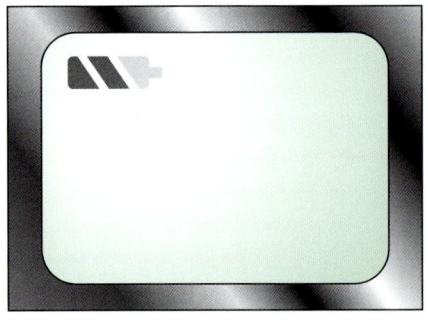

🔲 보통 배터리 잔량 표시

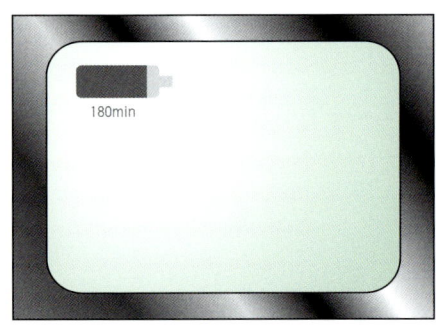

🔲 인포리튬 배터리 잔량 표시

10. DV 카메라 손떨림 보정 기능

줌을 당겨 망원 렌즈가 되면 카메라를 잡은 손의 미세한 떨림이 크게 확대되어 영상은 마구 흔들린다. 아름다운 영상이라도 흔들리면 짜증과 불쾌감을 주기 마련이다. 이런 문제를 해결하기 위해 업체들은 손떨림 보정 기능을 만들어서 대부분의 제품에 채택하고 있다. 손떨림 보정 기능은 전자식(Digital Image Stabilization), 광학식(Optical Image Stabilization) 두 가지가 있으며 보급형 1CCD는 전자식 손떨림 보정 기능 방식을, 3CCD 고급 제품들은 광학식 손떨림 보정 기능 방식을 사용한다.

전자식은 CCD에 담긴 영상을 가지고 손떨림을 보정하지만 광학식은 CCD에 들어오기 전 렌즈 단계에서 손떨림을 보정한다. 화질은 광학식이 전자식에 비해 좋다.

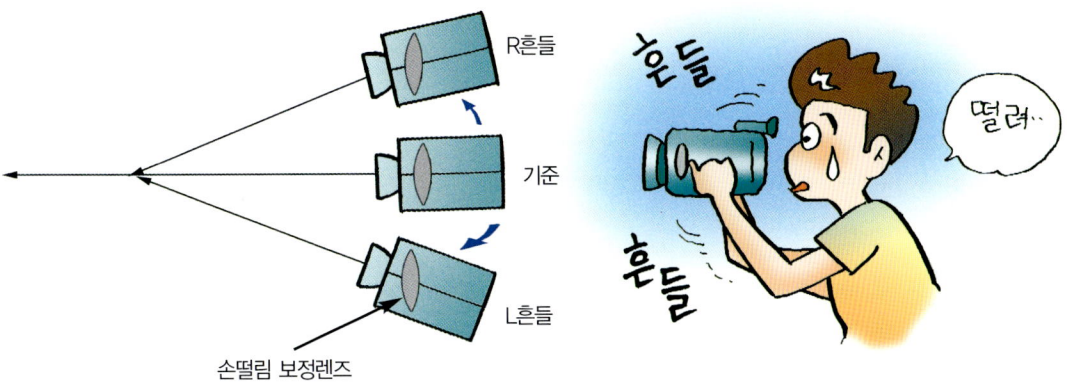

☘ **손떨림 보정 기능:**
보정렌즈가 카메라 움직임에 따라 반대로 움직이며 영상의 흔들림을 최소화시킨다.

11. 크기와 디자인

취미로 사진을 찍는 사람들의 경우 카메라 크기와 촬영 시간은 반비례한다. 화질을 최우선 순위로 놓고 큰 카메라를 산 사람은 시간이 지나면서 귀찮고 번거롭다는 이유로 큰 행사가 아니면 카메라를 가지고 다니지 않게 된다.

2002년 소니에서 생산한 U20 디지털 카메라는 누구나 보면 감탄이 나올 정도로 작고 깜찍한 디자인을 갖추고 있다. 마니아들은 30만 원대 가격으로 화질도 떨어지고 줌 기능까지 없다고 했었다. 그러나 정작 U20 제품을 가진 사람들은 늘 가지고 다니면서(휴대폰보다 작다) 일상의 모습을 빠짐없이 담기에 바빠 보였다.

가장 이상적인 방법은 비교적 크더라도 화질 좋은 제품과 휴대가 간편한 제품, 두 가지 모두 갖추는 방법이다. 그러나 경제적인 이유로 하나를 선택해야 하기 때문에 휴대성과 화질 중에서 어떤 것을 선택할 것인가 하는 고민이 늘 숙제로 남는다.

소니 U20 디지털 카메라

코니카 초소형 디지털 카메라

● 슈팅 스타일

소니 TR시리즈가 대표적이며 옆
으로 길쭉한 가장 흔한 비디오 카
메라 스타일이다. 크기는 비록 버
티컬형보다 크지만 촬영과 조작
이 편하다.

⬆ 소니 DCR-IP210

⬆ 삼성 VM-B1900

● 버티컬 스타일

삼성 B시리즈, 소니 PC시리즈가 대표적이다. 세
로로 길쭉하고 초소형 형태라 휴대가 편하지만 각
종 버튼의 크기가 작아 슈팅형과 비교해 조작이
불편하다.

콤팩트 스타일

슈팅형과 버티컬형을 섞은 스타일로 휴대성과 촬영 조작의 편리성을 추구하는 최신형 스타일이다.

🔲 삼성 VM-C5000

🔲 소니 TRV15

NOTE :

Chapter 4

DV 카메라 제품 살펴보기

1. 삼성 디지털 카메라 + 비디오 카메라 VM-C5000

'또 하나의 가족' 삼성은 국내에서 유일하게 비디오 카메라를 만드는 회사이다. 5~6년 전 삼성은 콤팩트 줌 카메라에서 일본 제품과 비교해 훌륭한 성능과 디자인으로 정상에 오르는 듯 했다. 그러나 그때부터 디지털 카메라가 필름 카메라 시장을 조금씩 잠식하기 시작했고 삼성은 카메라 기술력을 바탕으로 디지털 카메라를 시작했다. 그러던 중 2003년에 들어서면서 케녹스 V4라는 경쟁력 있는 400만 화소급 디지털 카메라를 생산했다. 그리고 삼성은 본격적으로 디지털 비디오 카메라 시장에 투자를 해 소니를 제치고 시장 1위가 되겠다는 출사표를 던졌다. 삼성에서 만든 초소형 DV 카메라는 시장에서 조금씩 인기를 얻기 시작했으며 2003년 6월 VM-C5000이라는 아이디어가 참으로 돋보이는 디지털 비디오 카메라 제품을 선보일 예정이다.

삼성 VM-C5000은 180도 돌아가는 렌즈부를 써서 디지털 비디오 카메라 렌즈부가 되었다가 다시 한 바퀴 돌리면 디지털 카메라 렌즈가 된다. 디지털 비디오 카메라 최대 판매회사인 소니에서조차 상상하지 못했던 아이디어로 보인다.

2003년 서울 국제 사진기자재 전시회에서 실제 제품을 볼 수 있었는데 디자인과 크기 면에서 히트 상품이 될 가능성이 보였다. DV 카메라에 400만 화소 3배 광학 줌을 가진 본격적인 디지털 카메라 기능이 완벽하게 합쳐진 이 제품이 앞으로 업그레이드 되면서 삼성의 대표적인 디지털 캠코더+카메라가 될 수 있기를 바란다.

🔹 삼성 VM-C5000

VM-C5000

- 형태 : Mini-DV 수평형 캠코더
- 68만 화소 디지털 카메라 + 413만 화소 디지털 카메라
- Easy Q/EZ Navigator 채용
- Power Night Capture 기능
- Analog In 기능
- 초고속인터페이스 IEEE1394지원
- 디지털 카메라 기능 (메모리 스틱 32MB 내장)
- PB Zoom/Multi Display
- 저장 매체 : 32MB 메모리 스틱 & Tape
- USB단자 채용
- CCD 화소수 : 68만 화소(수평해상도 500선)
- 2.0" TFT LCD
- LCD 픽셀 : 211K(21만 화소)
- 뷰파인더 : 컬러
- 뷰파인더 픽셀 : 113K
- 광학 줌 10X, 디지털 줌 800X(DVC)
- 광학 줌 3X, 디지털 줌 6X(DSC)
- Photo Mode (Tape or Memory)
- PCM 스테레오 (CD 수준의 음질)
- 손떨림 보정 (EIS)
- 다양한 특수효과
- 플래시 내장 (DSC용)
- 녹화 스피드 : SP/LP, 재생 스피드 : SP/LP
- 배터리 2종 제공 (SB-L70G/SB-L110G)
- 고급가방 제공
- 크기 : 140 X 81.5 X 96mm
- 무게 : 650g
- **디지털 카메라용 CCD (8.4 X 11.2mm 410만 화소)**
- **DV 카메라용 CCD (1/6인치)**

카탈로그에 실린 내용이다. 가장 눈길을 끄는 부분은 비디오 카메라, 디지털 카메라의 렌즈와 CCD가 별도로 사용된다는 점이다. 기존의 비디오 카메라는 비디오 카메라의 렌즈와 CCD에 정지 영상을 억지로 구현하는 방식이었지만 삼성은 디지털 카메라와 비디오 카메라의 렌즈와 CCD를 완전하게 분리했다.

DV 카메라 절대 평가기

2. 소니 TRV940

3CCD 명작 TRV900이 나온 뒤 4년 정도가 지나서야 후속 모델이 나올 정도로 TRV900은 훌륭한 모델이었다. 3CCD를 사용하고 광학식 고급 손떨림 보정회로, 3.5인치 대형 LCD창, 컬러 뷰파인더, 52mm 필터링 등 당시로서는 획기적인 제품이었다.

TRV940 (3CCD 슈팅형)

- 07만 화소의 3CCD 채용
- 화질의 손상이 없는 신개발 광학식 액티브렌즈 방식의 손떨림 보정 기능
- i.LINK로 컴퓨터와 연결가능
- zebra패턴
- 서포트-가이드 프레임
- 인텔리전트 액세서리 슈
- 24.6만 도트의 프레시전 액정 모니터
- 18만 도트 컬러 뷰파인더
- 경량이면서 내구성이 뛰어난 마그네슘 합금 소재의 보디
- MPEG 무비 EX
- 크기 (WxHxD) : 93×99×202mm

- 무게 : 약 970g (배터리와 테이프 포함)
- 출시년도 : 2002년
- 홈페이지 : www.sony.co.kr

디 자 인

TRV900 기본 스타일 그대로 유지되었다. 표준적인 슈팅형으로 아쉬운 점은 필터링이 52mm에서 37mm로 줄어 든 점이다. 52mm, 58mm 필터링 사이즈는 필름 카메라 렌즈에 많이 쓰이는 크기라 다양한 필터와 렌즈를 쓸 수 있었다. TRV900과 스타일은 비슷하나 무게중심이 오른쪽으로 치우친 디자인으로 조금 달라졌지만 오른손잡이라면 오히려 잡은 느낌이 좋다.

화질부분

1/4인치를 쓰던 TRV900보다 더 작아진 1/4.7인치 CCD를 사용했다. CCD 크기가 작아져 아쉽지만 14bit DXP, HAD 기술을 더해서 다이내믹한 영상과 낮은 조도에서 노이즈를 줄였다고 한다. 실제로 촬영된 결과물을 보면 TRV900, VX2000이 보여주던 하이 키 톤(High Key Tone)과 달리 따뜻함이 있는 색감이다. 하이 키 톤 화조는 텔레비전 품질이 보통일 때는 또렷해서 보기 좋았지만 고화질 텔레비전에서는 차갑고 날카로운 색감이기 쉽다. 저조도 촬영에서 TRV900과 비교해 확실히 노이즈는 줄어들었지만 역시 CCD 크기가 작아진 점이 아쉽다. TRV940(일본 모델명 TRV950)은 가장 최근에 선보인 3CCD 제품이므로 앞으로 소니에서 발매할 3CCD급은 이런 색 표현을 가진 제품이 될 것으로 보인다.

디지털카메라부분

🔹 1152×864도트의 정지사진

100만 화소 정도 스틸 사진을 저장하므로 본격적인 디지털 카메라 기능으로 쓰기엔 부족하다. 그러나 3CCD가 보여주는 자연색 정지사진은 확실히 매력이 있다 (3CCD를 사용한 디지털 카메라는 아직 없다).

기능

🔹 팝업 플래시 내장

야간이나 역광시에 플래시가 자동적으로 튀어나와 정지영상 촬영을 가능하게 한다. TRV900에서는 없었지만 필요한 기능이다.

🔹 터치 패널

LCD를 보면서 메뉴를 선택하는 터치 패널은 TRV900에서 완전하게 업그레이드 된 부분으로 본체의 번거로운 버튼을 말끔하게 해주었다.

🔹 가이드 프레임

화면에 작은 사각형이 생겨 수평 수직을 잘 잡을 수 있도록 한다. 건물이나 배경이 직선으로 된 경우 기울게 촬영되어 편집 때 써먹지 못하는 경우가 많았었다.

🔹 렌즈 광학식 손떨림 보정 장치

TRV900부터 사용된 광학식 손떨림 보정 방식으로 전자식과 비교해 화질 저하가 거의 없다.

🔹 수동조절 기능

수동조절 기능이 된다는 의미는 또한 자동조절도 가능하다는 뜻이다. TRV900처럼 조리개, 셔터 스피드, 화이트 밸런스, 초점조절 모두 자동과 수동이 가능하며 조리개 우선, 셔터 스피드 우선으로 조작도 가능하다. 이런 완벽한 자동, 수동 조절 기능 때문에 비싼 가격에도 불구하고 구입하게 된다.

에 필 로 그

   디지털 비디오 카메라 판매 1위 회사인 소니는 제품 개발부터 마케팅까지 골고루 앞서가는 회사답게 라인 업이 좋다. 1CCD 제품은 여러 제품들로 구성되어 있지만 3CCD는 TRV940, VX2000 두 가지 모델뿐이다. TRV940은 화질과 크기, 사용 편리성에서 골고루 높은 점수를 받을 만큼 좋은 제품이고 소니가 그동안 보여줬던 차갑고 날카로운 하이 키 톤에서 벗어나 보다 자연적인 따뜻함이 느껴지는 색 표현을 시작한 제품이다.

3. 파나소닉 AG-DVX100

그동안 고급형 3CCD 제품은 소니 VX2000(준프로용 PD150)이 바이블이었다. VX2000은 발매 당시 눈길을 끄는 디자인과 밝은 화질(DV 카메라 중 저조도 성능은 아직도 최고)로 방송국 VJ용 필수 품목이었다. 한마디로 그동안 VX2000과 비교할 제품은 없었고 오랫동안 최고의 자리에 군림하고 있었다. 방송용 비디오 카메라 시장에서 소니와 파나소닉은 누가 우위라고 할 수 없을 정도였

🔲 AG-DVX100

지만 가정용 DV급에서 소니는 앞서 있었다. 2002년 가을 AG-DVX100이라는 준 프로급 3CCD 카메라로 시장에 출사표를 던졌다.

AG-DVX100

🔲 CCD : 1/3인치 IT-CCDX3 (*IT : Interline Transfer), 프로그레시브 모드 지원 41만 화소 (유효화소 38만 화소)

🔲 렌즈 : LEICA DICOMAR 광학식 손떨림 보정 렌즈, 전동/메뉴얼 10배 줌 (F1.6 f=4.5~45mm, 35mm 환산 32.5~325mm)

🔲 필터링 : 72mm

🔲 최저조도 : 3 lux

🔲 광학필터 : 1/8NB, 1/64ND 필터

🔲 Synchro scan
60i mode : 1/60.3 to 1/250.0 sec.
30P mode : 1/30.1 to 1/250.0 sec.
24P, 24P (ADV) mode : 1/24.1 to 1/250.0 sec.

🔲 입·출력 단자
IEEE1394
VIDEO IN/OUT (RCA)
S-Video IN/OUT
MIC IN : XLR-3p x2, 팬텀+48V

AUDIO IN/OUT (CH1/2) : RCA x2
PHONES : M3잭, 스테레오

🔲 크기 : 139 x 160 x 364 mm

🔲 무게 : 1.66kg

🔲 가격 : 소비자가 430만원

🔲 출시일: 2002년 11월
http://www.panasonic.co.jp (일본 파나소닉 홈페이지)
http://dvx100.dmcc.co.kr/ (한국 홈페이지)

디 자 인

파나소닉이 그동안 방송용 카메라에서 보여준 디자인 컨셉을 그대로 보여준다. 렌즈부를 감싸는 블랙부분과 샴페인 실버컬러로 감싸는 데크부는 고급스럽다. 렌즈 주변부를 블랙으로 하여 피사체에 어떠한 영향도 미치지 않도록 했다. 별매품으로 마이크를 달면 가정용보다 프로덕션, 방송국에서 사용하는 느낌을 충분하게 전달한다.

화 질

파나소닉은 AG DVX100(이하 DVX100으로 표기)을 판매하면서 "영화를 만들 수 있는 DV 카메라"라는 강력한 문구로 광고를 했다. 보통 DV 카메라라고 하면 아무리 비싸도 VX2000(PD150) 정도로 VJ 프로그램과 같은 공중파에서나 쓰이는 정도였고 DVCAM 방식도 겨우 프로덕션에서 쓰는 정도였는데 영화를 만들 수 있다고 했다. DVX100의 장점은 순수한 비디오 카메라 성능을 위해 만들었다는 점으로 정지영상 기능은 아예 있지도 않다. 베타, 디지베타 카메라처럼 화이트 밸런스뿐 아니라 블랙레벨을 맞출 수 있으며 줌, 포커스 모두 수동으로 조절이 가능하다.

◆ 라이카 렌즈(비구면)

VX2000 출시 전에 칼짜이즈 렌즈를 사용한다는 소문은 마니아들을 설레게 했었다. 정작 제품에는 칼짜이즈가 아닌 일반적인 렌즈를 사용해서 실망을 주었지만 DVX100은 라이카 비구면 렌즈를 사용했다. 일반인들은 망원에 관심을 보이지만 촬영 실력이 늘어나면 당연히 광각의 필요성을 느끼게 된다. 이런 점에서 DVX100은 광각으로 세팅이 되어 별도의 광각 컨버전 렌즈가 필요 없다. 1/3인치 CCD는 소니 VX2000에 사용된 CCD와 같은 크기로 저조도 성능도 좋고 색감도 따뜻하다.

◆ 24P / 30P 프로그레시브

프로그레시브는 다음에 자세히 다루겠지만 인터레이스 모드와 달리 한 번에 한 화면을 잡아낸다. 공중파 방송은 인터레이스 모드로 한 번에 반쪽 화면씩 보여주므로 슬로 모션, 정지영상에서 화면이 흔들리며 흐르는 잔상이 생기고 줄무늬 옷을 입으면 아른거리는 등 심한 문제가 있다. DV100은 24P(프로그레시브 24프레임/sec), 30P(프로그레시브 30프레임/sec)을 완벽하게 구현하므로 단편영화처럼 극장 상영을 위해 6mmDV 테이프 필름 변환 키네코 작업을 할 때 확실한 장점을 보여준다.

◐ CINE 감마

CCD는 필름과 비교해 관용도가 낮아 영상 깊이가 부족하다는 단점이 아킬레스 건이었다. DVX100은 이런 단점을 1/3″ 고화질 CCD와 CINE 감마 영상회로를 통해 대폭 수정하여 보완하였다. 실제로 보통 DV 카메라에서 보여주던 영상미와 CINE 감마를 통해 보여주는 영상미의 차이는 상당하다. 빛이 잘 돌고 있는 피사체라면 어둠과 밝음이 훨씬 더 잘 묘사되어 기존 비디오 카메라가 보여준 관용도의 부족을 많이 해결해 준다.

기 능

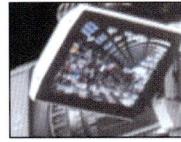

◐ 3.5인치 LCD

준프로급 중에서 크고 선명한 3.5″ LCD를 사용한다.

◐ 시원한 뷰파인더

3.5인치 LCD는 DV 카메라에서 사용하기 적당한 크기로 답답함이 없다. 특히 뷰파인더는 컬러라 화질은 다소 떨어지지만 커다란 고무 캡으로 완전히 감싸고 있어 10~20cm까지 눈을 떼고 봐도 잘 보이므로 늘 눈을 고정해야 하는 단점도 없다.

DV 카메라 만들기

○ 4방향 조이스틱

VCR 모드에서 사용하는 재생, 감기, 되감기, 정지 등등 기능을 모두 4방향 조이스틱 스위치로 가능하며 세팅 메뉴 선택에도 사용된다. 이 조이스틱 스위치로 복잡한 버튼과 스위치를 많이 줄였다.

○ 이동 손잡이 줌, 다양한 레코딩 버튼

카메라 윗부분의 이동 손잡이에도 줌 버튼이 있어 줌을 고정, 천천히, 가변모드로 조정이 가능하다. 이동 손잡이에도 레코딩 버튼이 있어 어떤 앵글에서도 녹화 버튼을 쓰기 편리하다.

에 필 로 그

소니는 파나소닉과 비교해 마케팅 능력이 탁월하다. VX2000의 경우 똑같은 제품을 색상과 오디오 부분을 향상시키고 DVCAM 기능을 넣어 준프로용 PD150으로 판매한다(마찬가지로 TRV900은 PD100 이라는 모델로). 소니는 판매량이 높아 여러 회사에서 필요한 액세서리(레인 팩, 컨버전 렌즈 등등)를 만들기 때문에 활용성이 뛰어나다.

파나소닉은 이런 점에서 DVX100과 같이 품질 좋은 DV 카메라가 있어도 액세서리 부분에서 지원을 받지 못하는 경우가 있다. 그러나 이러한 단점은 DVX100의 화질을 생각하면 그리 불편함이 없다고 할 정도로 지금까지 판매된 DV 카메라 중에서 완성도가 높다고 하겠다.

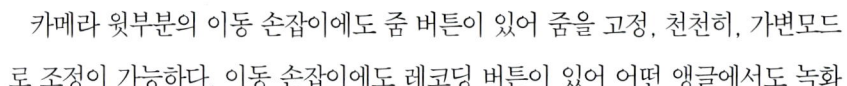

Power Tip | 비디오적 화면과 영화적 화면

비디오적인 화면을 video look이라고 하는데 이는 색의 표현이 고르지 않고 지나치게 강조된 느낌의 영상을 말한다. 영화 같은 뮤직비디오를 보면 마치 스크린에서 보는 느낌이 들지만 에로 비디오를 보면 디테일도 좋고 화면도 밝지만 인위적인 강렬한 색이 느껴진다. 이에 비해 영화적 화면인 film look은 색도가 어느 한쪽에 치우치지 않고 골고루 표현되므로 자연적이고 우리가 보는 세상 같은 느낌이 든다.

Chapter 5

날카로운 바이어가 되자

1. 어디서 살 것인가?

불과 몇 년 전만 하더라도 전자제품은 발품을 팔면 조금이라도 싸게 살 수 있었다. 그러나 이제는 인터넷 판매 사이트를 뒤져보는 방법이 가격이나 배송 방법에서 유리하다.

차나 대중교통을 이용해 찾아가 발품 팔고 다시 물건을 포장해 집으로 들고 오고 하는 노동과 시간은 돈으로 바꾸기 어려운 비용이다.

2. 상술에 넘어가지 않으려면

오래 전 필자가 A/V가이드 책을 쓸 때에도 똑같은 내용의 글을 썼었다. 아직도 용산과 테크노마트의 몇몇 상인들은 좋지 못한 상술로 소비자를 이용하는 경우가 있다.

● 인터넷이나 전문가가 조언해 준 모델을 고집하라

A라는 모델을 구입하려고 물어보면 그들은 "아니, 그 잔 고장 많은 물건을 왜 사려고 그러세요." 하면서 가볍게 손님을 흔든다. "저희들이야 물건만 팔면 되는데, 그 제품 사간 분들 다 A/S 들어왔어요." 하면서 손님들의 선택 원칙까지 흔든다. 이랬을 때 그냥 그 상점을 나오면 되는데 "그럼 어떤 모델이 좋은가요?" 하고 점원에게 묻는 순간 그 손님은 가장 마진이 많고 재고 때문에 골치 아픈 모델을 점원의 억대 연봉 영업사원 뺨치는 화술에 넘어가 사게 된다(A라는 모델을 물어보면 비교적 싼 가격을 불러 놓고 어디론가 전화하고 계속 기다리라고 하는 업소도 있다. 갖은 이유를 대면서 흠집을 잡기 위한 술책이므로 해당 모델이 없는 가게라면 미련 없이 나오면 된다).

● 패키지 제품과 액세서리 구입을 조심하라

조언받은 제품을 초지일관, 구입하는데 성공했다면 다음으로는 액세서리를 잘 챙겨야 한다는 사실

Power Tip | *www.enuri.com*

제품들 특징과 인터넷 판매사이트 별 가격을 실시간으로 보여주는 사이트로 이곳을 참고한다.

이다. 사용 설명서에 건전지 개수까지 표시되므로 기본 액세서리를 빠뜨리거나 하는 일은 없어야 한다. 그리고 따로 구입해야 할 필수 액세서리에서 터무니없는 가격을 부르는 경우도 많다. 보통 구입하려는 본체 가격은 정확하게 알고 가지만 액세서리 가격은 미처 모르고 가서 정작 본체에서 1~2만원 싸게 사고 엉뚱한 곳에서 수 만원 더 주고 온다(계산하지 않아도 손해임은 틀림없다).

🔵 내수용과 수출용을 확실하게 따진다

디지털 카메라, 비디오 카메라 모두 일본 제품이 인기가 높다. 일본 제품은 일본에서 판매되는 내수용과 외국 수출용으로 구분되는데 내수용은 자국 외에 A/S가 되지 않는다. 또 몇몇 자질 없는 점원은 내수용이 수출품보다 품질이 더 좋아 오히려 이걸 찾는 사람이 많다며 돈에 눈이 멀어 거짓말까지 한다. 정식 수입품은 내수용보다 조금 비싸지만 한글 매뉴얼에(내수용도 한글 매뉴얼을 복사해서 주기는 한다) 1년 또는 2년간 무상 A/S가 가능하므로 괜히 몇 만원 아낀다고 내수용을 살 필요는 없다.

3. 되도록이면 구입 당시 박스는 그대로 보관한다

전자제품은 언제나 진행형이고 과도기이다. 내일 구입할 물건도 10년, 20년 쓰게 되는 세상이 아니라는 의미이다. 인터넷 동호회를 중심으로 한 중고 디지털 카메라, 비디오 카메라, 액세서리 시장에는 매일 물건이 수도 없이 올라오고 팔리고 한다. 사람들은 중고를 살 때 깨끗한 물건을 사고 싶어하고 주인이 살 때 그대로 보관할 정도면 물건까지 신뢰하기 때문에 조금이라도 제 값을 받고 팔 수 있다. 가능하다면 구입 당시 박스와 모든 물건들은 그대로 보관하고 영수증도 잘 챙겨둔다.

4. 추억을 담는 도구일 뿐

영상에 취미를 가지고 있다 하여도 어디까지나 카메라(비디오 카메라)는 도구일 뿐이다. 가족과 친구들 누구나 만질 수 있고 사용할 수 있는 제품을 사기 바란다. 지나치게 고급품을 사서 가족들에게 만지지 말라는 엄포를 놓고 본인 아니면 아무도 만지지 못할 어려운 기기는 이미 생활의 도구가 아니다. 가족 누구나 쉽게 사용하고, 쉽게 가지고 다닐 수 있는 제품을 사서 셔터, 레코딩 버튼이 닳도록 쓰는 사람이 진정한 마니아이다.

PART Ⅱ

디지털 실전
Know-How

Chapter 1

초보를 벗어나자

1. 화이트 밸런스

Q 저는 ○○ 마트에서 대리로 근무하고 있는 20대 후반의 남자입니다. 얼마 전 일입니다. 과장님께서 세일 행사 전단지에 사용할 싱싱한 오렌지 사진이 필요하다고 말씀하셨습니다. 그래서 매장에 진열된 오렌지를 디지털 카메라로 촬영해 과장님 이메일로 보내드렸는데 과장님께서 저를 찾으시더군요. 저는 '디지털 카메라 모델 번호와 또 얼마짜리인지 물어 보겠구나' 하고 짐작하고 카탈로그까지 준비해 갔습니다. "김 대리, 이게 오렌지로 보이나? 한번 보게." 하면서 과장님께서 모니터를 보여주셨습니다. 그래서 보니 오렌지 색깔이 마치 토마토처럼 나왔습니다.

카메라 A/S센터에 알아보니 고장은 아니라며 화이트 밸런스(White Balance)를 잘 맞추라고 하더군요. A/S 기사 말이 사실인지, 아니면 제가 카메라 조작을 너무 못 하는 건지 궁금합니다.

A 위의 경우는 실내 조명에 맞는 화이트 밸런스를 잡지 못해 일어난 조작 실수에 해당한다. 빛의 3요소 — 빨강(Red), 초록(Green), 파랑(Blue) —만 있으면 마술처럼 빛으로 표현되는 모든 색을 만들어 낼 수 있다. 빛의 3요소를 더하면 흰색이 되고, 색의 3요소인 빨강과 파랑과 노랑을 더하면 검정색이 된다. 그러므로 빛의 3요소를 모두 더한 흰색이 제대로 표현되면 모든 색의 밸런스가 잘 맞았다고 볼 수 있다. 정확한 색의 3요소는 마젠타(Magenta), 사이언(Cyan), 옐로(Yellow)이다. 정육점의 붉은 색 조명 아래에서는 흰색마저 빨갛게 보이는 것처럼 사물은 조명에 따라 다른 색으로 보인다. 그 이유는 조명에는 각각의 색온도(色溫度, Color Temperature)가 있기 때문이다.

영국의 켈빈이란 과학자가 흑연에 열을 가하면 뜨겁게 달궈지면서 색이 암적색—오렌지—노랑—청색—흰색으로 변함을 알아냈다. 가열한 온도와 흑연의 색은 항상 일치하므로 수치화가 가능했고 이렇게 얻은 색온도 뒤에 켈빈의 약자 K를 붙이게 되었다.

Power Tip | 색온도

전구 색온도 : 2800 ~ 3200K　　형광등 색온도 : 4500 ~ 6500K　　야외 태양광 색온도 : 5600K (보통 5500 ~ 6000K)

화이트 밸런스란 빛의 색온도 상태에 맞추어 흰색을 조정하는 작업으로 마치 현악기 조율과 같다. 디지털 카메라는 조명 상태에 따라 화이트 밸런스를 맞추지 못하면 엉뚱한 색으로 나오기 쉽다.

◉ W/B 세팅 종류

디지털 카메라와 DV 카메라에는 자동 화이트 밸런스(White Balance)가 기본으로 들어 있고 그 외에 몇 가지 화이트 밸런스 세팅 종류가 있다. 아래는 3파장 조명 상태에서, W/B 세팅에 따라 다른 색의 예이다.

◀ AUTO

태양광 ▶

◀ 흐린날

형광등

◀ 전구

커스톰 ▶

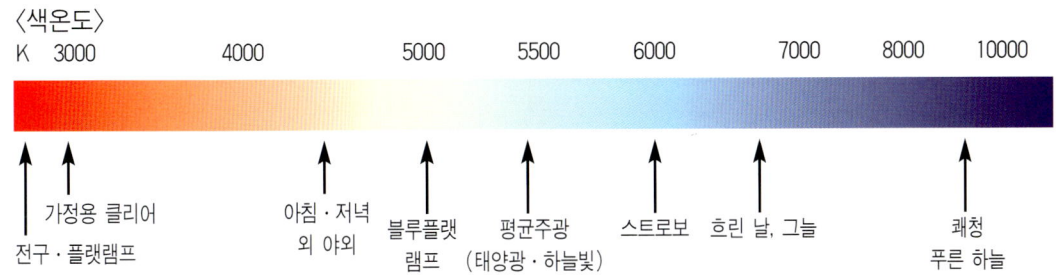

〈색온도〉

K	3000	4000	5000	5500	6000	7000	8000	10000

전구·플랫램프   가정용 클리어   아침·저녁 외 야외   블루플랫 램프   평균주광 (태양광·하늘빛)   스트로보   흐린 날, 그늘   쾌청 푸른 하늘

◉ W/B 자동 모드를 쓰는 방법

카메라는 전원이 켜져 작동 상태가 되면 렌즈로 들어온 빛의 색온도를 분석해 자동으로 화이트 밸런스 세팅을 한다. 촬영 장소가 바뀌거나 조명 상태가 변하면 전원 스위치를 껐다 켜 다시 화이트 밸런스를 맞춘다. 이 때 카메라 렌즈 캡을 벗겨야 하며 하얀색이 잡히도록 흰 벽면이나 종이를 뷰파인더에 채운다.

◉ W/B 커스텀 모드를 쓰는 방법

커스텀 모드는 카메라에게 렌즈로 들어가는 색이 흰색이다 하고 강제로 알려주는 기능이다. 기준 흰색으로 흰 벽면이나 복사용지를 쓸 수 있지만 코닥에서 판매하는 그레이 카드가 있다. 카드 한쪽은 18% 회색으로 노출을 조정할 수 있고 다른 쪽은 흰색으로 화이트 밸런스를 맞추도록 한다.

이 조정은 카메라에게 조명에 따라 화이트 밸런스를 혼동하지 않도록 정확하게 흰색을 알려 주는 길잡이 역할을 하다. 그레이 카드가 없다면 문구점에서 파는 흰 색상지, 복사용지도 가능하다.

◀ 그레이 카드

Power Tip | W/B 커스텀 모드 사용법

① 카메라 W/B 커스텀 모드 버튼을 눌러 세팅을 시작한다.
② 카메라 W/B 표시가 깜박거리며 준비상태를 알린다.
③ 카드 흰색 면을 카메라로 가득 들어오게 잡는다(반사되거나 그늘 없이 촬영할 피사체와 같은 위치가 되도록).
④ 확인 버튼을 누르면 카메라는 카드를 흰색으로 인식한다.

화이트 밸런스 심판은 사람의 눈

포유류 중에서도 사람 눈은 매우 좋으며 뇌의 학습 기능까지 더해져 색에 대한 판단이 정확하다. 흰 복사지를 형광등 아래, 백열등 아래, 태양 아래 어디에 두어도 사람은 흰색으로 인식한다. 그러나 디지털 카메라는 세팅에 따라 흰 종이가 노란색이 되기도 하고 푸른색이 되기도 한다.

화이트 밸런스 작업을 마치면 최종적으로 뷰파인더로 보이는 색과 피사체 색을 비교해 비슷할 때 제대로 된 화이트 밸런스 상태로 보면 된다.

NOTE :

Power Tip | 필름 카메라 화이트 밸런스

필름 카메라는 화이트 밸런스라는 표현을 안 쓰고 라이트 밸런스(Light Balance)라는 표현을 쓴다. 렌즈 앞에 씌우는 필터를 이용하는데 이른 아침 푸른색이 돌 때는 푸른색을 줄이는 필터를, 오후가 되어 오렌지색이 돌 때는 오렌지색을 줄이는 필터를 써 조정한다.

2. 노출은 시작이자 마지막

Q 글을 쓰는 지금도 화가 나고 답답합니다. 큰돈을 들여 디지털 비디오를 장만해 부모님을 모시고 가족들과 함께 2박 3일 기간으로 스키장과 동해 겨울 바다까지 구경하고 왔습니다. 그 동안 늘 바쁘기만 했는데 10년 만에 오붓한 휴가를 즐기고 스키장에서 아이들처럼 마냥 좋아하시는 부모님과 아이들을 보면서 "진작부터 다녔어야 하는데…" 하면서 즐거운 후회도 했습니다.

집에 돌아와 모두 모여 촬영한 비디오를 보는데 다들 "왜 사람 얼굴이 검게 나오냐?" 하고 물어 봅니다. 판매원의 말로는 완전 자동이라 노출이며 초점이며 신경 쓸 필요 없다고 했었는데…. 재미있었던 스키장에서의 장면에서 가족들 얼굴 표정이 보이지 않고 검게 나와 속이 상합니다.

A 노출(Exposure)은 영상 표현의 시작이고 마지막이다. 위의 스키장 실패 사례는 자동 노출의 한계가 그대로 드러난 경우에 해당된다. 이러한 경우는 경험을 쌓아 나가면 노출 맞추기는 그리 어려운 일이 아니다.

빵을 맛있게 만들려면 설익어 밀가루 냄새가 나도 안 되지만 반대로 새카맣게 태워서는 더욱 안 된다. 노릇노릇하게 잘 구워야 고소한 빵을 먹을 수 있는 것처럼 영상 노출도 마찬가지이다. 노출은 조리개와 셔터 스피드 2가지로 조절하는데, 조리개는 빵을 굽는 오븐의 불 세기를 조절하는 조정에 해당하고 셔터 스피드는 오븐의 타이머에 해당한다.

조리개

F1.8/F2/F2.8/F4/F5.6/F8/F11/F16/F22 수치로 표시하는데, 최소값 F1.8은 조리개를 활짝 열어 빛이 렌즈를 모두 통과하는 상태이다. 최대값 F22는 조리개를 최대한으로 줄여 작은 구멍만으로 빛이 통과하는 상태에 해당한다.

오븐의 불 세기는 수치가 높을수록 강하겠지만 조리개는 반대로 수치가 낮을수록 빛이 많이 통과한다.

F1.8과 F2의 한 단계 차이는 빛의 밝기로는 2배 차이에 해당한다. F수가 한 단계 올라가면 빛의 밝기가 2배씩 올라가고 반대로 F수가 내려가면 밝기는 1/2로 줄어든다.

셔터 스피드

셔터 스피드(Shutter Speed)는 오븐이 작동하는 시간을 조절하는 타이머와 같다고 했었다. 빛이 조리개를 통과해 감광 소자에 닿는 시간을 강제로 조정해서 셔터를 오래 눌러도 짧게 눌러도 표시된 시간만큼만 닿도록 한다.

1″, 2″, 4″ 표시는 1초, 2초, 4초를 표시하고 1/4(4분의 1초), 1/8, 1/15, 1/30 ⋯ 1/3000 등으로 표시한다. 조리개 수치와 마찬가지로 한 단계 올라가면 빛의 밝기는 2배로 올라가고 한 단계 내려가면 1/2로 줄어든다.

	A	B	C	D
셔터 스피드	1/2000	1/1000	1/500	1/250
조리개(F)	F.2.8	F4	F5.6	F8

조리개와 셔터의 조합

노출을 조정하는 조리개와 셔터 스피드 조합은 1가지가 아닌 여러 조합이 나온다. 조리개를 열고 닫기, 셔터 스피드를 느리게 또는 빠르게 하기에 따라 완전히 다른 효과를 얻을 수 있다.

위에 표시된 A~D까지 조리개와 셔터 스피드 값은 각각 다르지만 CCD에 닿는 빛의 양은 일정하므로 같은 노출이라고 한다. A에서 정한 조리개 값 F2.8에서 B처럼 F4로 한 단계 올려 조리개를 조이면 빛의 밝기는 1/2로 줄었다. 라면을 먹으려고 물을 끓이는데 불 세기가 1/2로 줄었다면 어떻게 할까? 물 끓이는 시간을 불이 줄어 든 만큼 늘려야 한다. 조리개를 한 단계 조여 F4로 하고 셔터 스피드를 1/2000로 그대로 두면 노출 부족이 되므로 1/1000초로 한 단계 느리게 해 적정 노출로 만들면 된다.

노출과 관용도

CCD는 필름과 비교해 관용도(寬容度)가 작다고 했었다. 너그럽게 받아들인다는 의미를 지닌 한자 관용도가 작다는 이야기는 무슨 뜻일까? 피사체에 정확한 노출로 촬영했을 때 필름은 CCD보다 2스탑(단계)만큼 위 아래로 더 담을 수 있다(DV 카메라, 디지털 카메라 CCD는 방송용 비디오 카메라 CCD보다 관용도가 더 작다).

음악으로 생각하면 필름은 도레미파솔라시 이렇게 7음을 기록할 수 있고 CCD는 5음을 기록할 수 있다고 보면 된다. 도부터 시까지 멜로디로 된 노래를 녹음하면 필름은 모두 녹음이 되지만 CCD는 도와 시 부분은 녹음되지 않는다. '도' 음은 영상에서 어두운 부분에 해당해 검게 노출 부족으로 찍히고 '시' 음에 해당하는 부분은 너무 밝아 하얗게 날아가 버리는 노출 오버가 된다.

3. 바른 노출은 측광 방식에 달려 있다

사람의 눈은 극단적으로 어둡거나 눈을 뜨지 못할 정도로 밝은 곳이 아니면 사물을 알아볼 수 있다. 어떤 고감도 필름도 눈의 감도를 따라오지 못하고 CCD는 근처에도 오지 못한다. 그런데 이런 적응력은 밝기를 객관적인 수치로 판단하기 어렵다는 문제를 가진다.

빛의 밝기를 전자부품으로 측정하고 필요한 노출 값은 전자 계산기로 얻어내면 카메라 스스로도 노출을 맞출 수 있게 된다. 사람은 무게 또한 객관적으로 잴 수 없지만 저울을 만들어 해결했다. 그러나 빛의 세기를 바르게 측정하지 못하면 노출 계산이 정확해도 틀린 결과를 얻는다. 전자 저울에서 무게를 재는 센서가 엉뚱한 곳에 있다면 무게를 정확하게 잴 수 없음과 같은 원리이다.

노출을 정하기 위한 첫걸음인 측광 방식은 매우 중요하다. 그 이유는 카메라 스스로는 어디를 촬영하는지 알 수 없으므로 뷰파인더로 보이는 이미지 중 어느 곳에 노출을 맞출지 사람이 정해줘야 하기 때문이다. 디지털 카메라는 보통 3가지 측광 모드가 있고 DV 카메라는 주로 전체분할 측광 모드를 사용한다.

● 전체분할 측광(기본 측광 방식)

뷰파인더로 보이는 모든 이미지를 종합해 측광하므로 실패할 가능성은 작지만 촬영자가 담으려는 피사체에 맞는 정확한 값을 알아내기 어렵다.

전체분할 측광 ➡

◉ 중앙부 측광

중앙부 측광으로 놓고 뷰파인더를 보면 화면 가운데 작은 원이 보인다. 원 안에 해당하는 이미지에 맞는 노출을 측정한다.

◀ 중앙부 측광 CCD

◉ 스폿 측광

중앙부 측광이 원이라면 점(Spot) 측광은 원 중심점 아주 작은 영역에 해당하는 이미지에 노출을 맞추고자 할 때 사용한다.

스폿 측광 ▶

Power Tip | 측광방식은 각각 이럴 때!!

빛은 시간과 장소에 따라 밝기와 색이 다르다. 초등학생 30명을 한꺼번에 촬영한다고 하면 사람마다 서 있는 위치와 빛의 방향에 따라 적절한 노출은 각각 다르게 나온다.

– 전체분할 측광 : 30명 전체를 참조해 노출을 측정한다.
– 중앙부 측광 : 선생님과 함께 있는 3~4명 학생에 맞는 노출을 측정한다.
– 스폿 측광 : 한 사람 얼굴에 맞는 노출을 측정한다.

4. 빛의 방향

광원이 어디에서 피사체를 향하는가에 따라 순광, 반역광, 역광으로 나뉘며 각각의 상태에 따라 피사체는 다른 모습이 된다. 영화에서 조명이 촬영만큼 중요한 이유가 여기에 있다.

◉ 순광

일회용 카메라의 포장지를 보면 "태양을 등지고 촬영하세요."라는 안내 문구가 적혀 있다. 카메라를 등지고 촬영하면 모델은 태양을 정면으로 보는 순광 상태가 된다. 일회용 카메라가 순광을 요구하는 이유는 실패할 경우가 적기 때문이다.

그러나 순광은 입체감 없는 평면의 밋밋한 사진을 만드는 단점이 있고 모델이 태양을 정면으로 봐야 하는 불편함까지 생긴다.

⬆ 모델이 태양을 정면으로 보고 있는 순광 상태

◉ 반역광

콜롬버스처럼 테이블 위에 소금을 뿌리고 계란을 세워 본다. 3파장 형광등 스탠드를 이용해 계란 위쪽 45도 옆면에서 비추면 입체감이 살아나 먹음직스럽고 아름다운 계란으로 보이는데, 이 빛의 상태가 반역광에 해당한다.

사진 전문가들은 인물 사진을 반역광 상태로 촬영해 머리 위에 하이라이트가 살짝 돌고 얼굴 입체감도 살리는 사진을 만든다.

● 역광

흔히 실루엣 사진이라 하는데, 노을이 지는 하늘을 배경으로 가로등을 검게 형체만 표현하거나 바닷가에서 석양을 뒤로 한 어선의 형체를 표현할 때를 말한다. 밝은 하늘이나 실내에서 빛을 등지고 촬영할 때도 역광 상태가 된다.

역광은 사진, 비디오 영상 품질을 가장 떨어트리는 빛의 상태이다. 하늘이 뒤로 잡히는 영상은 대부분 역광으로 노출보정도 필요하지만 일반인이라면 피해야 하는 광원의 상태이다.

Power Tip | 갈대와 솜사탕 촬영(역광, 반역광)

갈대와 억새는 같은 종류이지만 강이나 호수에 있으면 갈대이고 산에 있으면 억새라고 한다. 햇살이 스며들며 너울거리는 아름다운 갈대 솜털, 어릴 적 기억처럼 여전히 아름다운 솜사탕의 화려한 색을 촬영한다. 순광으로 촬영하면 아름다운 갈대는 사라지고 토지 분쟁에 휘말린 민원 자료용 사진으로 보이고 솜사탕은 식품위생 일제 단속에 걸린 벌금부과용 사진처럼 보인다. 도대체 왜 그럴까? 갈대의 솜털이나 솜사탕의 솜털 모두 반투명 상태라 빛이 스며들어 여러 색으로 분산되는 난반사가 일어나 부피감이 표현되기 때문이다. 이런 피사체는 당연히 역광이나 반역광 촬영이 필수이며 배경은 밝거나 색이 튀지 않아야 주제인 갈대나 솜사탕이 살아난다.

Power Tip | 역광에서 반사판

역광, 반역광은 확실히 촬영하기 까다롭다. 노출 조정을 잘한다고 해도 어두운 사람 얼굴과 배경의 빛은 밝기 차이가 너무 커서 얼굴에 노출을 맞추면 배경은 하얗게 날아가기 쉽다. 밝은 하늘 배경은 어둡게 할 수 없지만 어두운 사람 얼굴에 빛을 비추면 밝기 차이를 줄일 수 있다. 모델 얼굴에 플래시를 터트려도 좋고 반사판을 써도 좋다. 특히 반사판은 햇빛을 그대로 이용할 수 있다. 휴대용 반사판은 접었을 때 장갑크기이지만 펼쳤을 때 넓게 펼쳐지는데, 1m 이하 크기가 휴대하기도 편하고 효과도 좋다.

NOTE :

5. 노출 보정

디지털 카메라(DV 카메라)에 내장된 노출계는 반사식 노출 방식으로 렌즈로 들어온 빛을 모두 평균하고 18% 반사되는 회색으로 판단해 계산한다. 노출 계산에서 색은 의미가 없다. 오직 빛의 밝고 어두움만을 따지는데 검정색은 모든 색을 흡수하므로 0%를 반사하고 흰색은 100%를 반사한다고 한다(물론 이론 값이며 0% 반사와 100% 반사는 자연계에 존재하지 않는다).

한마디로 사람이 보는 색은 18% 반사되는 회색과 같은 밝기를 가지므로 18% 반사되는 회색으로 판단해서 노출 값을 계산하면 된다는 의미이다. 문제는 흰색과 검정색으로 흰색은 100% 반사, 검정색은 0% 반사시키므로 18% 반사에 해당하지 않는다. 만약 모델이 흰색 셔츠를 입었거나 검정색 셔츠를 입은 경우, 전체 측광으로 측정하면 노출이 틀리므로 보정해야 한다. 흰색, 검정색 외에도 발광체(조명기구, 네온, 발광 다이오드 등등)가 들어오는 경우도 마찬가지로 노출 보정이 필요하다.

● 소극적 노출 보정

여름 바닷가 백사장에서 전체 측광 모드로 측정하면 사람 얼굴인지 검은 숯인지 알 수 없게 촬영된다. 전체 측광은 전체 밝기를 따져 측정을 하므로 사람 얼굴보다 밝은 하늘이 많은 경우 노출 부족이 된다. 이럴 때 중앙부 측광, 스폿 측광으로 하고, 사람 얼굴에 맞춰 노출을 측정하면 바른 노출을 얻을 수 있다. 좀더 자세히 설명하면 카메라를 움직여 사람 얼굴에 측광부를 옮기고 AE-L(AE-LOCK : 노출 고정) 버튼을 눌러 측정된

🔺 AE-LOCK 버튼

값이 변하지 않도록 하고서 다시 구도를 잡아 셔터를 누르면 된다.

그러나 한 두장 정도가 아니라 여러 장을 촬영할 때에는 이와 같은 방법은 번거롭다. 전자 저울의 0점 조절 장치처럼 측정된 무게를 +, −로 조정하는 기능이 이 카메라에도 있어 카메라가 판단한 노출 값을 사용자 마음대로 +, − 조정할 수 있다. 카메라에게 카메라가 판단한 노출 값에서 사용자가 지시한 만큼 더하거나 뺀 값이 제대로 된 노출 값이라고 알려주는 기능이다.

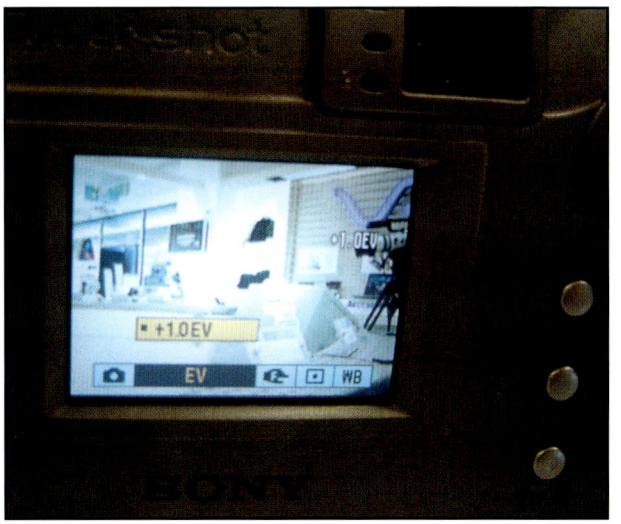

🔼 +, − 조정 버튼

🔵 적극적 노출 보정

M 모드로 불리는 수동 노출(매뉴얼 촬영)은 조리개와 셔터 스피드를 마음대로 조합할 수 있다. 뷰파인더에는 세팅된 조리개와 셔터 스피드 값이 표시되면서 노출 부족, 노출 오버를 표시한다. 그러므로 표시되는 노출 상태를 보면서 피사체 밝기를 조정하면 된다.

NOTE :

6. 초점 맞추기

노출이 잘 맞아도 초점이 어긋나면 아무짝에도 쓸모 없는 사진이다. 자동 초점 장치는 피사체가 움직이거나 비슷한 색과 밝기를 가진 상황에서는 제대로 초점을 못 맞추고 어찌 할 줄 모른다.

● AF

뷰파인더를 보면 [ ] 모양으로 생긴 초점 영역표시가 있으며 카메라는 이 안에 들어온 물체에 초점을 맞춘다. 보통 뷰파인더 가운데 [ ] 모양의 초점 영역 표시가 있지만 소니 F717을 비롯해 최근에 선보이고 있는 디지털 카메라는 초점 영역을 여러 곳으로 옮길 수 있다. 자동 초점(AF : Auto Focus)은 어두운 곳, 배경과 피사체가 같은 계열의 색(흰 벽에 흰옷을 입은 모델), 모기장, 유리와 같은 물체가 카메라와 피사체 사이에 있을 때 초점이 틀려지기 쉽다.

● 반셔터 이용

[ ] 모양으로 생긴 초점 영역을 초점을 맞추려는 피사체에 두고 반셔터를 눌러 녹색 램프가 켜지면 초점을 제대로 잡은 경우이고, 그렇지 않다면 초점을 제대로 못 잡은 경우이다(반셔터는 셔터를 완전하게 누르기 바로 전까지 살짝 눌러보면 뷰파인더에 초점 맞춤 램프와 노출 값이 표시되는 부분이 있다).

● 포커스 5점, 9점 측정

초점을 맞추려는 대상이 중심에서 벗어나 있으면 카메라를 움직여 초점 영역에 들어오게 하고 반셔터로 초점을 잠근 상태로 다시 구도를 잡고 셔터를 눌러야 한다. 소니 F717(5점 측정), 캐논 IXY DIGITAL 400(9점 측정)을 비롯해 최근의 제품들은 자동 초점 측정이 1점 측정(가운데)뿐만 아니라 여러 곳에서 가능하다. 초점 측정 위치 다이얼링을 돌리면 초점 영역 [ ] 이 바둑판처럼 여러 곳으로 옮겨가는데 피사체가 위치한 곳에 가장 가까운 상태로 선택하면 된다.

⬆ *5점 초점 측정* : 원하는 초점위치를 선택할수 있다.

🌐 홀로그램 AF

"레이저 홀로그램 광선에 의해 어둠 속에서 윤곽을 확인해 초점을 맞추는 홀로그램 AF(Hologram Auto Focus) 기능 이 추가되었습니다. 이 기능을 통하여 조도가 부족하거나 명암 대비가 작을 때에 포커스 정밀도를 큰 폭으로 높였습니 다. 레이저 홀로그램은 JIS 규격에 있어서의 '레이저 출력 클래스 1' 레벨에 해당합니다. 이 '레이저 출력 클래스 1'은 레이저광을 직접, 또는 렌즈 등으로 모아 30,000초간 들여다봐도 안전한 레이저 제품임을 의미합니다."

소니 F717 매뉴얼 중 홀로그램 AF 부분의 설명이다. 매뉴얼은 언제나 공문서처럼 딱딱하다. 어쨌든 어두워지면 보통 AF 기능은 무용지물이 되는데 이런 경우에도 홀로그램 AF는 레이저 패턴이 뻗어나 가 초점이 정확하게 맞는다.

Power Tip | 수동 초점 노하우

수동으로 초점을 맞출 때 줌을 이용하면 100% 완벽한 초점이 가능하다. 초점거리가 긴 최대 망원으로 하면 아웃 포커 스 상태가 되어 초점 심도가 옅어진다. 이 상태에서 초점을 정확하게 잡고 원하는 사이즈로 줌을 조절하고 셔터를 누 르면 된다.

Chapter 2

다양한 촬영방법

1. 아웃 포커스

Q 나름대로 카메라를 잘 만진다고 생각하고 있었습니다.

얼마 전 인터넷 사진 동호회라는 곳에 처음으로 가입하고 회원들과 함께 촬영을 갔습니다. 늘 혼자서 가족이나 풍경을 담고 했었는데 함께 해보니 재미있었습니다. 다들 좋은 장비에 렌즈도 여러 가지 사용하더군요. 함께 사진을 모니터 하면서 제 사진과는 많이 다르다는 점을 느끼게 되더군요. 특히 인물사진은 모델 얼굴을 화면 가득 담고 뒤 배경은 흐릿하게 처리해서 광고 사진처럼 멋졌습니다.

고급형 카메라는 그렇게 촬영되고 제가 가진 중급형 카메라로는 그렇게 촬영할 수 없는 겁니까? 여러 장비를 보고 조금 부담은 되지만 장만하고 싶은 욕심이 생겼습니다.

A 고급 카메라로 촬영해 그렇게 나오는 게 아니라 카메라 촬영 기법 중 하나에 해당된다. 아웃 포커스(Out Focus), 팬 포커스는 카메라 공부에 단골로 등장하는 촬영 기법이라 수학 공부에 구구단이 필수인 것처럼 완벽하게 자기 것으로 만들어야 한다.

전체적으로 초점이 잘 맞은 선명한 사진도 있고 어떤 사진은 일부에만 초점이 맞고 나머지는 흐린 사진도 있다. 초점이 맞는 범위를 초점 심도(Depth of Field)라고 부르고 초점이 전체적으로 잘 맞은 사진은 초점 심도가 깊다고 하고 일부분만 맞으면 심도가 얕다고 한다.

모델 얼굴에만 핀트가 정확하게 맞고 뒷 배경과 앞 배경은 흐리게 표현되는 아웃 포커스 사진은 주제가 강조되고 2차원 평면에 3차원 입체감을 더해준다. 그런 이유로 모델 사진뿐만 아니라 영화에서도 풍부한 영상미를 표현해 많이 쓴다.

포토샵 같은 그래픽 프로그램에서 사람 얼굴을 뺀 나머지 배경을 작업대상으로 만들고 불투명 유리로 보는 블러(Blur) 효과를 주면 아웃 포커스 사진과 비슷하게 만들 수 있다. 그러나 카메라가 직접 만들어낸 아웃 포커스는 렌즈와 조리개 모양에 의해 생기는 광학적 현상이라 자연스러움이 스며 있다. 아웃 포커스에 의해 뭉개지는 배경은 조리개 모양에 의해 영향을 받는데 보급형 카메라는 조리개 모양이 『』으로 단순해서 뭉개지는 모양이 단순하지만 D-SLR에 쓰이는 교환용 렌즈 조리개는 다각형으로 되어 있어 이 모양에 의해 뭉개지는 느낌이 더 아름답다고 한다.

아웃 포커스 더 살리기

초점거리가 긴 망원 렌즈로 갈수록 초점 심도가 낮아져 아웃 포커스 표현이 잘되는데 여기에 조리개를 열수록, 또 촬영하는 대상에 가까이 다가가 배경과 피사체가 멀어질수록 효과는 더 커진다.

> **참고** 렌즈 초점거리가 길수록 효과가 커진다(줌을 이용해 망원으로 세팅).
> 조리개를 열수록 효과가 커진다(F5.6보다 F2.0이 효과적).
> 피사체에 다가가 모델과 배경이 멀어질수록 효과가 커진다.

만약 햇빛이 강해 조리개를 조여야 될 때는 아웃 포커스가 불가능한가? 셔터 스피드를 빠르게 해서 조리개를 더 열면 되지만 셔터 스피드를 그대로 두면서도 조리개를 여는 방법이 있다. 바로 ND 필터 사용이다. ND 필터는 필터를 지나는 빛의 양을 줄여주어 조리개를 더 열 수 있게 한다. ND 필터는 오직 빛의 양을 줄이므로 색이나 다른 표현에 지장이 없어 비디오 카메라에도 사용한다.

보급형 카메라와 아웃 포커스

조리개와 셔터 스피드 수치를 바꾸지 못하는 보급형은 어떻게 해야 아웃 포커스 효과를 얻을 수 있을까? 우선 줌이 있다면 망원으로 놓고 초점을 맞추려는 피사체에 더 가까이 다가가 배경과 떨어뜨린다. 프로그램 노출 중에 스포츠 모드처럼 빠른 셔터 스피드가 얻어지는 모드로 세팅하면 자동적으로 조리개를 열게 되므로 아웃 포커스 효과를 얻을 수 있다.

Power Tip | 포트레이트 사진

인물을 담는 초상사진을 포트레이트(Portrait)라고 한다. 포트레이트 사진용 렌즈 초점거리는 80~120mm(35mm 필름 기준)를 주로 쓴다. 80mm 이하 렌즈는 모델에게 너무 가깝게 다가가야 하는 단점이 있고, 120mm 이상은

아웃포커스가 지나쳐 눈에 초점을 맞추면, 아웃포커스가 심해져 눈에 초점이 맞으면 코, 뺨과 같은 부분 초점이 날아가기 때문이다.

☗ 아웃 포커스 효과 사진

☗ 팬 포커스 효과 사진

2. 팬 포커스

주간 시사잡지에 실린 뉴스관련 사진과 내셔널 지오그래픽에 실린 풍경사진을 보자. 사진에 담겨진 피사체에 골고루 초점이 맞아 있어 아웃 포커스와는 달리 보이는 그대로 전해주는 사진이 있다. 이렇게 초점 심도가 깊게 촬영하는 기법을 팬 포커스(Pan Focus)라고 한다.

◉ 팬 포커스 더 살리기

줌을 최소로 해 광각으로 하고 조리개는 되도록 조여야 한다. 만약 팬 포커스 효과를 더 얻으려면 광각 컨버전 렌즈를 사용하면 광각 특유의 왜곡과 함께 팬 포커스가 뚜렷해진다.

◉ 보급형 카메라와 팬 포커스

보급형 카메라는 처음부터 초점이 골고루 맞는 팬 포커스에 유리하도록 만들어져 있다. 일반인들이 많이 쓰는 카메라이므로 초점 실패를 줄이려는 배려이다. 노출 프로그램에 풍경 모드로 세팅하면 조리개가 더 조여지므로 팬 포커스에 유리하게 작용한다.

> **참고** 셔터스피드 세팅은 움직이는 영상에 영향을 준다. 모터레이서를 담을 때 1/60초 정도면 오토바이의 궤적이 표현된다.
> 1/30~1/60초로 오토바이를 쫓으면서 촬영하면 주위배경은 흘러 보이고 오토바이는 정지한 느낌의 패닝사진을 얻을 수 있다. 만양 1/1000~1/2000초의 빠른 셔터 스피드로 하면 오토바이 바퀴살도 정지한 상태로 보인다. 셔터스피드는 폭포, 분수 물줄기 표현에도 각각의 세팅에 따라 표현되는 물방울도 다르며 야경 촬영시 수초~수십초로 B셔터를 쓰면 자동차 헤드라이트 불빛이 궤적으로 남는 모습으로 남는다

셔터 스피드		빠를수록	늦을수록
조리개	열수록	아웃 포커스 효과와 빠른 물체를 순간 정지모습으로	아웃 포커스 효과와 움직이는 물체에 흐름(궤적)이 보인다
	조일수록	팬 포커스 효과와 빠른 물체를 순간 정지모습으로	팬 포커스 효과와 움직이는 물체에 흐름(궤적)이 보인다.

Power Tip | 조리개를 활짝 열면 색수차가?

색수차에 대해 따로 다루겠지만 조리개는 최대 개방과 최소 개방은 피하는 것이 좋다. 이유는 색수차가 생기는 문제가 있고 렌즈는 조리개 중간 값에서 가장 좋은 화질을 보여주기 때문이다. 사진을 오래한 전문가들에게 아웃 포커스를 위해 조리개를 최대로 연다는 의미는 2단계 정도는 조인 상태가 대부분이다.

3. 실내 인공 조명에서

Q 　　인터넷 판매 사이트에서 깜찍한 모델의 디지털 카메라를 산 20대 직장 여성입니다.
　　일이 끝나면 멋진 분위기의 카페에서 친구들과 이야기를 나누는 일이 큰 즐거움입니다. 지난 주말의 모임에서는 깜찍한 모델의 제 카메라를 혹시 친구들이 탐내서 빼앗기지 않을까 조마조마해 하면서 촬영했습니다.
　　집 컴퓨터로 연결해 구경하니 카페에서 느낀 아늑함이나 포근함은 사라지고 썰렁한 모습으로 담겼습니다. 어떻게 촬영해야 깜찍한 카메라만큼 예쁜 사진이 나옵니까?

A 　　실내에서 생활하는 시간이 많은 우리는 인테리어가 잘된 카페나 레스토랑에서 또 사무실에서도 촬영을 한다. 그러나 생각과 달리 아늑한 느낌이 사라지고 평면적인 사진이 되기 쉽다. 실내 조명을 살려 촬영하는 방법을 사용하면 이런 문제는 해결된다.

● 실내 조명과 화이트 밸런스

디지털 카메라는 화이트 밸런스가 중요하다고 여러 번 설명했다. 특히 실내 조명은 색 온도가 각각 달라 화이트 밸런스를 어떻게 다루느냐가 중요한 성공 변수로 작용한다. 따뜻한 할로겐 조명 아래에서 화이트 밸런스를 야외 모드로 놓으면 어떻게 될까? 할로겐 램프 색 온도는 낮고, 태양광은 온도가 높으니 빨간색 선글라스를 끼고 보는 세상처럼 붉게 나올 것이다. 보통은 화이트 밸런스를 자동으로 놓지만 실내에서는 무조건 자동으로만 촬영하지 말고 조정 모드(형광등, 전구, 커스텀)를 써서 가장 자연스럽게 표현되는 모드로 세팅한다.

🔶 휴대용 미니 삼각대

조명이 아름다운 곳에서는 플래시 OFF

인테리어 요소 중 조명이 차지하는 비중은 커지고 멋진 카페와 바는 화려한 조명과 음악으로 손님의 기분을 업 시켜 준다. 추억을 남기려고 셔터를 누르면 십중팔구 플래시가 터지고 촬영된 결과를 보면 아름다운 조명이 만든 색은 사라지고 마치 불법영업 증거물 같은 사진만이 남는다.

카페와 레스토랑에서 사용하는 조명은 색과 밝기가 은은하기 때문에 강한 플래시 빛이 터지면 순간적으로 조명은 사라진다. 이럴 때 플래시 발광 금지 모드로 놓으면 일단 플래시는 터지지 않는다. 문제는 플래시가 없으면 적정 노출을 위한 빛이 모자라 셔터 스피드는 1/30초 이하로 떨어진다. 이 정도 셔터 스피드가 되면 손 떨림은 물론이고 모델이 조금이라도 움직이면 흐린 사진이 나온다.

손 떨림을 없애려면 삼각대가 확실한 해결 방법인데 커다란 삼각대는 휴대하기 불편하므로 접으면 바지주머니에 들어가는 휴대용 미니 삼각대를 사용한다.

⬆ 플래쉬 OFF

⬆ 플래쉬 ON

주의할 점은 느린 셔터 스피드에서 모델이 움직이면 이미지가 흘러 흐릿해지므로 포즈를 그대로 유지하도록 하는 연출이 필요하다("움직이지마." 한마디).

4. 내장 플래시 활용법

내장 플래시(Flash)는 카메라가 노출을 계산해 어둡다고 판단하면 자동적으로 "픽" 하고 터지게 되어 있지만 몇 가지 사항은 조절할 수 있다.

● 오 토

초기 값은 오토(Auto)로 되어 어두우면 자동적으로 플래시가 터진다.

● 강제발광

낮이라도 역광, 반역광에서 얼굴에 그림자가 생기기 쉽다. 이때 강제발광(Fill-In Flash)을 선택하면 무조건 플래시가 터져 그림자 없는 얼굴을 촬영할 수 있다.

● 발광금지

박물관과 같이 원칙적으로 플래시가 금지된 장소나 실내 조명이 아름다운 곳에서 플래시가 터지지 않도록 한다.

● 적목감소

어두우면 동물의 눈은 동공이 활짝 열리게 된다. 이때 플래시를 터트리면 동공 안쪽 망막 핏줄이 선명하게 드러나게 된다. 이 때문에 밤에 찍은 사진에서 사람 눈이 토끼 눈처럼 빨갛게 나온다.

적목감소 모드로 놓고 셔터를 누르면 플래시가 두 번 터진다.

첫 번째 플래시는 사람의 눈이 밝은 빛에 적응해서 동공 크기를 줄이도록 하고 두 번째 플래시가 터질 때 촬영된다(플래시 고장이 아니다).

● 슬로 싱크

저녁노을이 지는 도시 야경은 언제나 아름답다. 도시 야경을 배경으로 플래시를 터트리면 사람은 잘 나오지만 뒤 야경은 새까맣게 노출 부족이 된다. 왜 그럴까?

야경의 배경은 셔터 스피드를 느리게 해야 노출이 맞는데 플래시 빛이 닿는 사람에 맞추어져 빠른 셔터 스피드로 맞추어져 그렇다. 결국 플래시 빛이 닿은 부분만 노출이 맞고 야경은 노출 부족으로 검게 나오게 된다. 슬로 싱크(Slow Sync)로 놓으면 셔터 스피드가 느리게 세팅되므로 모델도 잘 나오고 야경도 나오는 멋진 사진이 나온다.

◨◨ 슬로 싱크 촬영 예

Power Tip | **보급형 슬로우 싱크**

보급형에서 슬로우 싱크 모드가 없다면 프로그램 모드를 〈야경〉 모드로 놓고 촬영하면 같은 효과를 얻을 수 있다.

⬆ 3M 불투명 테이프를 붙인 플래시

◉ 옴니바운스 활용

플래시는 강렬한 빛이 스포트라이트처럼 비추기에 명암 대비가 커 가까운 곳은 빛이 강해 하얗게 되며 플래시 빛은 따뜻함이 없다. 옴니바운스는 우윳빛 반투명 플라스틱을 플래시 앞에 끼우도록 되어 있는 기구로 강한 빛을 부드럽게 만들어 주는 역할을 한다. 옴니바운스가 없을 때에는 3M 불투명 접착테이프를 플래시 앞에 1개 또는 2개를 붙이면 된다. 당장 구할 수 없다면 티슈에 물을 조금 적셔 붙여도 된다.

5. ISO(International Standards Organization)

Q ASA400 필름을 쓰면 어두워도 잘 나온다는 광고를 들었던 기억이 있습니다. 그러면 수치가 더 큰 ASA800, ASA1600을 쓰면 웬만큼 어두워도 잘 나오겠구나 하고 생각했는데 판매점에서는 그렇게 큰 수치는 입자가 거칠어 일반 용도로 쓸 수 없다고 합니다. 디지털 카메라 시대에 와서도 마찬가지로 ASA는 감도와 입자 차이가 있는 건가요?

A 필름의 감도를 나타내는 수치 ASA는 American Standards Association 약자로 일본에서는 JIS(Japan Industrial Standard), 유럽에서는 DIN(Deutsche Industric Normen)으로 표기한다.
보통 ISO라고 하는데 International Standards Organization의 약자로 국제적으로 표준화된 규격이며 감도 표시가 아니라 ISO 규격에 의해 ASA, DIN, JIS 값을 가진다는 표현이 정확하다(ISO 수치와 ASA 수치는 같다.)

ASA100 필름은 50보다 감도가 2배이며, 200은 100보다 2배의 감도를 가진다. 조리개 수치 또한 단계에 따라 빛의 감도는 2배 증가한다. ASA100 필름에서 정한 조리개 값은 ASA200 필름을 사용하게 되면 조리개 수치는 한 단계 조여야 같은 노출이 된다.

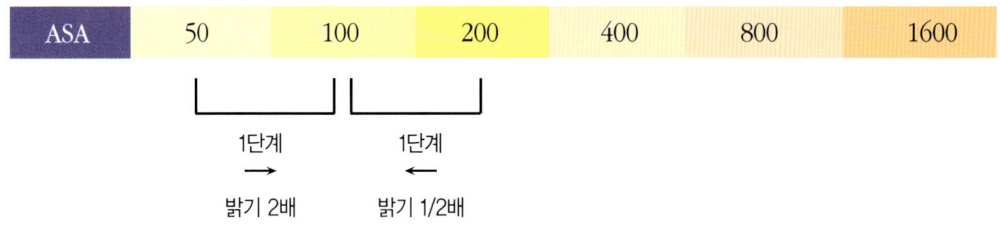

ASA	50	100	200	400	800	1600

1단계
→
밝기 2배

1단계
→
밝기 1/2배

Power Tip

조리개, 셔터스피드, 필름감도 이 모든 조절값 한단계는 빛 밝기 2배 차이에 해당한다.(확실히 기억하자)

ASA(ISO)가 높을수록 입자가 거칠다.

질문처럼 고감도로 갈수록 필름 입자가 거칠어지는 이유는 뭘까? 과자 3개를 구울 때와 100개를 구울 때 같은 온도와 같은 시간이라면 어떤 쪽 과자가 먼저 구워질까? 당연히 3개 쪽이 먼저 구워지고 100개 쪽은 설익게 된다.

필름도 빛에 민감하게 반응하기 위해서는 필름 구성 입자 개수를 줄여야 한다. 적은 개수로 필름을 채우려면 숫자가 많을 때보다 입자 크기는 커질 수밖에 없다. 감도가 높아지면 입자가 거칠어지는 이유가 바로 여기에 있다.

디지털 카메라에도 ASA(ISO) 감도가 있을까?

필름 카메라, 디지털 카메라 모두 ASA100 감도에서 가장 깨끗하게 촬영된다. CCD 또한 빛을 담는 감광 소자라 감도를 올리면 CCD에 노이즈가 생긴다. 어두운 곳이라면 ASA200~400까지 사용해도 큰 무리는 없지만 ASA800 이상은 CCD 고유의 노이즈가 생기기 쉬우므로 ASA는 400 정도로 하고 삼각대를 사용해 셔터 스피드를 느리게 하는 방법이 현명하다.

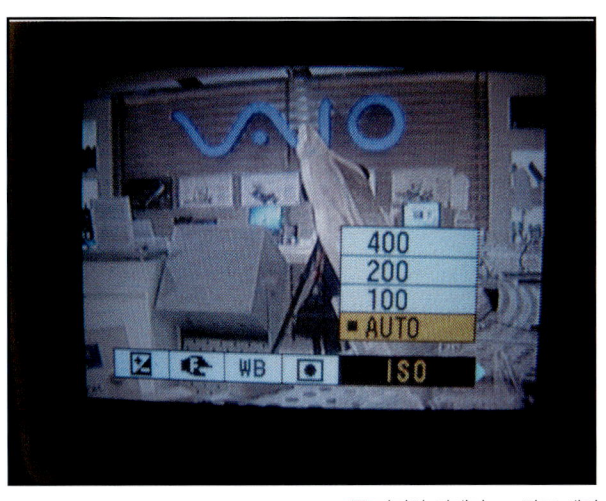

■ 디지털 카메라 ASA감도 세팅

Power Tip | ASA(ISO) 800이상 거친 화면

전문가들은 일부러 ASA(ISO) 800이상으로 놓고 촬영하기도 한다. 스포츠 경기 또는 인물사진에 거친 입자가 생기도록 해 또다른 느낌을 전해 주기 위해서이다.

6. 연사 촬영과 브래킷

🔵 연사 촬영

연사 기능은 한 번에 여러 장을 연속 촬영하는 기능이다. 필름 카메라 시절, 연사 기능을 위해 전용 모터 드라이버와 많은 필름 값을 부담해야 했지만 디지털 시대는 그냥 셔터만 누르면 된다. 촬영은 1장 보다 2장, 2장보다 여러 장 촬영할 때 성공 확률이 높아진다. 특히 연사 촬영은 움직이는 아이, 스포츠, 무용 같은 곳에서 진가를 발휘한다.

연사 촬영 매수는 제품에 따라 1초에 3~10여 장까지 담을 수 있으나 해상도는 중간 해상도 정도로 담게 된다. 연사 촬영이 끝나고 메모리 장치로 옮기는 시간이 보통 촬영보다 오래 걸리므로 결과를 보려면 여유를 가져야 한다.

🔵 브래킷 촬영

브래킷(Bracketing) 촬영은 세팅된 노출을 기준으로 - 노출 몇 단계부터 + 노출 몇 단계까지 각각 다른 노출 값으로 여러 장을 촬영한다. 연사 촬영 노출은 모두 같지만 브래킷은 각각의 사진마다 노출이 다른 사진이 담겨진다. 피사체에 따라 정확한 노출보다 노출 부족, 노출 오버가 더 멋진 경우도 많다.

🔼 브래킷 촬영 예

Chapter 3

액세서리로 날개를 달자

1. 망원 렌즈

보통 쓰는 디지털 카메라와 비디오 카메라는 렌즈가 몸통에 붙은 일체형이라 D-SLR 카메라처럼 필요에 따라 렌즈를 바꿔가며 쓸 수 없다. DV 카메라 중에서 캐논의 XL 시리즈는 렌즈 교환이 되지만 렌즈가격이 워낙 비싸 현실적으로 교환하며 쓰는 사람은 드물다.

홍종호 뮤직비디오 감독은 비디오 카메라 렌즈 연결부분을 기계로 깎아내고 필름 카메라 렌즈를 장착하는 실험적인 작업을 했었다. 그러한 실험정신과 노력이 오늘날 최고의 뮤직비디오 감독이 되게 했지만 일반인이 렌즈 경통을 깎는 작업은 괜한 돈 낭비가 될 뿐이다.

일체형 렌즈를 가진 카메라에 부착해 다양한 렌즈 효과를 얻게 되는 컨버전 렌즈가 별도로 판매되고 있다.

● 망원 렌즈란?

망원 렌즈(Tele Conversion Lens)를 살펴보기 전에 먼저 화각에 대해 알아보자.

화각은 보이는 범위를 의미하는데 사람 눈의 화각은 50mm 초점거리 렌즈와 비슷하다. 카메라에서 표준렌즈라 하면 50mm 렌즈를 말하며 망원 렌즈는 표준렌즈보다 더 긴 초점길이 렌즈를 말한다. 보통 70~120mm까지 준망원, 120~300mm까지를 망원 렌즈, 300mm 이상은 초망원 렌즈라고 한다.

망원 렌즈는 아웃 포커스 표현에 유리해 초점 심도가 얕고 피사체와 피사체 사이의 거리감인 원근감이 줄어든 것처럼 보인다.

복잡한 도심을 걷는 사람들을 망원으로 촬영해 보면 사람과 사람이 딱 붙어 걸어가는 느낌이 들지만 실제로 보면 적당히 거리가 떨어져 있음을 알게 된다. 망원 렌즈의 가장 큰 문제점은 화각이 너무 좁다는 점이다. 광학기기가 발전하면 넓고 시원한 화각을 가진 망원 렌즈를 기대해본다.

● 망원 컨버전 렌즈

망원 컨버전 경통을 보면 1.5X, 2.0X 등 수치가 적혀 있다. 카메라 렌즈 초점길이에 표시된 수치를 곱하면 초점거리가 된다. 최대 망원 초점길이가 150mm인 카메라 렌즈에 망원 컨버전 2.0X를 달면 150mm×2=300mm 초점거리 효과를 얻는다. "이렇게 쉽게 망원 효과를 올릴 수 있다니." 하면 실망도 쉽게 다가온다.

　망원 컨버전 렌즈는 카메라 원래 렌즈와 비교해 색수차가 생기기 쉽고 피사체가 어두워지는 단점이 있다. 피사체의 빛 상태가 좋아야 하고 조리개 수치도 중간 값 정도로 놓아야만 사용 가능한 화면이 나온다.

◪ 망원 컨버전렌즈

◪ 망원 렌즈로 촬영한 예

113

f(렌즈초점 길이)

	f
최대광각	16
	21
광각	24
	28
	35
표준	50
	70
준망원	80
	90
망원	135
	210
	300 mm

2. 광각 렌즈

광각 컨버전 렌즈는 망원 컨버전 렌즈와 비교해 길이가 짧은 편이고 0.5X, 0.8X와 같이 소수점으로 표시되어 있다. 0.5X 컨버전 렌즈라면 카메라 렌즈 초점길이에 0.5를 곱한 값으로 초점거리가 짧아진다.

● 광각 렌즈란?

초보자들은 망원 렌즈를 주로 찾고 광각 렌즈(Wide Conversion Lens)의 필요성을 별로 느끼지 못하지만 취미 생활이 깊어지면 오히려 광각 사용이 늘어나는 자신을 보게 된다. 보통 초점길이 35mm 이하 렌즈를 광각이라 하지만 제대로 효과를 보려면 30mm 이하는 되어야 한다.

광각을 사용하면 화각은 시원하게 넓어지고 피사체와의 거리감이 강조되어 조금만 떨어져 있어도 아주 먼 느낌이 든다.

자동차 사이드 미러는 광각 특성을 가진 반사경으로 자동차 회사는 "사물이 보이는 것보다 가까이 있음"이라는 문구를 넣어 운전자의 뒤차와의 거리 판단 실수를 경고하고 있다. 광각 렌즈는 특유의 왜곡이 있어 렌즈 주변 이미지가 휘어 보이는 모습이 되는데 오히려 이를 잘 이용하면 특유의 역동성을 표현한다.

● 광각 컨버전 렌즈

광각 컨버전 렌즈는 망원 컨버전 렌즈와 달리 색수차가 심하게 생기거나 피사체가 어두워지지 않는다. 물론 렌즈 품질도 좋아야 하지만 광학 특성상 망원보다는 광각 컨버전 렌즈의 결과가 훨씬 좋다.

광각 컨버전 렌즈를 구입할 때 2가지를 주의해야 한다.

첫째는 비네팅(vignetting)이다.

⬆ 광각 컨버전 렌즈를 장착한 DV 카메라

카메라 렌즈 전용 제품이나 고품질 범용 제품이 아닌 경우 비네팅이 거의 생긴다고 봐야 한다. 꼭 연결해서 광각 상태에서 비네팅 여부를 확인해야 한다.

둘째는 광각 특유의 왜곡현상인데, 이 왜곡을 영상에 잘 이용할 수도 있지만 상황에 따라 나쁜 결과가 나오기도 한다. 예를 들어 직선으로 된 건축물 사진을 보여주면 "왜 건물이 휘었냐?"라고 하는 경우도 있다. 이런 이유로 왜곡을 많이 줄인 제품도 나오고 있다.

⬆ 광각 컨버전 렌즈로 촬영한 예

 *Power Tip* | 비네팅 현상

촬영한 영상 주변 귀퉁이가 어둡게 되는 현상을 경험하는데, 주로 컨버전 렌즈와 필터를 사용할 때 많이 나타난다. 망원보다는 광각에서 뚜렷하게 나타나는데 광각에서 볼록한 렌즈 중심과 평평한 주변 사이의 초점거리 차이가 크므로 비네팅이 생기기 쉽다. 편법으로는 없앨 수 없으므로 광각에서 망원으로 줌을 조절해 비네팅이 없는 범위에서 사용하는 방법밖에 없다.(비네팅이 없는 렌즈를 골라야 한다.)

비네팅 현상 예

광각 컨버젼 렌즈 살펴보기

다음은 다양한 렌즈 액세서리를 판매하는 레이녹스의 광각 컨버전 카탈로그이다.

레이녹스 SRW-6600

- 제품명 : SRW-6600, 0.6배 광각 변환 렌즈
- 사용기종
  소니 F717 / F707
  캐논 G3
  후지 S602 /6900Z/ 4900Z
  올림푸스 C-4040/3030 등

- 배율 : 공칭배율 0.66배
- 렌즈구성 : 3군 3매
- 광학 코팅 유리 사용
- 마운트 나사부 사이즈 : 58mm
- 전면 필터 사이즈 : 72mm
- 렌즈크기 : 77×40mm (지름×길이)
- 무게 : 188g

메가 픽셀에 대응하여 소니 DSC-F707/F717 디지털 카메라에 완벽하게 맞추어 설계된 렌즈로 전체 줌 영역으로 비네팅 없이 제한된 공간에서 아주 효과적으로 사용하실 수 있습니다.

광각 렌즈에 생기는 이미지의 왜곡(-1.3%)을 최소화시킨 고해상도의 렌즈로, 본 렌즈를 장착시 화각을 50% 이상 넓혀 주어 전문 사진작가와 숙달된 아마추어들이 사용하기에 이상적인 렌즈입니다.

어안 렌즈

물고기가 수면 위에서 세상을 보는 시각은 무려 180°에 달한다고 한다(독수리 같은 맹금류에게 잡혀 먹히지 않아야 하고 물아래 더 큰 포식자도 살펴야 하므로). 180° 넓은 시각을 흉내낸 초광각 렌즈가 바로 어안렌즈(Fish Eye Lens)이며 시중에 나와 있는 제품 중에서 레이녹스에서 판매한 어안 컨버전 렌즈의 품질이 우수하다.

⬢ 어안 렌즈

소니 F717+어안 컨버젼 렌즈 장착시

레이녹스 DCR-FE180PRO

- 제품명 : DCR-FE180PRO
- 배율 : 공칭배율 0.24배
- 실질 배율 : 180도/대각, 0.24배/수평
- 렌즈 구성 : 4군 5매
- 코팅 처리된 광학유리 렌즈 사용
- 설치 (마운트)나사지름 : 62mm
- 크기 : 100 x 69mm
- 중량 : 685g
- 중심 해상력 : 480/mm (MTF30%의 설계값에서)
- 구성 : 0.28배 어안 렌즈, 렌즈 캡, 렌즈 주머니, 어댑터
  링 2개 (58mm 구경용, 52mm 구경용)

화각은 대각선 기준 180°로 상당히 넓고 Hi-Index 광학유리로 코팅된 렌즈 4군 5매로 구성되어 있다. 소니 F717 디지털 카메라, 소니 TRV900 비디오 카메라에 끼워 써보니 F717 5배 광학 줌에서 AF(자동초점)에 문제가 없었고 TRV900 또한 7배 정도까지도 AF는 정상으로 작동했다.

보급형 수준의 광각컨버전 렌즈는 표준렌즈 이상 줌이 넘어가면 AF가 작동하지 못하고 색감이 지나치게 강해져 제대로 쓰지 못하는 경우가 많다. 넓어진 화각도 좋았지만 화질도 충분히 만족할 수준이라 렌즈교환이 불가능한 디지털 카메라는 물론이고 비디오 카메라까지 만족한 사용이 가능했다.

Power Tip | 레이녹스 한국 수입원 홈페이지

http://www.raynox.co.kr/

3. 렌즈의 숙명 - 수차

세상에 완전한 것이란 있을 수 없는 것 같다. 렌즈 또한 물리적, 광학적인 특성 때문에 오차라고 볼 수 있는 수차가 생긴다. 프리즘을 통해 보면 흰색 물체도 여러 색으로 보이는데 단일 렌즈에 필수적으로 생기는 색수차 현상이다. 수차는 크게 다음 몇 가지로 분류한다.

● 색수차

빛은 여러 색이 섞여 있고 매질인 렌즈를 지나며 프리즘을 통과하는 현상이 일어난다. 결국 빛의 파동에(주파수 스펙트럼) 따라 분산되며 초점을 정확하게 한 곳에 모으지 못한다.

호수에 돌을 던질 때 날아가는 돌은 빛으로, 호수 물은 렌즈로 비유된다. 돌의 크기에 따라 물 속으로 들어가는 각도 크기가 다르다. 이 각도가 달라지는 이유처럼 렌즈를 통과한 빛은 주파수 스펙트럼에 따라 초점이 한 곳에 맺히지 못하게 된다.

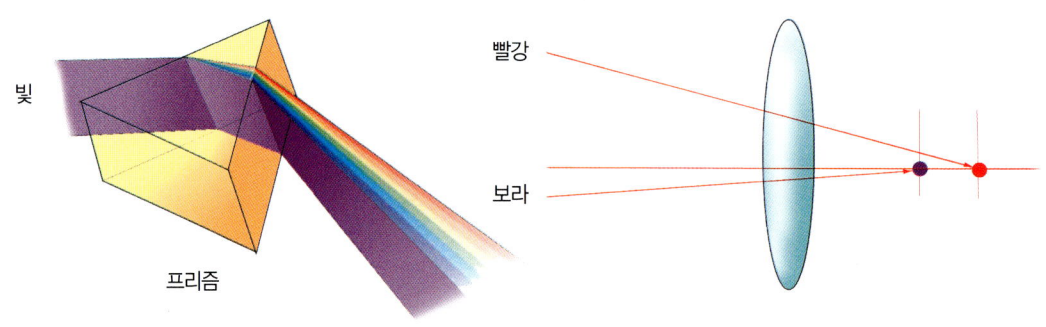

빛

프리즘

빨강

보라

�’ 렌즈로 들어가 색수차가 생긴다.

● 구면수차

렌즈를 옆에서 보면 두께에 해당하는 렌즈 가운데는 볼록하고 끝으로 갈수록 얇아지는 형태로 되어 있다. 이 모양 때문에 빛이 렌즈 중심부분을 지날 때와 끝 부분을 지날 때에 초점의 차이가 생긴다. 또 렌즈에 직각으로 들어가지 않고 비스듬히 지나가는 빛은 필름이나 CCD가 아닌 다른 곳에 초점을 맺는데 이 현상을 코마(coma)수차라고 한다. 코마수차는 렌즈를 사용하는 천체망원경에서도 나타나며

구면수차(spherical aberration)를 없애기 위해 제조업체는 렌즈 단면이 한쪽은 평면이고 한쪽은 오목렌즈인 특수 보정렌즈를 사용한다.

🔵 회절

회절(Diffraction)이란 빛이 작은 구멍을 통과할 때 분산되는 현상이다. 조리개를 가장 작게 놓으면 F수가 커져 초점 심도가 깊어지는 팬 포커스가 되지만 한편으로 회절도 생긴다.

회절은 상을 뿌옇고 흐리게 만들어 깨끗하지 않은 피사체를 담게 만든다.

참고 **ED 렌즈, UD 렌즈**

천체망원경이나 카메라 렌즈에 APO(apochromatic) 표시는 색수차 처리를 했다는 의미이다. 색수차를 없애기 위해 업체들은 여러 종류의 렌즈를 개발했으며 캐논에서는 ED(Extra-low Dispertion) 렌즈를 만들었고, 니콘에서는 UD(Ultra low Dispersion) 렌즈를 만들었다. 제품 이름은 다르지만 원리는 비슷하며 희귀 형석, 인공 형석 같은 광물질로 만들어져 가격이 상상을 초월할 정도로 비싸다.

캐논에서 나오는 L렌즈는 호화로운 뜻의 Luxury에서 L을 따와 만든 렌즈로 UD 구성 특수 광물질 소재라 온도에 민감해 경통을 하얀색으로 마감해 열이 흡수되지 않도록 한다. 축구장 골대 뒤편에 진을 치고 앉은 스포츠 관련 카메라맨들이 사용하는 육중한 망원 렌즈 중 흰색으로 빛나는 렌즈 경통이 보이면 색수차(chromatic aberration)를 줄이는 값비싼 렌즈로 보면 틀림없다.

색수차는 조리개가 열린 상태에서 생기기 쉬우므로 초점 심도가 옅은 아웃 포커싱 효과를 얻으려고 할 때 색수차도 고려해야 한다. 조리개를 최대한 열지 말고 몇 단계는 조이고 명암 차이가 뚜렷한(밝은 하늘을 배경으로 한 나뭇가지 등등) 피사체에 색수차가 잘 생기므로 피해야 한다.

4. 필 터

케이블 텔레비전 통신판매에서는 자동차 앞 유리에 붙이면 눈부심도 방지하고 또렷하게 보인다는 플라스틱 투명판을 판매한다(지금 주문하면 사은품으로 이것 저것 포함시킨다는 말도 빼놓지 않는다). 카메라에서 필터(Filter)를 렌즈 앞에 달아 빛을 파장에 따라 골라내는 효과를 얻기 위해 사용한다.

◉ UV 필터

필름 카메라 시절, 산과 바다 같은 야외에서 촬영하면 하늘이 지나치게 파랗게 나왔다. 눈으로 보이지 않는 자외선이 은 화합물인 필름에 반응해서 생기는 문제였다. 그런데 오렌지색이 들어간 UV 필터(Ultraviolt filter)는 이 자외선 파장을 차단해 지나치게 파랗게 나오는 문제를 해결했다.

필름 카메라와 달리 CCD는 자외선에 민감하게 반응하지 않기 때문에 그런 이유로 사용하지는 않는다. 자동차 범퍼처럼 렌즈 보호용으로 사용하는데 꼭 멀티 코팅이 된 제품을 쓰자. 멀티 코팅이 안 된 싸구려 UV 필터는 렌즈에 난반사를 일으키기 때문이다.

◉ 편광 필터

쇼윈도 안의 마네킹이나 고궁 연못에 가득한 물고기를 촬영하면 원하는 마네킹, 물고기는 전혀 나오지 않는다. 유리면이나 수면에 반사된 반사광만 나오는데, 이때 편광(Polarizing Light Filter) 필터를 쓰면 반사된 표면은 깨끗이 사라지고 그 안의 피사체가 고스란히 드러난다. CPL 필터는 필터 주위를 손으로 돌리면 빙글빙글 돌아가므로 반사광이 사라지고 또렷한 곳을 찾아 쓰면 된다. CPL 필터는 반사광을 없앨 뿐 아니라 하늘이나 풍경을 담을 때 콘트라스트를 높여 하늘은 더욱 파랗게, 풍경은 더욱 또렷하게 담을 수 있다.

Power Tip | *자외선과 적외선*

가시광선(우리 눈에 보이는 빛의 색) 중에서 파장이 긴 빨간색 아래 부분이 적외선인데 우리 눈에는 안 보인다. 적외선은 파장이 길어 멀리까지 전달되며 우리가 태양으로부터 따뜻함을 구할 수 있는 것도 적외선 때문이다. 실제로 같은 온도의 물 속과 적외선 사우나를 비교할 경우 사우나가 훨씬 따뜻함도 이 때문이다.

가시광선 중 파장이 짧은 파란색보다 더 짧아 보이지 않는 자외선은 곤충들에게는 꽃에서 보여지는 자외선과 같아 전기충격 포충기 유인 등으로 사용한다.
필름은 자외선뿐만 아니라 X-RAY 광선에도 반응하므로 공항 검색대에서 필름은 따로 빼서 닿지 않도록 하고 있다.

● ND 필터

투과되는 빛의 색 정보와 디테일에는 전혀 영향을 주지 않고 밝기만을 떨어뜨리는 필터이다. 스키장과 같이 밝은 곳에서 조리개를 더 열 수 있고, 셔터 스피드를 느리게 할 수 있다. 빛을 차단하는 수치에 따라 여러 단계 ND(Neutral Density) 필터가 판매되고 있으며 3CCD DV 카메라에는 전자식, 광학식 ND 필터가 내장되어 있기도 하다.

● 필터 없이 내는 특수 효과

야경촬영의 경우 조리개를 조이면 조리개의 조여진 모양에 따라 가로등 불빛이 마치 크로스 필터를 사용한 모양처럼 된다.

조리개와 셔터 조합으로도 독특한 표현이 가능하다.

렌즈 앞에 새의 깃털, 스타킹을 이용하면 새로운 소프트 필터효과가 생기기도 한다.

⬆ 각종 필터들

5. 후 드

햇빛이 강렬한 여름에는 모자를 쓰면 눈이 안 부신다. 카메라 또한 햇빛이 렌즈로 직접 들어오거나 옆으로 들어오면 렌즈 안에서 난반사를 일으켜 뿌옇게 되는 헐레이션(halation)과 플레어 현상이 생긴다. 후드(Hood)는 렌즈 옆으로 들어오는 잡광을 차단하므로 카메라 필수품이다. 소재에 따라 금속이나 플라스틱 제품이 있고 접었다 폈다 하는 고무 제품도 있다.

◀ 후드

Power Tip | 겨울철 김 서림

추운 겨울, 밖에 있다가 실내로 들어가면 렌즈에 김이 잔뜩 서린다. 자주 반복하지 않는다면 렌즈에 큰 영향을 주지 않겠지만 렌즈 내부로 수분이 자주 들어가면 곰팡이가 생기기 쉽다. 겨울철, 실내로 들어가기 전에 카메라 전체를 타월이나 커다란 클리닝 천으로 감싸서 카메라 가방에 넣고 들어간다. 또 들어가서도 온도가 높지 않은 곳에 두어 서서히 온도가 높아지게 해야 렌즈내부에 습기가 덜 생기게 된다.

6. 렌즈 클리닝

사람은 자신도 모르게 눈을 깜빡거리게 하는 자율신경 덕분에 눈에 묻은 이물질을 닦아주고 건조한 눈을 적셔준다. 카메라 렌즈에 묻은 이물질은 대부분 미세한 먼지로 화질에 영향을 미치지 않는다. 심지어 실오라기 하나가 렌즈에 붙어도 화질에 미치는 영향은 거의 없다고 봐도 된다.

⬆ 렌즈 클리닝 세트

보통 렌즈의 상처는 금속, 돌 부스러기같이 딱딱한 물질이 붙어 있는 상태에서 헝겊으로 닦기 때문에 생긴다. 렌즈 경도보다 더 단단한 물질로 긁으면 당연히 흠집이 생긴다. 야외 촬영에서는 블로어 기구를 이용하여 바람으로 렌즈 위 이물질을 가볍게 날려만 주고 깨끗한 실내로 들어오면 렌즈를 닦아주는데 클리닝 방법은 다음과 같다.

① 블로어 기구나 부드러운 브러시로 먼지와 이물질을 렌즈로부터 없앤다.
② 렌즈 클리닝 용액을 렌즈 전용 티슈에 조금 묻혀 렌즈모양을 따라 둥글게 골고루 부드럽게 닦아준다(용액을 렌즈에 떨어뜨리고 닦으면 안 된다).
③ 마지막 처리는 극세사로 된 렌즈전용 천으로 부드럽게 마무리를 한다.

렌즈는 가운데 부분이 가장 중요하므로 가운데 부분부터 바깥쪽으로 닦아 나간다(세수할 때 발을 씻고 나서 얼굴을 씻지 않는 것처럼 클리닝은 상대적으로 중요한 곳에서 덜 중요한 바깥쪽으로 닦는다).

7. 기타 액세서리

🔲 업 링, 다운 링

🔵 업 링, 다운 링

디지털 카메라와 DV 카메라는 각각의 필터링 사이즈를 가지고 있다. 필터링 사이즈에 맞는 필터, 컨버전 렌즈 등을 구입해야 하는데 사이즈가 맞지 않는 경우 렌즈와 필터 사이에 끼우는 어댑터링이 있다. 크사이즈 필터를 쓰게하는 업 링(up ring)과 작은 사이즈를 쓰게하는 다운 링(down ring)이 있다.

🔵 아쿠아팩

아쿠아 팩(aquapack)은 수심 1~2m 정도 물 속에서도 디지털 카메라(DV 카메라)를 사용할 수 있게 만든 꾸러미이다. 간단하게는 두꺼운 비닐 소재부터 수십 미터 수심까지 가능한 전문 마린 팩이 있다.

소니는 소니 디지털 카메라, 비디오 카메라 제품 전용 아쿠아 팩을 판매하고 있다. 줌과 레코딩 ON/OFF 기능을 모두 사용하므로 여름철 휴양지에서 환상적인 물 속 모습을 담을 수 있다. 다른 회사 제품들은 다음 사이트에서 전용 아쿠아팩을 골라보면 되는데 이런 액세서리 분야에서 소니 제품이 유리함을 알게 된다.

🔵 레인 커버와 비닐 랩

비오는 날 촬영이 있을 때 카메라를 빗물로부터 보호하면서 조작이 가능한 레인 커버가 있다. VX2000의 경우 소니에서 만드는 레인 커버도 있지만 소니 VX2000, PD150, JVC의 GY-DV300U를

Power Tip

아쿠아팩 코리아 : http://www.aquapackorea.co.kr
만포 수중전용 장비 : http://www.manpo.co.kr
소니 코리아 아쿠아팩 : http://www.sonystyle.co.kr (검색어 "아쿠아팩"을 입력해 찾는다)

⬆ 삼성 카메라 전용 아쿠아팩

위해 VJ센터(VJ센터 레인 커버 : http://www.vjcenter.co.kr/vj_shop/vjshop_con05.asp)에서 만든 제품들도 있다.

그러나 전용 레인 팩이 없거나 간단하게 해결하고 싶으면 주방에서 쓰는 비닐 랩을 쓰면 된다. 비닐 랩은 비오는 날 레인 커버 역할은 물론이고 계곡, 바닷가, 스키장과 같이 혹시라도 물이 들어올 위험이 있을 때 요긴하게 쓸 수 있다.

Power Tip

> 필요한 액세서리는 낱개가 되지만 막연하게 구입하면 쓰지도 않고 필요 없이 지저분한 소품으로만 남는다. 위에 적은 액세서리 대부분 다음 사이트에 가면 자세히 구경할 수 있고 구입도 가능하다.
> 필름나라 : www.filmnara.co.kr

8. 미니 스튜디오 촬영

초등학교 아이들이 미술시간에 만든 찰흙 인형, 나무 조각 인형은 투박하지만 세상에서 하나 뿐인 훌륭한 미술품이다. 선물 받은 열쇠고리, 피규어 인형, 휴대폰과 같은 작은 소품을 사진으로 남기고 싶은 경우가 있다.

또 최근에는 인터넷 쇼핑몰이 많아지면서 판매 제품 사진이 필요한 사람들이 많다. 이런 경우 책상에 올려놓고 스탠드 조명으로 촬영하면 배경은 산만하고 소품에 그림자가 뚜렷하게 생겨 제대로 쓰기 어렵다.

미니 스튜디오라는 액세서리 제품은 소품을 전문적으로 촬영할 수 있는 전용 스튜디오 박스이다. 크기는 600mm(W)×500mm(H)×430mm(D)이고 무게는 1kg 정도로 가볍다. 3파장 또는 5파장 램프가 달린 스탠드 2개 정도로 조명을 쓰면 전문적인 소품 촬영 세트장이 된다.

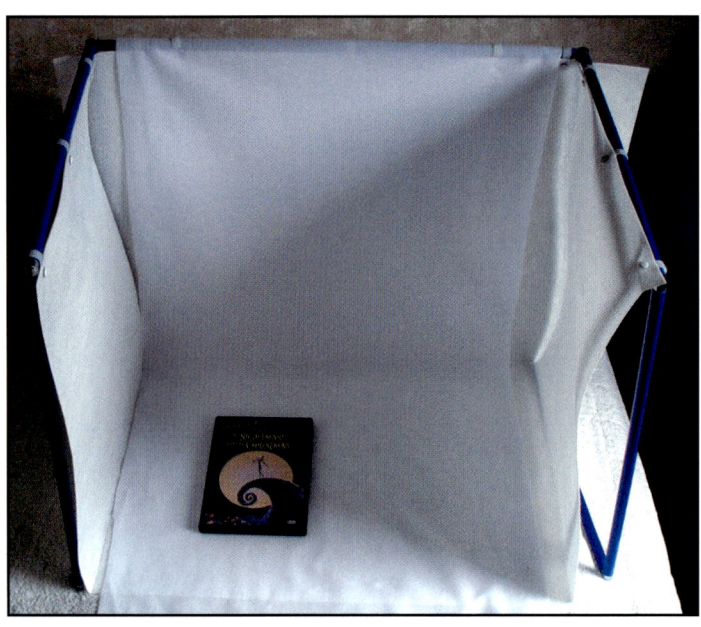

🔲 미니스튜디오

Power Tip | 미니 스튜디오 및 소품 전문 촬영 소도구 판매사이트

www.유쾌한생각.com

Chapter 4

가까운 벗들과 또는 가족들과 노래방에서 흥겨운 시간을 보내기 위해 음악이론을 공부하거나 성악레슨을 받을 필요는 없다. 그러나 최소한 노래를 잘 부르는 방법 정도를 알아두면 노래하는 시간이 기다려진다. 이처럼 영상 취미를 위해 도움이 되는 기초적인 미술 공부를 해보기에 앞서 회화와 영화에 관한 사전적 의미를 먼저 알아보자.

촬영 미학 다지기

1. 형체의 요소

눈으로 보고 어떠한 형체를 느끼는 요소는 몇 가지로 이루어져 있다. 점, 선, 면, 형, 색채 등의 요소로 구성될 때 우리는 특정한 형태라고 인식한다. 점 하나가 여러 개 모이면 선이 되고, 선이 모여 2차원 면을 만들고, 면과 면이 만나 3차원 입체 조형물을 만든다.

먼저 선이 표현하는 느낌을 알아보면 다음과 같다.

◉ 직 선 – 딱딱하고 남성적, 엄격함을 표현

- 수평선 : 안정감과 넓음, 평화를 표현하며 바닷가, 넓은 들판이 해당한다.
- 수직선 : 높이감, 엄숙함, 중요함을 표현하며 성당의 종루, 높은 나무가 해당한다.
- 사선(대각선) : 기울어진 사선은 운동감, 힘, 불안함을 표현한다.

◉ 곡 선 – 부드러움과 우아함, 여성스러움을 표현

- 기하곡선 : 앵무조개, 달팽이 껍질 모양처럼 특정한 형태의 곡선
- 자유곡선 : 바람이 떨어지는 나뭇잎의 궤적같이 특정형태가 없는 곡선

Power Tip

회화 (繪畵, painting) : 2차원적 요소인 종이, 캔버스, 벽에 구체적인 이미지를 담은 조형예술을 말한다.
영화 (映畵) : 연속 촬영한 필름을 연속으로 스크린에 비추어 물건의 모습이나 움직임을 실제와 같이 재현하여 보이는 것을 말한다. 무비(movie), 시네마(cinema), 키네마(kinema).

2. 그림의 표현 요소

미술을 공부하는 사람들이 배우는 표현 요소들은 사진과 비디오 카메라에도 그대로 적용된다.

● 명 암

빛에 의해 밝고 어두움의 차이가 만들어 내는 이미지이다. 사진학에서 계란과 조명을 가지고 수십 장의 사진을 찍는 실습을 통해 빛의 명암을 공부한다.

● 질 감

재질에 따라 다르게 느껴지는 느낌(matire)이다. 회화에서는 소재, 물감의 터치로 질감을 표현하지만 카메라에서 피사체의 질감을 묘사하기 위해서는 높은 해상도와 표준 이하 초점거리 렌즈를 써야 한다.

조리개는 최대로 조이고 삼각대를 사용해서 모든 피사체에 초점이 맞고 모든 디테일이 드러나게 해야 한다.

● 입체감

회화에서는 원근법, 명암법을 이용해 2차원 캔버스에서 3차원 느낌을 느낄 수 있게 한다. 입체감은 사진과 비디오 카메라에서도 상당히 중요하며 캔버스와 마찬가지인 2차원 평면 화면에 입체감을 불어넣어야 영상미를 느끼게 된다.

NOTE :

3. 구 도

구도(構圖)란 작품의 미적(美的) 효과를 위해 여러 요소를 조화 있
게 배치하는 구성을 말한다. 캔버스, 사진, 텔레비전, 스크린이 모두 사각형
인 이유는 뭘까? 이유는, 사각형은 수평선으로 안정감을 주면서 효율적으로 보
관할 수 있는 형태를 가졌기 때문이다. 만약 원이라면 매체를 생산, 보관, 이동할
때 낭비 공간이 많아지고 삼각형은 낭비 공간은 줄어들지만 뾰족한 형태가 주는 위험
요소를 가지게 된다.

서양 미술에서 정물은 주목을 받지 못했었다. 그러나 17세기에 네덜란드 사람인
렘브란트(Rembrandt Harmenszoon van Rijn)에 의해 명암으로 표현하는 새로운
표현법으로 정물화가 독립된 주제로 다루어지기 시작했고, 18세기 인상파에
의해 발전되었다.

정물화가 발전하면서 구도에 관해 중요한 원칙을 만들게 되
었으며, 나쁜 구도에 관해 다음과 같은 정의를 내
렸다.

NOTE :
....
....
....

나쁜 구도란?

○ 전체 화면을 가로나 세로로 이등분하면 화면은 반으로 나뉘어 주제도 모호해지고 흐름이 깨진다.

⬆ 가로로 이등분한 구도

⟡ 좌우가 완전 대칭인 구도는 단조롭고 답답하다.

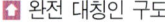

⬆ 완전 대칭인 구도

⚡ 같은 피사체를 나란히 일렬로 배열하는 구도는 물건을 단조롭게 쌓아둔 형태로 지루하고 흥미롭지 않다.

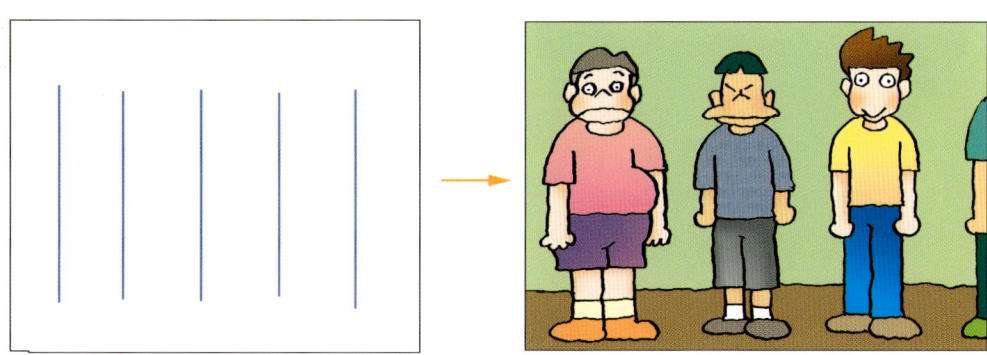

○ 균형을 잃고 한쪽으로 치우친 구도는 불안감을 느끼게 된다.

○ 물체들이 여기저기 흩어져 있는 구도는 산만하고 어지러운 느낌을 준다.

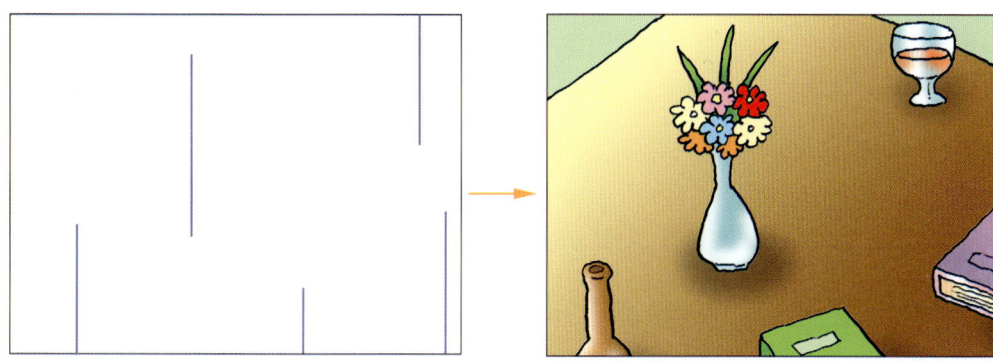

○ 산만한 구도

좋은 구도란?

● 각각의 피사체들이 다양하게 어울리도록 구성한다.

● 피사체와 피사체, 피사체와 배경 사이에 공간감(입체감)이 생기도록 한다.

● 배경은 주제가 되는 피사체와 서로 조화를 이루어야 하는데, 약간 어둡거나 톤이 옅은 배경이 좋다.

● 위의 세 가지는 미술에서 말하는 구도에 해당한다.

사진, 비디오 카메라에서 가장 중요한 구도의 원칙은 분명하게 주제를 강조하는 구도로 담아야 한다는 사실이다. 앞에서 설명한 나쁜 구도를 하나씩 읽어보면 일관된 흐름이 있다. **바로 주제가 불분명하기 때문에 나쁜 구도라고 보게 된다는 점이다**

NOTE :

🔴 주제가 없는 구도

주제가 명확한 구도 🔴

4. 구도가 주는 심리적 효과

🔵 수평선 구도

안정과 평화로움, 고요함을 표현한다. 들판, 바다가 여기에 해당한다.

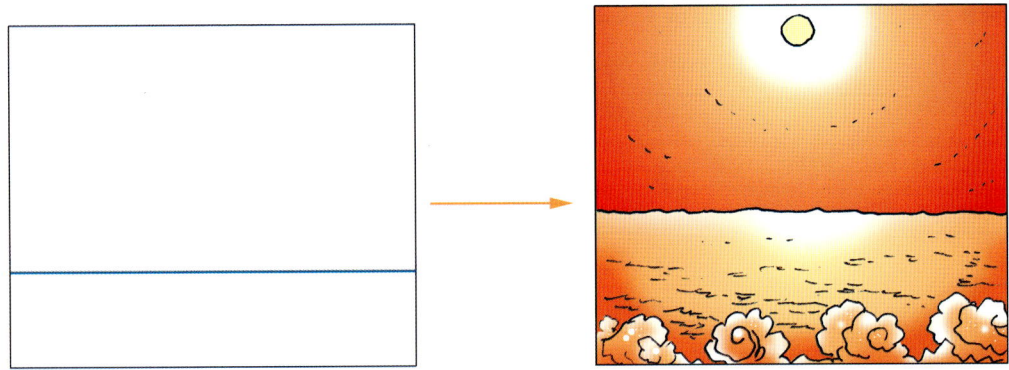

⬆ 수평선 구도

🔵 수직선 구도

엄숙하고 중요함, 포부, 신성한 느낌을 표현한다.
나무, 종탑루, 높은 건물이 속한다.

⬆ 수직선 구도

대각선 구도

중앙에 집중되는 강한 느낌과 원근감으로 운동감과 침략을 표현한다.

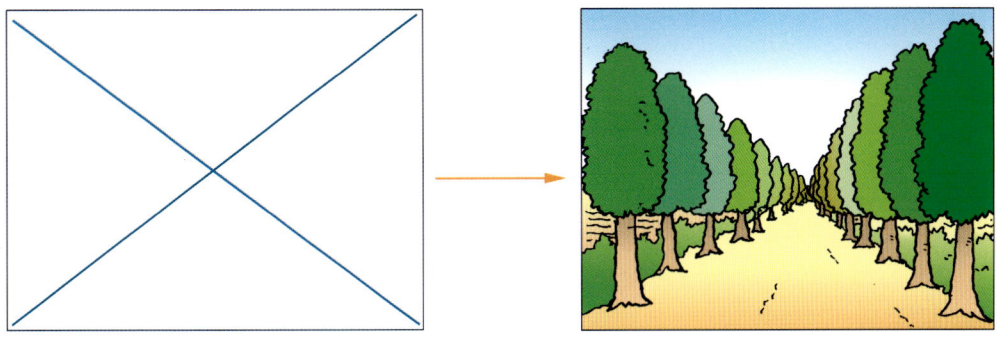

⬆ 대각선 구도

삼각형 구도

피라미드 구도로 안정감, 일치감, 균형감을 표현한다.

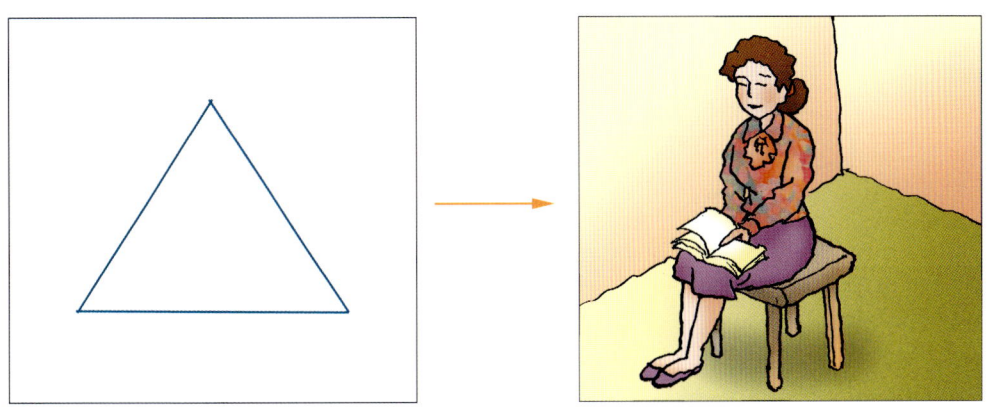

⬆ 삼각형 구도

◉ 원형 구도

원만함, 안정감을 느끼게 하고 피사체에 계속 흥미를 가질 수 있도록 하는 표현이다.

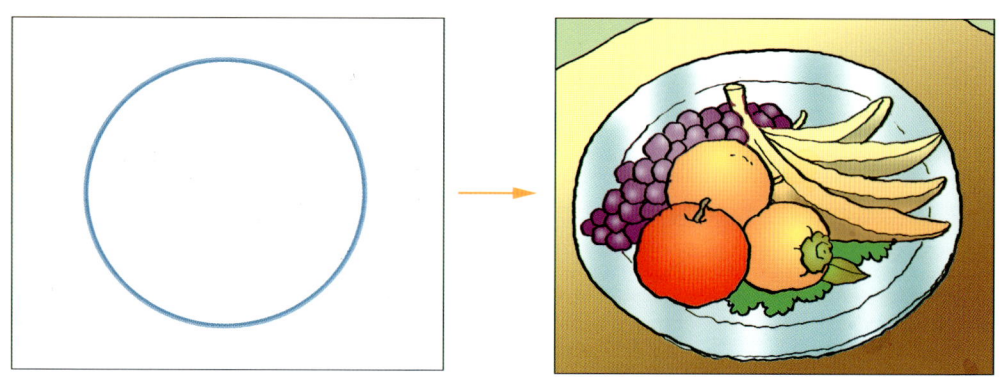

⬆ 원형 구도

◉ S자 구도

우아함과 부드러움과 리듬감을 주는 표현이다.

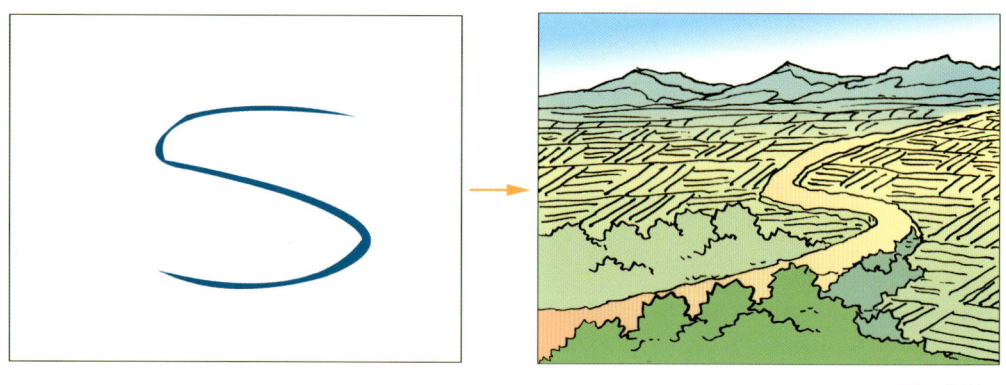

⬆ S자 구도

5. 미장센

　영화 촬영에는 구도는 물론이고 미장센(Mise en Scene)에 관해서도 알고 있어야 한다.

　미장센은 영화에서 일어나는 사건과 주인공들을 표현하는 모든 화면 구성 요소를 말한다. 의상, 로케이션 소품 세트 색이 주는 감성, 구도가 주는 감성, 움직임이 주는 감성을 모두 따져 세밀하게 배치하는 내용을 말한다.

　주인공이 휴일을 맞아 편안한 자세로 방에 누워 책을 읽는다고 할 때 어떤 구도와 미장센을 써야 할까? 구도는 편안함과 휴식을 표현하는 수평선 구도를 쓰고 색이 주는 감성 중에서 따뜻함을 골라 의상과 소품 색을 맞춘다. 또 이동이 주는 감성 중에서 왼쪽에서 오른쪽 아래로 약간 비스듬히 움직이면 기분 좋은 상태를 의미한다. 이를 다시 정리하면 다음과 같은 미장센을 구성할 수 있다.

- 색상 : 의상, 소품을 휴식과 사색을 표현하는 청록색 계열로 한다.
- 구도 : 편안함을 주는 수평선 구도로 한다.
- 움직임 : 주인공이 화면 왼쪽에서 오른쪽 아래로 이동해 엎드린 자세로 책을 본다.

6. 황금분할

황금분할은 그리스 시대부터 현대에 이르기까지 변하지 않는 아름다운 비율을 말하며, 가로 : 세로 비율이 1.618 : 1에 해당할 때 가장 아름답다고 한다. 사람들은 그림이나 사진을 벽면에 고정할 때 벽 한가운데 걸어 두지 않고 벽 높이 3/5 정도에 걸어 둔다. 사람들에게 같은 길이의 연필 두 자루를 주고 + 모양을 만들라고 하면 대부분 사람들이 십자가와 같은 비례로 만든다. 사람들은 자신도 잘 모르지만 가장 편안하게 어울리는 비율이 황금분할(黃金分割 : Golden Section)이라는 것을 알고 있었음을 눈치챌 수 있다.

안정적이고 아름다운 비율인 황금비율은 전화카드, 신용카드, 명함, 우편엽서의 가로×세로 비율에서도 찾을 수 있다. 자연의 아름다운 기하학적 모양이나 미인의 얼굴 비례, 아름다운 몸매의 비례에서도 찾을 수 있다. 황금분할은 피보나치가 수학적인 해석 수열로 증명하였으며 이를 피보나치 수열이라 한다. 구도뿐만 아니라 음악의 화성학에서도 황금분할이 사용된다.

황금분할을 사용한 구도

사람 얼굴을 클로즈업으로 담거나 어깨부터 얼굴까지 담을 때 사람 눈은 어디에 담아야 할까? 눈높이는 화면의 1/3(황금분할로 따지면 3/5위치) 정도에 있어야 자연스럽고, 옆모습이라면 모델이 왼쪽을 바라보는 방향이 좋다 (사람은 왼쪽에서 오른쪽으로 사물을 보는 습관이 있다).

수평선이 드리워진 바다를 담으려고 한다. 이미 구도에서 배운 내용처럼 가운데를 자르는 구도는 촌스럽고 답답하다. 하늘을 강조한다면 하늘을 화면 위에서 2/3(3/5) 정도 담고, 바다를 강조한다면 반대로 하면 된다. 어떤가? 그럴 듯하게 보이는 구도에는 모두 황금비율이 적용되고 있었다.

🔺🔻 황금분할을 쓴 인물사진

7. 카메라 앵글

미술에서 물체의 형태가 변해 보이는 요소로 눈높이, 시선 방향, 원근감을 들고 있다. 카메라로 본다면 눈높이와 시선 방향은 앵글(angle)에 해당하고 원근감은 줌을 이용한 축소, 확대에 해당한다.

로 앵글

눈높이보다 낮은 곳에서 얻는 앵글이며 피사체가 보다 강하게 묘사된다. 눈높이와 비교해 다이내믹한 영상을 보여주며 광각을 쓰면 더욱 확실한 로 앵글(low angle) 효과를 얻을 수 있다.

🔺 로 앵글 효과

⬆ 눈높이 앵글 효과

🔵 눈높이 앵글

눈높이 앵글(eye level angle)은 사람 눈높이 정도에서 얻는 앵글이다. 편안하고 솔직한 영상 느낌을 주는데 계속 이 앵글로 촬영하면 지루하다는 단점이 있다.

하이 앵글

하이 앵글(high angle)은 높은 곳에서 내려다보는 앵글이다. 전체 풍경을 담거나 상황을 소개할 때 사용한다. 인물이 왜소해 보이는 효과도 얻을 수 있다.

⬆ 하이 앵글 효과

 *Power Tip* | 아이들을 촬영할 때는 로 앵글로

어른의 눈높이로 아이를 촬영하면 하이 앵글로 담게 된다. 아이나 사람을 하이 앵글로 담으면 머리는 크고 부산하게 움직이는 정신 산만한 사람으로 느껴진다. 아이들은 언제나 아이들의 키 높이, 로 앵글로 담아야 한다.

하이 앵글로
촬영한 아이

로 앵글로
촬영한 아이

8. 구도는 스타일, 색은 감정

아무리 구도가 좋아도 서로 어울리지 않는 색으로 담거나 불쾌한 색을 계속 보여주면 기분이 나빠진다. 촬영은 물론이고 편집에서도 컷과 컷을 연결할 때 서로 어울리는 색으로 연결한다는 원칙을 알아야 한다.

● 색의 대비

검정색과 흰색이 같이 있을 때와 회색과 흰색이 있을 때를 비교해보면 검정색과 흰색이 더 눈에 띄고 하얗게 보인다. 이렇게 색 대비로 일어나는 현상에는 색상대비, 명도대비, 채도대비가 있다. 만약 흰색 피사체를 강조하고 싶다면 배경이 어두운 곳을 향하도록 구도를 잡으면 되고 편집에서 검은색 피사체를 보여주고 다음 컷에 흰색 피사체를 보여주면 뚜렷한 대비 효과를 본다. 공사중 위험 표지판이 검은색과 노랑색, 흰색과 빨강색으로 구성되어 있음은 페인트 비용이 싸서가 아니라 이런 색의 대비 효과를 응용한 것이다.

● 보색

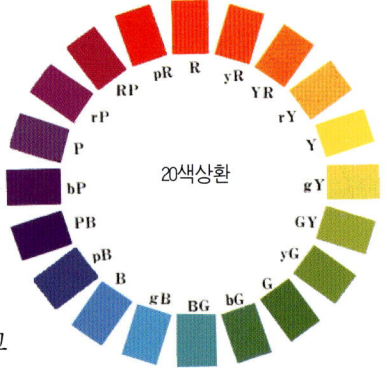

색상환(색을 색상 순서로 둥글게 배열)에서 서로 마주한 색을 보색이라 한다. 빛의 보색은 섞었을 때 흰색에 가까워지고, 색의 보색은 섞었을 때 검은색에 가까워진다. 빨간색과 노란색을 섞으면 유치하지만 빨간색과 녹색은 그런 대로 어울린다. 바로 색상환에서 마주한 보색이기 때문이다. 주제가 되는 피사체 색과 배경 색의 관계도 따져보아야 하고

비디오 카메라 또한 편집할 때 컷과 컷 연결에도 보색관계를 따져야 한다. 편의점에서 한눈에 들어오는 과자나 음료수의 포장은 모두 보색을 잘 이용한 예로 우리는 비슷한 맛에도 불구하고 이런 대비가 잘 포장된 제품에 기꺼이 비용을 지불한다.

◉ 색이 주는 느낌

색상	따뜻한 색	RED	피, 태양, 폭염	숭고, 격정, 열정, 위험
		Orange	일몰, 가을	환희, 유혹, 기쁨
		Yellow	레몬, 고음	활발, 쾌활, 발전, 명랑
	중간색	Green	풀, 식물	청춘, 행복, 평안, 고요
		Amber	호박(보석)	우아, 신비, 고귀함
	찬색	Cyan	호수, 보석, 연못	우수, 안식, 사색
		Blue	바다, 달밤, 소극적	비애, 진실, 친정
		Magenta	심해, 먼산 ,밤	신비, 정의, 환상
명도	고	White	일광, 눈, 설탕	담백, 명랑, 순수함
	중	Gray	비가 올 것 같은 하늘색	평범, 불쾌함
	저	Black	먹구름, 심야, 초상	침묵, 부정, 불길함
채도	고	–	신선, 발랄	정열, 열렬함
	중	Pink	온화	사랑
	저	Brown	침착, 안정	침착함

9. 카메라는 고정되어야 한다

영화에 종군기자처럼 사실적인 영상 효과를 위해 사용하는 핸디 헬드(손으로 들고 촬영) 기법이 있지만 비디오 카메라는 물론 일반 카메라 또한 삼각대 사용이 원칙이다. 특히 비디오 카메라의 경우 삼각대로 고정된 영상은 손으로 촬영한 것과는 비교가 되지 않는다. 문제는 삼각대를 들고 다니는 일은 아주 번거로운 일이며 겨울에는 차가운 금속 다리를 만지는 느낌도 싸늘하다. 카메라, 비디오 카메라 모두 손으로 들고 촬영하는 경우 다음과 같은 방법으로 흔들림이 적게 해야만 한다.

- 양다리는 안정되게 허리보다 약간 더 벌린다.
- 카메라를 두 손으로 확실하게 잡는다(다만 이때 렌즈, 플래시를 손으로 가릴 수 있으니 조심한다).
- 몸에 힘을 빼고 팔의 모양으로 카메라를 잘 받친다.
- 한 손은 카메라 아래를 받치고 다른 손은 셔터 또는 레코딩 버튼을 잡는다.
- 카메라를 잡은 두 손과 팔을 가슴으로 바싹 붙여야 흔들림이 적어진다.
- 셔터를 누를 때 잠시 숨을 멈춘다.
- 셔터를 누르고 나서도 자세를 유지한다.
- 주변의 벽, 책상, 나무, 기둥과 같은 지형 지물을 최대한 이용한다.
- 모노 포트를 사용한다.
- 한쪽은 뷰파인더를 다른눈은 직접 피사체를 바라본다.

Power Tip | 모노 포트

삼각대는 세 개의 다리로 견고하게 카메라를 고정시켜주지만 휴대하기 불편한 단점이 있다. 모노 포트는 다리가 하나로 휴대가 간편하며 잘 쓰면 강력한 효과를 얻는다. 모노 포트를 세울 때 경험이 없는 사람들은 일자로 세우고 사용한다. 그러나 일자로 세우면 갈대처럼 이리저리 흔들려 고정하기 어렵다. 낚시 받침대처럼 비스듬히 세우고 위에 카메라를 놓으면 훨씬 안정적이다.

두손으로 카메라를 안정되게 잡는다.

허리보다 약간 더 벌린 다리

두 다리를 바닥에 고정해서 안정감을 높인다

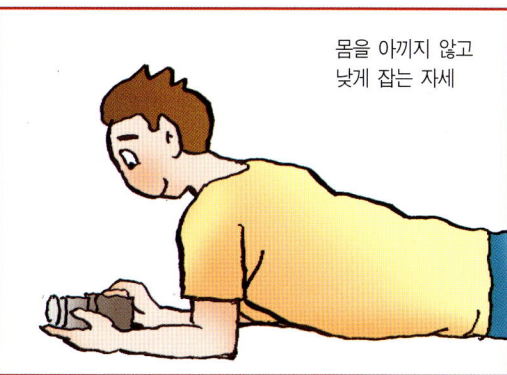

몸을 아끼지 않고 낮게 잡는 자세

양반다리로 안정감을 높인다.

지형지물을 이용

📷 카메라가 안정되게 잡는 사진들

Power Tip | 모손으로 받칠 때 셔터스피드 = 1 / (렌즈초점길이)

손으로 카메라를 들고 촬영할 때 흔들림은 카메라 렌즈 초점길이에 따라 최종적인 결과물 흔들림에 차이가 난다. 만약 천체망원경으로 200~300배 확대해 본다면 삼각대가 견고하다고 해도 바람에 약간이라도 흔들리면 몹시 흔들린다. 확대되는 만큼 미세한 흔들림도 확대되기 때문이다.

카메라 셔터 스피드 선택을 1/(렌즈 초점길이) 이상으로 조작하면 흔들림 때문에 사진을 망치는 일은 거의 없다. 예를 들어 250mm 렌즈라면 1/250초 이상, 150mm 렌즈는 1/150초 이상, 50mm 표준렌즈는 1/50초 이상의 셔터 스피드로 세팅하고 안정된 자세를 유지하면 삼각대 없이도 어느 정도는 만족스런 영상을 얻는다.

PART Ⅲ
나는 영상 제작자

Chapter 1

비디오 카메라 초보가이드

1. 카세트 테이프 넣기

촬영을 위해 처음으로 해야 하는 일은 카세트 테이프를 카메라에 넣는 일(Loading)이다. 시간이 급하다고 대충 넣고 힘을 주어 닫아 버리면 제대로 로딩이 안 돼 녹화할 때 툭툭 끊어지는 일이 생길 수 있다.

급해도 테이프는 차분하게 넣고 PUSH 버튼을 눌러 자동으로 테이프가 카메라 데크로 로딩될 때까지 기다린다. 테이프가 잘 들어갔으면 10초 정도 작동시켜 빈 테이프를 보내고 녹화 준비를 한다.

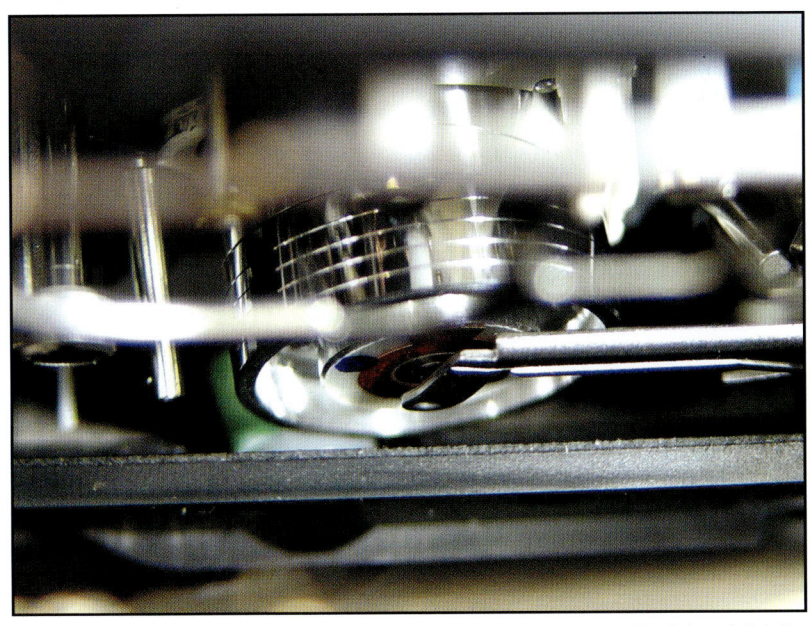

⬆ 비디오 카메라헤드

Power Tip | 결로(結露)현상

냉장고에서 차가운 음료수 병을 꺼내 두면 병 주위에 이슬이 맺히게 되는데 이것이 바로 결로(結露)현상이다. 금속으로 된 회전 헤드가 있는 비디오 카메라는 물론이고 VCR 또한 결로현상을 주의해야 한다.

추운 겨울 비디오 카메라를 가지고 밖에 있다 안으로 들어오면 비디오 카메라에 결로가 생긴다. 이 상태에서 테이프를 넣으면 원래 닿을 듯 말 듯 스쳐 지나가야 할 테이프가 축축하게 젖어 헤드에 붙어 버린다. 이 상태에서 PLAY 또는 되감기를 하면 헤드에 치명적인 손상을 주게 된다. 뷰파인더에 결로현상 주의 표시가 깜빡이면 헤드에 이슬이 사라질 때까지 기다리거나 테이프를 넣는 장치를 열어 헤어드라이어 바람으로 말려주면 된다.

2.비디오 테이프 관리

디지털 카메라는 이미지를 메모리 장치에 한 장 한 장 파일로 저장하며 일단 저장된 이미지 파일은 지우는 작업 없이 덮어쓰기를 하지 못한다. 그러나 비디오 카메라는 카세트에 내장된 테이프 매체를 쓰다보니 덮어씌우기 실수가 종종 일어난다.

예를 들면, 까마귀란 친구가 부모님 생신 잔치 행사 촬영이 끝나 비디오 카메라에 테이프를 넣어 두고 며칠이 지났다. 며칠 뒤 까마귀란 친구는 테이프 뒷부분 남은 부분에 아이들과 놀이터에서 노는 모습을 담았다. 집에 돌아와 촬영한 테이프를 보고 놀라지 않을 수 없었다. 부모님 생신 잔치 뒷부분 10분 정도가 아이들 노는 모습 촬영으로 사라졌기 때문이다. 왜 이런 일이 일어났을까?

보통 촬영이 끝나고 테이프를 처음부터 보다 보면 중간이나 끝 부분에 멈추고 그대로 보관하게 된다. 운이 없게 멈춘 테이프 지점에서 5~6초 이상 빈 공간이 있다면 몇 초 동안 플레이하며 살펴보다 "비어 있구나" 하고 녹화하는 경우가 생긴다. 되돌릴 수 없는 실수를 방지하기 위해서 테이프와 같은 저장매체는 시간이 걸리더라도 꼼꼼하게 확인해야 한다.

● 디지털 비디오 테이프 반복 녹화

디지털 비디오 테이프는 녹화하고 다시 지우고 녹화할 수 있는 장점이 있으며 10~15회 반복 녹화를 해도 화질을 그대로 유지할 수 있다고 한다. 기존의 아날로그 방식 비디오 테이프는 2~3번만 녹화했다 지우기를 반복해도 화질이 많이 떨어지는 것과 비교하면 강력한 장점이다.

반복적인 기록 또는 연습용 테이프라면 지우고 다시 녹화하는 덮어쓰기도 10여 회 가능하다. 그러나 산화철로 구성된 비디오 테이프의 물리적 특성과 영상을 압축하는 DV 방식 특성상 반복 녹화는 블록 노이즈(작은 사각형모양으로 영상이 깨지는 노이즈)가 생기기 쉽다.

DV 테이프 가격은 2003년 현재 개당 5,000원 미만으로 떨어져 가격 부담도 적으니 새 술은 새 부대에 담아야 한다는 속담과 같이 새 테이프를 구입하여 녹화하는 것이 좋다.

🌑 테이프 녹화모드 (LP/SP)

DV 카세트 테이프 녹화시간은 60분이 대부분이지만 초기에는 90분 테이프도 있었다. 8mm 시절 120분 테이프가 일반적이라 60분 길이는 짧다고 생각하는 사람들이 있었기 때문에 90분 테이프가 선보였지만 지금은 보기 어렵다.

작은 카세트 테이프 사이즈에 90분 이상 테이프를 녹화, 재생하면 테이프가 서로 마찰을 일으켜 손상되기 쉽다. 또 테이프 길이가 늘어난 만큼 감긴 크기도 커져 되감기 및 재생할 때 테이프를 잡아당겨 늘어지는 문제까지 생긴다.

➡ SP모드

디지털 비디오 표준모드로 테이프에 저장할 때 프레임과 프레임 사이 피치가 $10\mu m$(마이크로미터)이다. SP모드 녹화 재생은 제조회사 별로 호환성에 문제가 없다.

➡ LP모드

SP모드와 비교해 테이프에 더 많은 시간을 기록하는 모드이다.

표준 60분 테이프를 기준으로 아날로그 8mm 방식에서 LP 모드는 2배 늘어나 120분을 담을 수 있고 디지털 비디오는 1.5배 늘어나 90분을 담는다.

아날로그 방식은 테이프 진행 속도를 느리게 만들어 저장 시간을 늘렸지만 디지털 비디오 LP 방식은 SP와 비교해 테이프 진행 속도는 같다.

대신 테이프에 녹화되는 화면 프레임과 프레임 사이 여유공간, 피치를 줄여 시간을 확보했다. 피치 길이는 SP모드 피치 $10\mu m$에서 LP모드 시 $6.67\mu m$로 짧아져 데이터 보존에서 불리하다. LP 모드 녹화 재생은 제조회사별로 호환성이 떨어져 LP모드 녹화된 테이프를 다른 디지털 비디오로 재생하면 노이즈가 생길 수 있다. LP 모드는 어디까지나 비상시, 단순 기록일 때 사용하는 방식이다.

헤드 클리닝

비디오 카메라 헤드에 비디오 테이프가 딱 붙어 돌아가지 않지만 테이프에 붙어 있는 먼지와 공기 중의 먼지가 쌓이다 보면 헤드가 더러워진다.

헤드 클리닝 전용 테이프는 표면에 미세한 홈이 있어 헤드를 닦아주는데 재생, 녹화 때 수평 줄무늬 노이즈가 생기거나 비디오 카메라에서 클리닝 경고 메시지가 뜰 때 사용하면 된다.

⬆ 헤드 클리닝 테이프

NOTE :

3. 필수 메뉴 세팅

비디오 카메라는 디지털 카메라와 비교해 복잡한 메뉴를 가지고 있다. 매뉴얼은 중요한 부분이나 덜 중요한 부분이나 가릴 것없이 지나치게 설명이 많아 사용자를 더 어렵게 한다. 필수적인 부분 메뉴 세팅에 관해 알아보자.

뷰파인더 초점 조절

뷰파인더는 작은 액정화면을 볼록렌즈로 확대하는 방식이다. 시력에 맞게 렌즈 초점거리를 조절해야 하는데 마치 망원경 초점 조절과 같다. 메뉴화면과 같은 글씨가 나오도록 하고 초점 조절 레버를 조절해서 글씨가 또렷하도록 맞추면 된다.

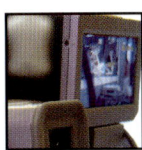

LCD 화면 조절

LCD는 또 하나의 모니터 텔레비전으로 색상, 색도, 밝기를 조절할 수 있다. 보통 색상과 색도는 기본 값으로 쓰지만 실내, 실외에 따라 밝기는 조절해서 쓴다.

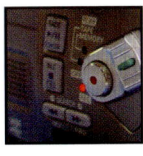

녹화 모드 및 사운드 세팅

녹화 모드는 SP(표준) 모드로 해야 하며 사운드는 16bit의 고음질로 해둔다. LP 모드는 단순 기록용도로만 쓰도록 하고 음질은 12bit, 16bit가 있지만 고음질 16bit로 한다.

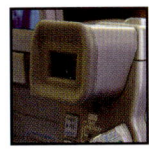

디지털 줌

디지털 줌(Digital Zoom)은 쓰고 싶어도 쓸 수 없는 화질이라 할 정도로 형편없다. 소니에서 프리시전 디지털 줌(Precision Digital Zoom)이라는 기존 디지털 줌과 비교해 1/3 정도 화질이 좋아진 방식을 만들었다. 그러나 디지털 줌은 전혀 실용성이 없으니 메뉴 세팅에서 광학줌만 선택한다.

🌐 와이드 모드(16 : 9)

HD TV는 16 : 9 화면비율을 가지고 있지만 기존 대부분 텔레비전은 4 : 3 비율을 가지고 있다. 진정한 와이드 모드로 담으려면 CCD 비율 자체가 16 : 9가 되어야 하지만 가정용 비디오 카메라는 모두 4 : 3 비율이다. 결국 4 : 3 비율 CCD 위아래를 강제로 잘라 16 : 9 비율로 만들어 화소를 모두 쓰지 못하고 와이드 흉내를 낸다.

4 : 3 비율 CCD 비디오 카메라가 HD TV, WIDE TV에 쓸 정도로 와이드 화면을 표현하려면 아나몰픽 컨버전 렌즈를 써야 한다. 아나몰픽 렌즈는 4 : 3 비율의 CCD 화소를 모두 쓰면서 16 : 9 화면으로 담을 수 있게 한다.

그러나 아나몰픽 렌즈로 저장한 영상은 4 : 3 텔레비전으로 보면 위로 길쭉한 이상한 화면이 되므로 16 : 9 화면에서 봐야 정상으로 보인다(아나몰픽 렌즈의 가격은 60만원 이상으로 비싸다).

🌐 가이드 프레임

촬영에 몰두하면 피사체의 수평이 안 맞는 경우가 의외로 많다. 가이드 프레임(Guide Frame)은 뷰파인더 안에 흰색의 작은 사각형이 생겨 수평, 수직을 쉽게 맞출 수 있게 도와준다.

🔼 가이드 프레임

◉ 제브러 패턴

제브러는 얼룩말을 뜻하는 영어 단어이다. 제브러 패턴이 ON으로 되어 있는 상황에서 뷰파인더로 보면 주로 흰색에 얼룩말 체크무늬가 보인다.

제브러 패턴(Zebra Pattern)은 노출이 오버된 부분을 쉽게 확인하기 위한 기능으로 하얗게 노출이 날아간 부분이 줄무늬로 표시되어 노출 오버를 확실하게 볼 수 있어 좋지만 줄무늬가 피사체의 윤곽을 볼 수 없게 방해하기 때문에 귀찮을 때도 있다.

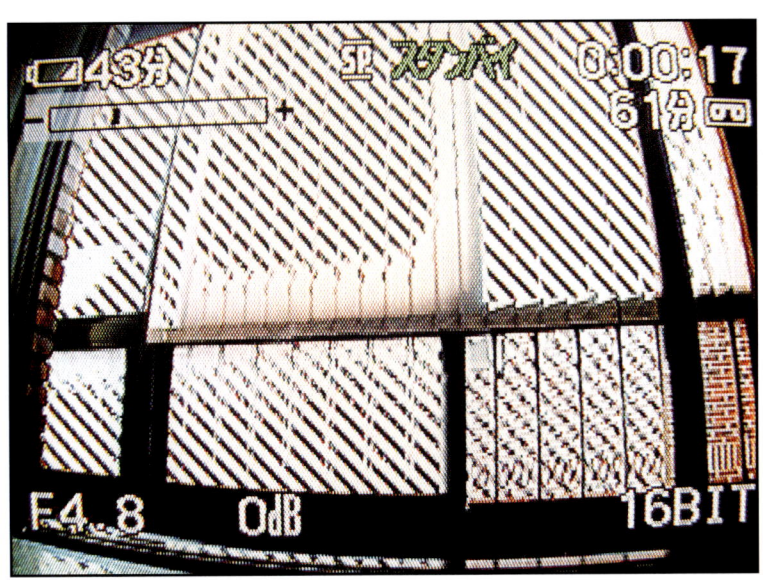

⬆ **제브라 패턴** : 노출 오버가 문제되는 촬영이라면 ON 상태로 한다.

◉ 게인 세팅

PART Ⅱ에서 다룬 내용으로 영상 신호를 전자적으로 증폭함을 의미한다. 0dB이면 CCD로 들어온 신호를 그대로 사용해 신호 증폭이 없음을 의미하며 신호를 증폭하면 보통 18dB까지 게인(Gain)을 올리도록 메뉴 설정을 할 수 있다. 피사체가 어두워 게인이 작동하면 조금은 밝게 나오지만 영상에 틀림없이 노이즈가 생기므로 영상 품질을 위해서는 0dB에 세팅해야 한다.

4. 촬영 필수 버튼 – 에디트 서치

촬영을 멈추면서 "이 장면은 전혀 쓸모 없군." 하는 경우 어떻게 해야 할까? 편집할 때 다시 살펴보면서 버려질 장면을 찾겠지만 테이프 낭비는 물론이고 편집 시간까지 잡아먹는다. 테이프 시작점을 잘못 촬영한 이전으로 옮기려면 카메라 모드를 VCR로 놓고 되감기한 후 재생 버튼을 눌러 녹화할 부분을 찾고 다시 카메라 모드로 놓아야 한다.

생각만으로도 번거로운 작업인데 이 작업을 간단하게 해결하는 방법이 '에디트 서치(edit search)' 기능이다.

에디트 서치 버튼은 딱 2개로, 비디오 카메라 상태에서 버튼을 누르면 프레임(frame) 단위로 느리게 이동을 한다. 촬영을 끝낸 상태에서 3초 정도 버려야 할 컷이라면 버튼을 계속 누른다. 뷰파인더를 통해 조금 전 촬영한 장면이 천천히 거꾸로 진행하므로 원하는 부분이 오면 버튼에서 손을 뗀다.

⬆ 에디트 서치 버튼

NOTE :

5. 뷰파인더 표시 – 아는 만큼 즐겁다

⬆ 뷰파인더 표시 계기판

처음으로 비디오 카메라를 만져보면 뷰파인더에 표시된 숫자와 기호들이 주는 낯설음에 지레 겁먹는 경우가 있다. 자동차 초보 운전 시절에는 계기판 숫자와 눈금이 낯설지만 조금 익숙해지면 편하게 도움을 준다. 현재 속도는 얼마인지 남은 연료 양과 엔진의 온도까지 한눈에 볼 수 있지 않은가?

뷰파인더에 보이는 각종 표시들도 제대로 알면 아무것도 아니다. 복잡해서 어려운 것이 아니라 몰라서 어려운 것이다.

1) 손모양 : 손떨림 방지 기능 사용 여부를 보여준다.

2) AUTO/AE/S(왼쪽부터 자동노출/조리개 우선 매뉴얼/셔터 우선 매뉴얼)

   촬영 기본에서 배운 완전자동, 수동 노출 상태임을 보여준다.

3) AWB(Automatic White Balance) : 화이트 밸런스가 자동임을 보여준다.

4) 0dB(게인) : 영상신호 증폭 여부를 dB 값으로 보여준다.

5) F1.6(F수) : 수동 노출은 물론 자동 노출에서도 조리개 F수를 보여준다.

6) 60(셔터 스피드) : 셔터 스피드 수치로 비디오 카메라는 특별한 경우가 아니면 기본 셔터 스피드

   1/60초로 놓아야 한다.

6. 프로그램 노출 모드

DV 카메라는 제조 회사별로 노출 고민을 해결하고자 마치 자동차 오토매틱 기어와 비슷하게 프로그램 모드를 만들어 주었다. 프로그램 메뉴는 조금씩 다르지만 보통 인물, 풍경, 야경 모드가 있어 상황에 맞춰 사용한다.

야광 모드

⟳ AE A : 조리개 우선 모드

카메라 노출 모드에 있는 기능을 그대로 가져왔다. 조리개 F값을 정해 두면 자동으로 셔터 스피드를 조정해 노출을 맞추어 준다. 원하는 조리개 값으로 아웃 포커스, 팬 포커스 효과를 얻을 수 있다.

미광&인물 모드

⟳ AE S : 셔터 스피드 우선 모드

셔터 스피드 값을 정해두면 자동적으로 조리개를 조정해 노출을 맞추어 준다. 비디오 카메라 셔터 스피드는 1/60(인터레이스 모드)이 표준으로 이보다 빠르면 움직임이 딱딱 끊어지며, 늦으면 움직임이 흘러 보인다.

풍경 모드

설경 모드

⟳ 스포츠 모드

자동 노출 기능이 가능한 빠른 셔터 스피드로 빠른 움직임이 흐르지 않게 한다.

해변 모드

⟳ 바닷가/스키장 모드

바닷가와 스키장에서는 지나치게 많은 광량에 노출 부족으로 사람 얼굴이 검게 나오지 않게 한다.

Power Tip | 동물원과 야구장에서

동물원이나 야구장처럼 카메라 앞에 그물이 있을 때 되도록 조리개를 열어주고 렌즈를 그물에 바싹 붙이면 그물이 거슬리지 않는 영상을 얻는다.

동물원 : 그물 없이 나온 사진

Power Tip | 계곡과 스포츠 촬영시

빠른 셔터 스피드를 놓고 분수대 물줄기, 계곡 물줄기를 촬영하면 물방울이 알갱이 알갱이로 보이며 반대로 느리게 하면 마치 드라이 아이스처럼 뿌옇게 변한다.

빠른 셔터 스피트로 물방울이 보이는 물줄기

◐ 일몰/야경 모드

셔터 스피드를 낮추어 석양이나 야경의 잔잔한 분위기를 살려 준다.

◐ 촛불 모드

셔터 스피드를 정상 사용 이하로 떨어트려 모자라는 광량을 얻는다. 촛불이 켜진 카페 같은 독특한 분위기를 만들지만 지나치게 낮은 셔터 스피드는 움직이는 피사체에 심한 잔상을 만든다.

Power Tip

자동차를 타고 도심을 달리면서 촛불 모드로 놓고 담으면 자동차 헤드라이트, 간판, 네온사인이 줄로 이어진 모습이 된다. 프로그램 모드와 조리개, 셔터 스피드를 조정하면서 여러 가지로 촬영하다 보면 새로운 모습을 담아 낼 수 있다.

7. 비디오 카메라 수동 초점

비디오 카메라는 디지털 카메라와 비교해 초점 조절에서 상대적으로 불리하다. 피사체가 움직이거나 카메라가 움직이는 경우가 대부분이라 고정된 순간을 담는 카메라보다 자동 초점이 어긋나기 쉽다.

> **참고** **자동 초점 조절이 어려운 경우**
> ① 유리와 같은 반사체가 있음
> ② 일정한 색으로 된 벽, 배경과 비슷한 밝기의 옷을 입은 모델
> ③ 줄무늬 같은 패턴이 그려진 곳
> ④ 어두운 곳
> ⑤ 망원인 경우

위 경우처럼 자동 초점이 잘 맞지 않으면 수동 초점 조절로 놓고 조절링을 돌려 무한대(제일 먼 곳∞)에 놓는다. 그리고 링을 움직여 초점 조절을 가까운 곳으로 돌리면서 맞춘다(줌을 이용해 망원으로 놓고 아웃 포커스 상태에서 초점을 조절해야 정확하다).

NOTE :

8. 수동 노출 조정

비디오 카메라는 촬영하면서 피사체의 움직임을 따라가야 하므로 초점과 노출을 한꺼번에 수동으로 맞추기는 어렵다. 수동 초점은 많은 연습을 필요로 하지만 수동 노출은 쉽게 익숙해지고 익숙해질수록 완벽한 노출이 가능하다.

특히 비디오 카메라는 촬영하다 보면 하늘이 들어가는 역광 상태가 많아지고 자동 노출은 무조건 노출 부족이 된다. 이때 수동 노출로 맞추면 사람 얼굴도 환하게 실패 없이 촬영할 수 있다.

수동 노출 조정(조리개 우선 모드)은 조리개의 열고 닫음을 보통 볼륨조절기로 조정하며, 하늘 방향으로 돌리면 밝아지고 아래로 돌리면 어두워진다.

⬆ 노출 조정 볼륨

참고 | **수동 노출 잘 쓰기**
① 자동 노출 스위치 기능을 수동으로 옮기고 조리개 우선 모드로 놓는다.
② 뷰파인더를 보며 노출 볼륨을 위, 아래로 돌리면서 화면이 밝고 어두워지는 변화의 조정을 손에 익힌다.
③ 수동 노출로 조절하면서 가끔 자동 노출 버튼을 눌러 자동 노출 상태와 비교해 본다.
④ 수동 노출 조정은 천천히 해도 자동 노출이 맞추는 속도보다 늦지 않으므로 서두르지 않는다.
⑤ 하늘과 같은 밝은 곳이 피사체 뒤에 있는 역광, 반역광 상태는 수동 노출로 한다.

9. 가방과 보관

비디오 카메라는 부피가 크고 무거우므로 어떤 가방을 쓰느냐에 따라 실제 촬영 장소에서 움직임에 큰 차이가 난다. 비디오 카메라는 무조건 배낭형 카메라 가방을 써야 한다. 스틸 카메라는 가방이 거추장스러우면 잠시 내려놓고 촬영하면 되지만 연속으로 촬영하는 비디오 카메라는 그럴 틈이 없다.

촬영이 끝나고 보관할 때는 배터리를 빼고 완전 충전한 상태로 다른 곳에 보관한다. 비디오 테이프는 촬영이 끝나면 꺼내 날짜와 내용을 기록한다. 별것 아닌 것 같지만 촬영은 언제 또 시작될지 모르므로 늘 준비 상태이어야 멋진 영상도 담아낼 수 있기 때문이다.

습기를 잘 먹는 실리카겔을 가방에 넣어두면 카메라 렌즈에 곰팡이가 생겨 낭패를 보는 일이 없다.

▣ 배낭형 카메라 가방

하드케이스 ▣

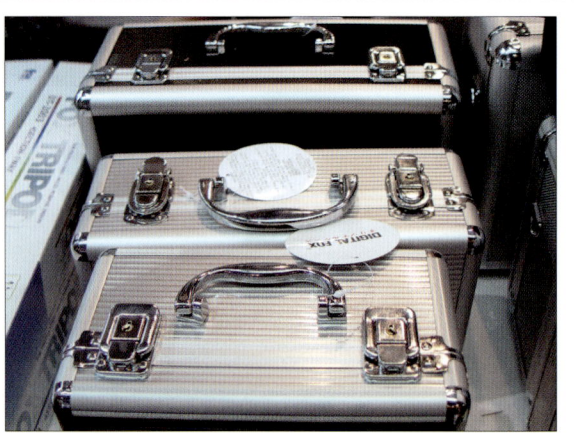

10. 일반인이 헷갈리는 비디오 카메라 관련 몇 가지

◉ LCD, 뷰파인더 색상, 밝기 조정은 촬영되는 영상에 영향이 있는가?

위 조정과 함께 가이드 프레임, 제브러 패턴과 같이 촬영에 도움이 되는 화면 표시는 영상에 전혀 영향을 미치지 않는다.

◉ 3CCD로 촬영한 테이프는 3CCD 비디오 카메라에서 봐야 하는가?

3CCD, 1CCD 상관없이 같은 화질로 볼 수 있다. CCD 차이는 비디오 카메라 모드로 녹화할 때만 영향을 미친다.

◉ 디지털 비디오 테이프는 디지털이라 영구보전되는가?

녹화 방식은 분명 디지털 방식이지만 테이프는 하드디스크 또는 DVD와 달리 아날로그 매체로 봐야 한다. 디지털 매체인 하드디스크, DVD도 안전을 위해 백업을 한다. 중요한 영상이면 ie1394를 이용해 디지털 카피로 한 개 더 만들어 보관하는 편이 좋다.

◉ DV 카메라를 가정용 VCR로 어떻게 옮기는가?

구입시 보통 노란색(영상), 흰색(음성L), 빨간색(음성R) 핀 케이블로 된 A/V 케이블이 함께 따라온다. 이 케이블로 DV 카메라 A/V 잭에 연결하고 한쪽은 VCR VIDEO IN(외부영상 입력)에 연결한다. VCR 리모콘으로 VCR 입력 모드를 외부영상으로 놓고 DV 카메라에 담긴 테이프를 재생하고 VCR은 녹화 버튼을 누르면 된다.

◉ DV 카메라에 다양한 이펙터 효과가 있다. 쓸 만한 효과는?

필요 없는 기능이 대부분인데 특히 모자이크 화면과 같은 효과를 쓸 곳이 있을까? DV 카메라에 있는 이펙터 효과를 쓰면 테이프 원본이 그런 효과로 담아져서 나중에 빼고 싶어도 뺄 수 없다. 프리미어와 같은 편집 프로그램을 쓰면 더 화려한 효과는 물론이고 원본 테이프에 아무런 영향을 미치지 않는다. 구태여 픽처 이펙트(Pictrure Effect) 중에서 몇 개라도 추천해 달라고 하면 파스텔 톤, 세피아 톤, 모노 톤 정도가 쓸 만하다.

Chapter 2

전문촬영 노하우

1. 비디오 카메라 필수품 - 트라이포드

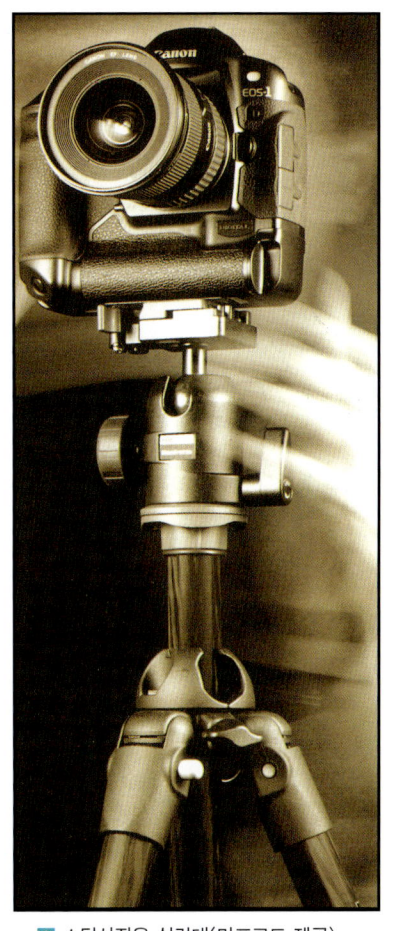

트라이포드(Tripod), 즉 삼각대는 비디오 카메라를 고정해서 흔들림 없는 화면을 담을 수 있게 하고 튼튼해서 카메라가 넘어지지 않도록 해야 한다. 삼각대는 다리와 헤드(head)로 나뉘는데 다리는 세 개로 바닥에 고정하는 역할을 하고, 헤드는 다리와 카메라를 연결하는 퀵슈와 카메라를 움직이는 역할을 한다.

삼각대 다리는 견고하면서 움직임은 부드러운 제품이 고급 제품이다.

🔵 비디오 카메라 VS 스틸 카메라 삼각대 차이점

비디오 카메라 삼각대와 스틸 카메라 삼각대는 헤드에서 차이가 난다.

스틸 카메라 헤드는 XYZ 방향으로 각각 위치를 잡는 타입과 360도 조절되는 볼 헤드(ball head) 타입이 있다. 비디오 카메라 헤드는 상하 좌우로 부드럽게 움직여야 하므로 조정을 위한

⬆ 스틸사진용 삼각대(만포로토 제공)

막대(패닝 핸들)가 달려 있다. 스틸 카메라 헤드는 비디오 카메라에 쓸 수 없지만 비디오 카메라 헤드는 스틸 카메라에도 쓸 수 있다. 삼각대 다리는 헤드와 비디오 카메라를 올려도 좋을 만큼 튼튼해야 하므로 접거나 폈을 때 길이와 함께 실을 수 있는 하중을 kg으로 표시한다.

삼각대 다리는 견고하면서 가벼울수록 좋은데 카본 소재는 견고하고 가볍지만 가격이 비싸다(삼각대 무게는 무거울수록 안정되지만 이동을 생각하면 적당히 가벼운 것도 필수).

다리를 펴고 접는 방법은 나사 돌리는 방식과 원터치 방식이 있지만 원터치 방식이 쓰기 편하다. 보급형 삼각대에는 헤드를 올렸다 내렸다 하는 엘리베이션 기능도 있지만 카메라가 헤드보다 높아져 바람이 불거나 실수로 건드리면 넘어져 낭패를 본다.

유압식 vs 반유압식

삼각대 헤드는 크게 세 가지 방식으로 볼 수 있다. 보급형 삼각대는 단순 기계식이고 중급형은 기계식과 유압식의 중간인 반유압식, 고급형은 유압식이다.

유압식이란 주사기 두 개를 튜브로 연결하고 그 안에 오일을 가득 채운 후 한쪽 주사기를 밀면 반대쪽 주사기로 압력이 전달되어 뒤로 밀려나는 원리를 이용한 것이다. 반유압식은 유압 기구와 스프링 기구를 적당히 섞어 유압식의 부드러움과 복원력을 비슷하게 흉내낸다.

리모콘 핸들

삼각대 핸들에 붙어 있는 리모콘으로 필요한 조절(레코딩 버튼, 사진 촬영 버튼, 줌 조절)이 가능하다. 리모콘 핸들 제품별로 줌 버튼은 차이가 있어 보급형 삼각대는 제일 늦은 1단계 속도로만 움직이고 중급 이상은 버튼 조절에 따라 다단계 줌 속도로 조정할 수 있다. 리모콘 조절 기능은 카메라 회사별로 안 될 수 있으니 실제 테스트를 해보고 구입한다.

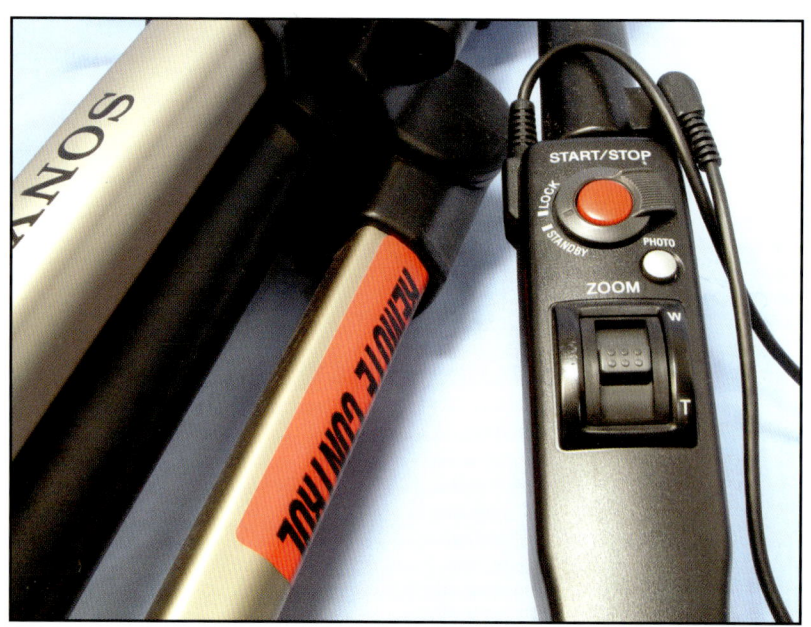

⬆ 삼각대 리모콘 핸들

2. 트라이포드 모델 살펴보기

🔵 소니 VCT-870RM

소니 PC 시리즈 비디오 카메라와 같이 작은 버티컬 모델은 VCT-D680RM을 써도 충분하다. TR 시리즈 이상 슈팅형은 VCT-870RM(이하 870으로 표시) 모델 정도를 써야 한다. 870은 반유압 방식으로 유압의 부드러움을 흉내내고 있고 다단계 줌컨트롤 리모컨도 달려 있어 소니 DV 카메라에 쓰기 좋다. 다리가 펼쳐져 있을 때 다리를 고정하는 스프레더가 붙어 있으므로 안정성은 확보되지만 불필요한 엘리베이션 기능은 불만이다.

단점은 중급형이라 패닝을 시작할 때 약간의 이격이 있고 오래쓰면 고정쇠로 조였을 때 확실하게 고정이 안 된다는 단점이 있다. 반유압이라 유압의 부드러움은 있지만 복원 스프링 장치가 없어 틸팅 후, 제자리로 돌아올 때 불편하다.

⬆ 삼각대 VCT-870RM

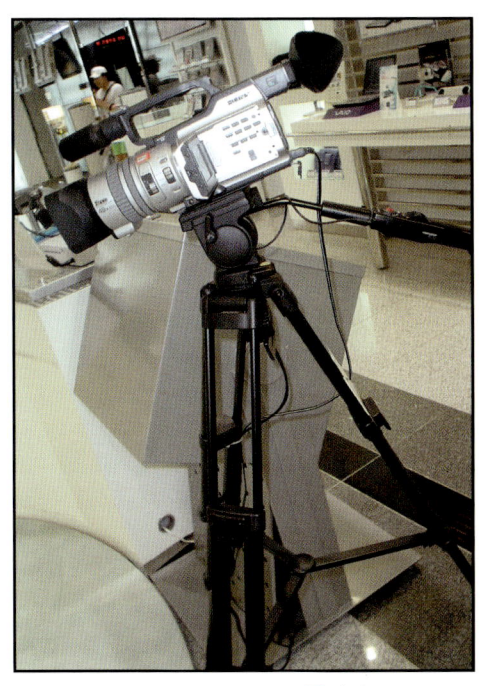

⬆ 소니 VCT-1170RM

🔵 소니 VCT-1170RM

소니 삼각대 중 제일 비싼 제품으로 유압방식에 복원 스프링 기능까지 더해져 본격적인 유압방식 움직임을 보여준다(완전 유압식은 헤드만 최소 60만원이 넘는다). 특히 리모콘은 프로급 핸들 장치와 비슷해 870의 단순한 리모콘과 비교가 안 될 정도로 줌이 부드럽고 조절 버튼은 여러 곳에 있다.

헤드에 수평 조절용 장치가 붙어 있어 삼각대 다리 상태와 상관없이 헤드 수평을 직접 맞출 수 있다. 이 수평 조절 기능은 비디오 카메라 수평잡기에 확실한 기능으로 중급형과 고급형을 가름하는 중요한 기능이다.

틸팅시에 복원되는 기능인 스프링 복원기능은 카

메라 무게 때문에 헤드가 앞으로 갑자기 쏠려 쓰러지는 일도 방지한다. 문제는 1170과 다음 설명할 Libec 650 경우 복원 스프링이 고장나는 경우가 종종 있다는 점이다.

단점은 무게가 약 5kg 정도이기 때문에 일반인이 쓰기엔 벅차고 전문인들이 쓰기엔 그리 견고하지 못하다.

● Libec 650

소니 1170 제품을 OEM으로 납품하는 회사에서 VCT-1170RM(앞으로 1170으로 표기)모델 리모콘 핸들만 빠져버린 모델이 Libec 650이다. 두 제품이 같다

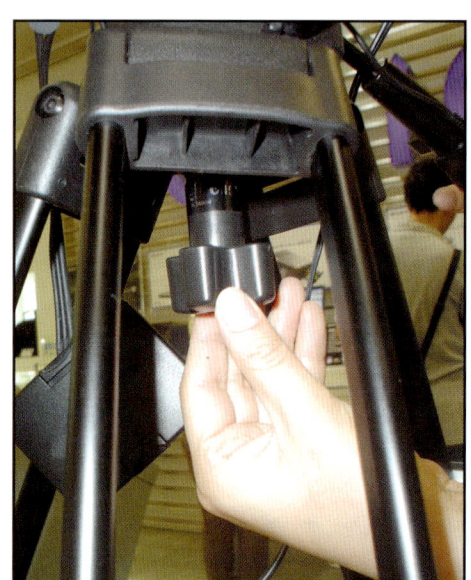

🔼 비디오 카메라 삼각대 수평조절 볼헤드

고는 하지만 실제 사용해보면 패닝과 틸팅에서 1170이 조금 더 부드럽다. 비디오 카메라가 소니 제품이 아니라면 Libec 650을 사고 리모콘 핸들을 별도 구입하는 것이 유리하다(1170은 50만원 가격 대, 650은 30만원 이하로 구입 가능).

제품 색상은 회색과 검정색이 있지만 삼각대는 검정색을 써야 반사로 인한 영향도 없고 색상에 안 질리고 오래 쓸 수 있다.

● Manfrotto 501 헤드

만프로토 제품은 앞의 제품들과 달리 삼각대 다리와 헤드를 별도로 판매하며 소개하는 501제품은 비디오 헤드이다. 만프로토 501은 소니 870과 같은 반유압방식으로 견고함과 미세한 움직임에서 1170 헤드와 비교해 뒤떨어지지 않으며 1170처럼 수평 조절 볼 헤드가 있어 수평 맞추기도 좋다.

단점은 1170처럼 복원 스프링이 없어 틸팅 후에 힘을 주어 제자리로 돌아와야 하고 패닝에 비해 틸팅 움직임이 상대적으로 뻑뻑하다.

튼튼함과 견고함을 갖춘 만프로토는 준프로용으로 보면 된다.

● Manfrotto 503 헤드

501 헤드 바로 위 모델로 복원 스프링이 추가되었다. 503은 501과 비교해 틸팅도 패닝과 마찬가지로 부드럽고 복원 스프링 덕분에 틸팅 하고 나서 가볍게 원래 위치로 되돌아갈 수 있으며, 비디오 카메라 무게 때문에 갑자기 앞으로 쓰러지는 문제도 줄였다.

● 만프로토 제품 판매처 : www.manfrotto.co.kr/

● 소니제품 판매처 : www.sony.co.kr

● Libec 삼각대 : 남대문 지하상가 카메라 전문점에서 구입 가능.

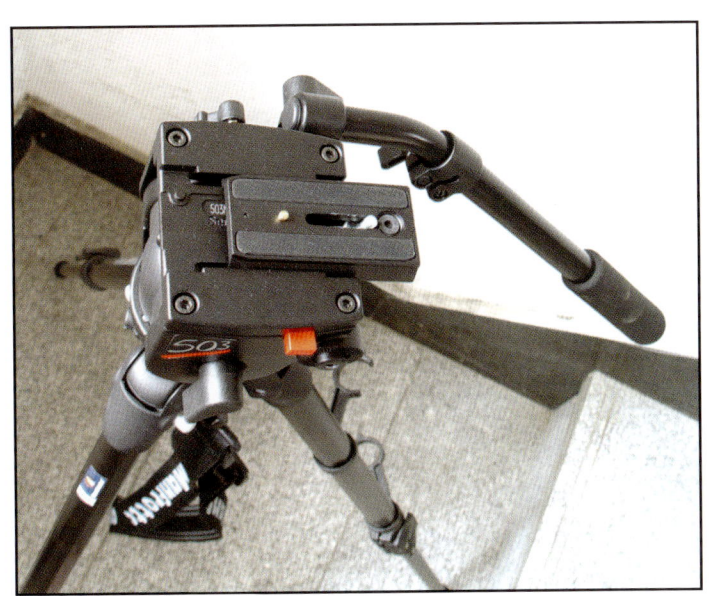

⬆ Manfrotto 503 헤드

3. 트라이포드를 잘 쓰는 법

① 삼각대 다리를 뺄 경우 힘을 주어 당기면 완전히 빠져서 망가지기 쉬우므로 힘을 주지 말고 빼야 한다.

② 겨울철 추운 날씨에 금속은 부러지기 쉬우니 바닥에 떨어트리거나 넘어지지 않도록 한다. 카본 소재 삼각대는 가볍다는 장점만큼 부러지기 쉬운 단점이 있으니 특히 조심한다(카본 소재 삼각대는 A/S 도 힘들다).

③ 삼각대 세 개의 다리 중 하나는 촬영하려는 피사체 방향으로 가장 앞에 두고 나머지 두 개는 수평 으로 뒤에 위치시킨다.

④ 오른손은 삼각대 패닝 핸들을 잡고 왼손으로는 비디오 카메라 본체를 위에서 아래로 가볍게 눌러 주는 기분으로 잡는다. 패닝과 틸팅시에 양손을 사용한다는 느낌으로 해야 부드러운 움직임을 얻는다.

⑤ 두 눈을 적극적으로 이용해서 뷰파인더(LCD)를 보는 눈 외에 다른 눈은 실제 사물을 봐야 한다. 두 눈을 이용하면 움직이는 피사체를 따라가기도 쉽고 뷰파인더에 들어오지 않던 사물도 미리 파악할 수 있다.

⑥ 삼각대는 무조건 안정성을 높여야 하므로 삼각대 가운데 무게를 올려 두는 소품을 구입해 가방을 올려놓거나 한다. 가능한 최소 단수를 빼서 안정되게 하고 단단한 지대(진흙, 물이 흐르는 곳은 피 한다)에 설치한다.

⑦ 부드럽게 될 때까지 연습 한다.

삼각대를 이용한 패닝과 틸팅을 보면 촬영자의 수준 이 한눈에 보인다. 평상시 카메라를 삼각대에 올려놓고 부드러우면서 민첩한 움직임을 연습해야 한다.

□ **삼각대 다리 세팅법** : 앞부분 다리는 피사체를, 뒤 두다리는 촬영자를 향한다.

4. 스테디 캠

다음 내용은 링컴 스테디캠의 홍보자료에서 가져왔다.

최대 3kg까지 캠코더를 사용할 수 있는 스테디캠(모델명 '링컴스테디')이 국내 촬영감독으로부터 개발돼 큰 인기를 얻고 있다. 40만 원대라는 초저가의 가격대를 형성하고 있는 링컴스테디는 중·소형 캠코더를 겨냥한 제품.

일반인도 부담없이 스테디캠(Steady Cam)을 접할 수 있게 됐다는 것이 특징이다. 링컴스테디는 유니버설 조인트 방식과 베어링 채택으로 부드러운 회전과 유연성을 확보하고 있으면 손잡이부에 위치하고 있는 줌(Zoom), 녹화 기능을 리모트 컨트롤에 의해 카메라를 제어할 수 있다.

◑ 링컴테크의 스테디캠

"처음 스테디캠을 만들 당시엔 판매할 목적으로 만든 것은 아니었습니다. 수입제품이 워낙 비싸고 맘에 안들어 단순히 하나만 만들어 써보려고 했는데 주위 사람들이 보더니 자기에게도 하나만 만들어 달라고 하지 뭡니까. 거절할 수도 없고 해서 하나 둘 만들다보니 반응이 좋아 제품으로 만들게 됐습니다. 특수계층보다는 스테디캠을 필요로 하는 일반 아마추어들에게도 부담 없이 쓸 수 있도록 보급하려고 합니다."

◑ 제작자가 손수 개발, 국내 첫 스테디캠 등장

스테디캠은 이동촬영에도 자연스런 화면을 연출할 수 있기 때문에 캠코더 사용자들이 많이 쓰는 캠코더 액세서리다. 그러나 스테디캠은 국산제품이 없어 전량 수입품에 의존해야 했다. 수입품은 가격이 비싸 범용적으로 사용되지는 못했다. 이번에 소개되는 링컴스테디는 국내 개발자에 의해 최초로 국산화한 제품으로 범용성에 초점을 맞춰 가격을 낮추고 사용편의성을 높였다. 특히 고장 등 트러블이 발생했을 때 즉시 A/S도 가능해 이미 통신동호회 등을 중심으로 주문이 밀려들고 있다고 한다.

이 제품의 개발자는 자연다큐멘터리 등의 영상물을 제작하고 있는 김덕기 감독이다. 그는 제작현장에서 촬영을 하면서도 필요한 부품이 있을 때 자신이 직접 만들어 쓸 정도로 장비분야에도 박식한 사람이다. 촬영 관련 액세서리를 자신이 직접 만들어 쓰는 이유는 캠코더 액서사리가 대부분 외국제품이어서 구하기가 쉽지 않고 고장났을 때 AS받기가 쉽지 않기 때문이다. 또 성능대비 가격이 너무 비싸다는 판단에서다. 링컴스테디를 만든 것도 이런 이유다. 수입 중·소형 스테디캠은 200만원대의 고가여서 구입하느니 차라리 직접 만들어 쓰는 게 낳겠다는 생각에서다. 그는 수작업을 통해 스테디캠을 완성하고 링컴스테디라 이름 붙였다.

링컴스테디는 완성과 함께 약 6개월간의 테스트 기간을 거쳤다. 테스트라고는 하지만 사실 실무촬영에 사용하면서 미흡한 부분을 보완해 나간 것이다. 수 차례의 수정과정을 거치면서 링컴스테디는 상품화까지 이르게 됐다. 링컴스테디의 판매 가격은 48만원. 이 가격은 단가에 약간의 수공비를 추가해 책정된 것이다. 기존 스테디캠의 가격을 알고 있는 사람이라면 매우 놀랄 만한 가격이다. 지금까지 이와 유사한 중·소형의 스테디캠을 구입하려면 적어도 200만원 이상의 비용을 지불했던 것에 비하면 가격혁명이라 할 수 있다. 링컴스테디가 저가격대로 가격이 책정된 것은 일반 캠코더 촬영자까지 스테디캠을 범용적으로 사용할 수 있게 하기 위한 것이다. 개발자는 나름대로의 연구개발과 금형 제작 등에 투자한 비용도 적지 않게 들었지만 범용성에 초점을 맞추다 보니 가격을 낮추게 됐다고 설명했다.

◑ 중·소형 캠코더용의 초경량·초저가형

우리가 일반적으로 캠코더를 손으로 들고 찍는 촬영기법을 핸드 헬드(hand held) 촬영이라 부른다. 손으로 들고 촬영할 때 많이 발생하는 현상은 손에 의한 떨림 현상이다. 이 현상을 줄이기 위해 특수 장치나 보조 기구 등을 사용하기도 한다. 일례로 주로 쓰이고 있는 삼각대, 크레인, 지미집, 레일달리 등을 사용하여 안정된 화면을 얻을 수 있지만 삼각대는 움직이지 않는 상태에서의 고정촬영에는 유리하지만 패닝이나 틸팅 정도의 단순한 장면에 그치고 크레인, 지미집, 레일달리 등은 다양한 앵글의 화면을 만들 수 있지만 설치와 이동에 많은 불편이 따른다.

　　이를 해결하기 위해 등장한 것이 스테디 캠이다. 손으로 들고 움직이기 때문에 이동에 있어 매우 자유롭다. 스테디캠의 구조는 상단(스테디슈 구비)에 카메라를 올려놓고 하단에는 카메라가 수평을 유지할 수 있게 하는 추를 매달아 균형을 잡고 무게중심의 위쪽에 손잡이가 위치하고 있다. 카메라 밑 부분에 손잡이를 달아 놓은 꼴이지만 실은 손잡이와 스테디캠슈 간에는 특별한 설계로 인해 촬영자가 이동을 해도 카메라는 계속 수평을 유지, 안정적인 촬영을 가능케 해준다.

　　핸드 헬드의 경우 카메라를 들고 이동하거나 뛰어야 하는 경우에 몸의 움직임과 진동이 카메라에 그래로 전달되어 화면이 많이 흔들린다. 하지만 스테디캠을 쓰면 촬영자의 움직임과 진동을 억제시켜 안정적인 촬영을 가능하게 한다.

　　링컴스테디는 이와 같은 촬영에 사용하도록 만든 스테디캠으로 무게 3kg까지 탑재 가능한 초경량의 중·소형 캠코더용이다. 기존의 ENG 카메라나 필름 카메라보다는 DSR-PD150, XL-1, GL-1, DCR-TRV900, GR-DV2000KR, DCR-PC110 등을 겨냥한 제품이라 할 수 있다.

　　링컴스테디는 스테디캠에 있어 가장 핵심부분을 차지하고 있는 지지축에 유니버설 조인트 방식과 베어링을 사용해 부드러운 회전과 유연성을 확보하고 있다. 개발당시 가장 많은 시행착오와 고민한 곳이 이 부분이다. 그만큼 이 부분은 매우 민감하기 때문에 정밀하고 견고하게 만들려고 온갖 힘을 기울인 곳이기도 하다.

　　촬영할 때 카메라의 움직임을 컨트롤하는 조정그립은 본체에 나사를 접속, 간단히 해결하고 있다. 사실 조정그립 부분은 현재의 나사로도 카메라를 컨트롤하기에는 충분하지만 좀더 개선이 됐으면 하는 부분이다. 현재의 구조로서는 이 방법이 제일 간단한 아이디어. 욕심을 좀 낸다면 외부의 충격을 더 완화시킬 수 있는 중심 축에서 컨트롤하는 방법 등을 생각해 보는 것도 좋을 듯 싶다.

　　링컴스테디가 기존 다른 스테디캠과 다른 것 중 하나는 손잡이부에 위치하고 있는 유선에 의한 리모트 컨트롤 기능이 추가됐다는 것이다. 손잡이부에 위치하고 있는 시소식의 줌 기능과 녹화버튼에 의해 카메라를 제어할 수 있다. 리모트 컨트롤은 소니 사의 삼각대용으로 쓰고 있는 것을 그대로 도입, 링컴스테디에 맞게 사용했다. 이에 따라 소니 사의 캠코더는 물론 LANC단자에 대응하고

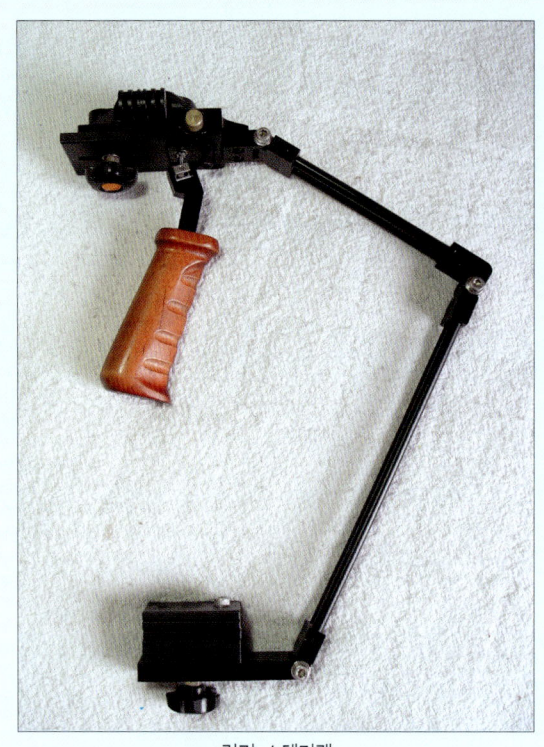

링컴 스테디캠

있는 타사 캠코더도 쥐고 있는 손잡이부에서 곧바로 줌과 녹화를 할 수 있게 됐다. 손잡이부는 현재 나무를 소재로 한 제품도 만들어 손으로 쥐기 편하게 하는데 많은 노력을 기울이고 있다. 캠코더를 링컴스테디에 장착하는 슈도 소니 사의 삼각대에 있는 것을 그대로 사용했다.

링컴스테디는 무게중심을 잡기에도 편리하게 되어 있다. 가장 큰 중심을 차지하는 하단에는 무게에 따라 가변할 수 있도록 여러 개의 추를 사용하고 있다. 캠코더의 무게에 따라 추를 바꿔줌으로써 중심을 잡을 수 있게 한 것이다. 또 이 추는 앞뒤로 이동할 수 있게 하여 무게중심 잡기가 간편하게 이루어진다. 게다가 카메라 장착부도 앞뒤로 이동할 수 있도록 한 점 등 무게 중심에 많은 배려가 돼 있다. 링컴스테디는 촬영할 때 앵글 확인용으로 사용할 수 있는 소형 LCD 모니터를 옵션으로 선택할 수 있도록 하고 있다. 최근 출시되는 캠코더의 대부분은 LCD 액정모니터를 기본 탑재하고 있어 이 모니터를 이용하고 DCR-VX1000, XL-1 등 액정모니터가 구비돼 있지 않은 캠코더 사용자가 필요로 할 경우, 별도로 선택해 사용할 수 있게 한 것이다.

- 문의 (02)6679-2235, 링컴테크(www.linkomm.co.kr)
- 판매 사이트 : http://www.vjcenter.com
- 링컴스테디 홈페이지 : http://www.linkomm.co.kr

5. 스테디 캠 깊숙이 알아보기

◉ 필요성

정지한 정물과 비교해 움직이는 영상이 사람의 눈길을 끄는데, 그 이유는 사람이나 동물 모두 외부 자극에 강하게 반응하기 때문이다. 스테디 캠(Steady Cam)은 2차원 영상에 비행기가 날아가는 이동감과 입체감을 줄 수 있어 1990년대 후반부터 영화와 드라마에 적극적으로 사용되고 있다. 2002년 월드컵에서도 코너킥 자리에서 스테디 장비를 장착한 카메라가 보여주는 역동적인 모습을 모두들 기억하고 있을 것이다.

◉ 촬영방법

국내에서 구입 가능한 스테디 장비로는 링컴 스테디캠, 링컴 스테디캠 프로(전용 조끼에 카메라 장착), DV 파트너, 스테디 주니어 등이 있다. 가격대 성능으로 따지면 링컴 스테디캠이 적당하나 전문적인 스테디 장비와는 거리가 있음을 먼저 알아야 한다. 즉 40만 원대 가격으로 스테디 효과를 얻을 수 있도록 만들어졌다는 점이다. 공중파 비디오 카메라, 영화용 필름 카메라 스테디 장비 가격은 수천만원에서 수억원에 이르며 무거운 카메라까지 흔들림 없도록 전자적으로 기계적으로 구동되므로 효과가 뛰어나다.

링컴 스테디캠이나 DV 파트너는 고급 장비처럼 전용 장비로 몸에 부착하는 방식과 다르게 카메라와 스테디 장비를 한쪽 팔로 들어야 하므로 힘이 들고 자연스러운 조작을 위해 연습도 필요하다. 연습과 경험을 쌓으면 방송에서 사용하는 스테디 캠과 비슷한 효과를 살릴 수 있으므로 매력적인 제품인 것은 틀림없다. 스테디 장비를 사용하는 원칙은 다음과 같다.

◎ 스테디 캠은 무중력 상태

중력이 작용하지 않는 우주처럼 공중에 떠 있는 듯한 촬영을 하는 느낌을 살려야 한다.

◎ 이동은 부드럽게

부드러운 이동을 위해 비디오 카메라 동선은 원을 그리듯 부드럽게 그리고 카메라 높이도 일정하게 유지해야 한다.

◐ 물바가지를 옮기는 느낌

스테디 장비로 촬영하는 모습을 보고 "바가지에 물을 채우고 쏟아지지 않게 걷는 사람 같아."라고 한다. 바가지에 담긴 물을 쏟지 않으려면 보폭과 움직임은 되도록 작게 해야 한다. 이런 이동 자세를 유지해야만 스테디 촬영에 성공할 수 있다.

◐ 비디오 카메라는 몸 쪽으로 바싹 붙인다

무게가 나가는 물건은 몸통 쪽으로 바싹 붙여야만 팔이 지탱하는 힘이 덜 들고 안정감이 생긴다. 스테디 장비를 잡은 팔과 팔꿈치는 최대한 몸에 바싹 붙여야 한다.

◐ 기본 자세를 익힌다

스테디 장비 기본 자세는 오른손잡이 기준으로 오른손은 스테디 손잡이를 움켜쥐고 왼손은 짐벌이라 부르는 360도 회전기구를 잡는 듯 마는 듯 해서 움직임에 적극적인 도움도 방해도 되지 말아야 한다는 점이다.

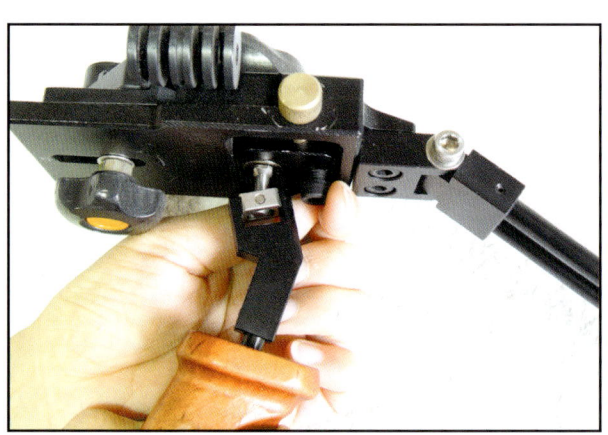

◉ 주의할 점

DV용 스테디캠은 좌우, 앞뒤 흔들림은 잡아주지만 위아래 높이에 해당하는 움직임은 잡아주지 못한다. 카메라가 상하로 움직이지 않고 일정한 높이를 유지하도록 하체와 상체를 낮추거나 높여 일정하게 유지한다.

예를 들어 직선으로 스테디 촬영을 해야 하는데 바닥에 요철이 있다고 하자. 걸을 때 발아래 요철이 있다면 상체와 하체를 낮추거나 높여 카메라 높이를 일정하게 유지해야 한다. DV 스테디 장비의 최대 단점은 중심을 잡기가 까다롭고 빙글빙글 돌아가기 쉽다는 것인데, 이 부분은 익숙해지기 위해 꾸준히 연습하는 것이 해결책이다.

6. 카메라 움직임(Camera Work)

고정촬영

손으로 들고 촬영하는 방식은 핸디헬드라 하고 삼각대를 이용한 촬영은 고정 촬영(Fix)이라 한다.

패닝

삼각대 헤드를 중심으로 왼쪽이나 오른쪽으로 카메라를 돌려 피사체를 담는 카메라 움직임을 말한다. 패닝(Panning)은 고정된 촬영 5초 정도 후 서서히 움직이면서 일정한 속도로 수평이동, 다시 서서히 정지하고 나서 고정 촬영 5초 정도로 마무리한다. 패닝은 부드러운 이동과 함께 범위가 중요하다. 시계로 생각하면 9시 방향에서 시작해서 12시 방향 이하에서 끝나는 패닝은 보는 사람이 답답함을 느끼게 된다("도대체 저 뒤는 뭐가 있는 거야?").

패닝의 범위는 10시부터 2시까지 정도가 적당하며 이동 속도는 영상 정보량을 참고해야 한다. 큰 변화가 없는 고정 풍경이라면 이동 속도를 조금 빠르게, 정보량이 많은 다양한 풍경에서는 조금 느리게 한다. 패닝 시간은 180도 기준으로 30초이며 90도는 절반인 15초 정도가 표준 패닝 시간에 해당한다.

⬆ 적절한 패닝의 범위

Power Tip | 마지막 자세가 포인트

패닝의 경우 보통 편한 자세로 시작하는데, 이러면 패닝이 끝날 때 상체와 하체가 돌아가 견디기 힘든 포즈가 된다. 패닝이 끝나는 지점에서 편안한 포즈를 취하고 시작될 위치로 몸을 돌려놓는 것이 요령이다.

Power Tip | 패닝 방향과 피사체의 움직임

사람은 보통 왼쪽에서 오른쪽으로 시선을 옮긴다(책에 글 또한 같은 이유로 왼쪽에서 오른쪽으로 씌여져 있다). 대부분 패닝은 왼쪽에서 오른쪽으로 이루어지며 영화에서는 이 움직임에 따른 감성을 이용한다. 주인공이 악당에게 맞서 싸우러 갈 때는 오른쪽에서 왼쪽으로 향해 움직

여 자극적으로 다가오고 반대로 일상생활 속에 어디론가 걸어가면 왼쪽에서 오른쪽으로 걸어간다.

※주의 : 삼각대를 사용한 패닝과 틸팅에서 비디오 카메라 손떨림 보정장치를 꺼야 한다.

● 틸 팅

틸팅(Tilting)은 비디오 카메라 헤드를 중심으로 핸들을 위, 아래로 움직여 피사체를 담는 카메라 움직임을 말한다. 빌딩 입구를 보여주고 서서히 위층으로 올라가 높은 층에서 멈추는 장면이 이에 해당한다. 촬영 방법은 패닝처럼 고정된 촬영 5초 정도, 서서히 위로 또는 아래로 일정한 속도로 이동하고 다시 서서히 정지하고 고정 촬영 5초 정도로 마무리한다.

● 달 리

삼각대 다리 아래에 바퀴를 붙이거나 휠체어 같은 이동장치에 카메라를 달고 촬영하는 방법이다. 카메라가 직접 움직이면서 얻는 화면의 변화는 촬영 각도만 달리해 움직이는 패닝이나 틸팅과 달리 역동성이 뛰어나다.

기차레일 같은 전용 트랙(Track)과 달리(Dolly)를 쓰지 않고 일반 바닥에서 이동하면 고르지 못한 부분이 진동을 일으키고 화면이 흔들려 품질 높은 영상을 얻기 힘들다.

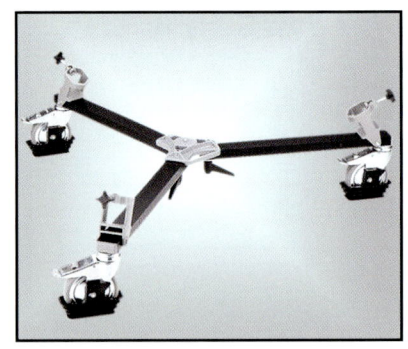

⬆ 달리 기구

Power Tip | 패닝과 틸팅 주의점

패닝과 틸팅은 한 번만 사용하고, 서로 섞지 않음을 원칙으로 한다. 왼쪽에서 오른쪽으로 패닝을 하고, 다시 오른쪽에서 왼쪽으로 왕복하거나 패닝중에 틸팅을 하거나 틸

팅중에 패닝을 하지 않는다. 줌, 패닝, 틸팅 촬영을 서로 섞기 위해서는 줌이건 패닝이건 동작을 마치고 고정된 상태 촬영 후에 다시 다른 카메라 워크로 들어가야 한다.

팔로우

주인공이 걸어가면 뒤에서 카메라가 함께 따라가거나, 주인공보다 앞서 걸어가면서 촬영하는 방법이다. 비디오 카메라를 대부분 손으로 들고 걸어가면서 촬영하는데 흔들림이 심한 촬영 방법이다.

보통은 비디오 카메라 LCD를 보며 팔로우(Follow) 촬영을 하는데 LCD를 보고 걸으면서 한편으로는 넘어지지 않으려 바닥을 보면서 앵글을 잡다보면 화면이 지나치게 흔들린다. 이때 덜 흔들리려면 가능한 광각으로 놓고 손과 팔은 몸쪽에 바싹 붙인다. 피사체 움직임을 따라가면서 몸 전체를 움직여 구도를 잡으면 카메라 흔들림이 줄어든다.

크레인 이동과 촬영

영화나 공중파에서 사용했던 크레인 촬영을 소규모 프로덕션이나 일반인까지도 사용하고 있다. 그 만큼 일반인의 영상 눈높이가 높아져서 삼각대만 이용한 촬영은 반응이 시원찮으며 카메라를 취미로 하는 사람들 또한 많이 늘어났기 때문이라 본다.

크레인은 긴 수평 파이프에 카메라를 달고 움직여 상하 좌우로 자유롭게 날아가

⬆ 크레인 기구

는 새가 된 느낌을 준다. 공중파 쇼 프로그램에서 사람 눈높이 정도에 있던 화면이 공중으로 솟아 무대를 향해 날아가는 영상이 바로 크레인 촬영으로 얻을 수 있는 효과이다.

DV 카메라용 크레인 가격은 대략 300~500만 원 정도로 비싼 편이므로 필요할 때 대여하는 방법이 무난하다.

7. 비디오 카메라에서의 줌잉(Zooming)

⬆ 고급 줌 버튼 DVX100

스틸 카메라에서 줌은 구도와 화각을 변화하는 도구로 쓰이지만 비디오 카메라는 그뿐 아니라 피사체의 크기 변화까지도 준다. 그러나 시도 때도 없이 사용하는 일반인들의 Zooming은 보는 사람에게 짜증을 주는 원인이 되므로 전문가들은 초보자들에게 줌을 쓰지 말라고까지 한다. 줌은 오직 보는 사람이면 누구나 자세히 보고 싶은 욕구가 생기거나 촬영자가 강력하게 강조하고 싶은 피사체에 써야 가치가 있다.

비디오 카메라 줌은 대부분 전동 줌(Power Zoom)으로 직접 줌 렌즈를 돌리는 것이 아니라 모터가 줌 렌즈를 돌려준다.

줌 버튼을 가볍게 누르면 줌이 느리게 작용하고 무겁게 깊이 누르면 줌은 빠르게 작용한다. 비디오 카메라 자체에 달린 줌 버튼은 물론이고 삼각대 핸들에 달려 있는 리모콘 줌 버튼 또한 품질에 따라 동작 차이가 난다. 고급품으로 갈수록 줌 버튼이 세밀하게 작용하고 멈출 때도 자연스럽게 멈출 수 있다.

Power Tip | 줌잉의 범위

초보자들은 줌의 범위를 처음부터 끝까지 최대 범위로 쓰는데, 그건 좋은 방법이 아니다. 전체 범위 줌잉 사용은 광활한 대자연 풍경과 같은 특별한 경우에나 써봄직하다. 렌즈는 특성상 최소 줌(광각)과 최대 줌(망원) 보다 중간 정도에서 화질이 우수하며 또한 줌 범위가 길어지면 보는 사람이 지루하기 때문이다. 적절한 줌 범위는 전체 줌 범위에서 50~70% 정도만 쓰는 편이 좋다.

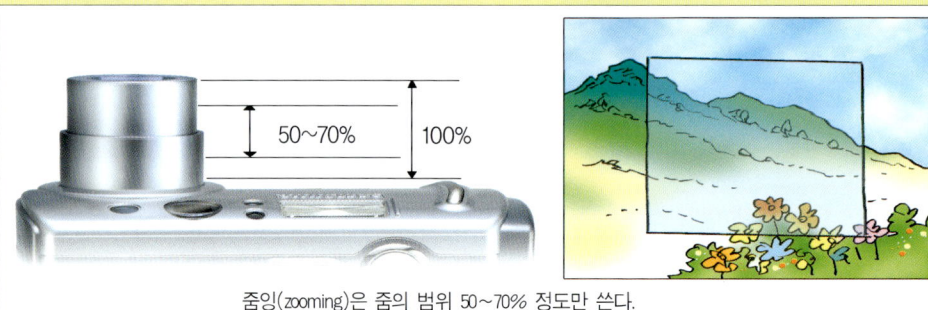

줌잉(zooming)은 줌의 범위 50~70% 정도만 쓴다.

8. 마이크

내장 마이크

가정용 비디오 카메라에 들어 있는 내장 마이크(Mic.)는 보통 품질의 콘덴서 마이크가 쓰인다. 이 마이크의 특징은 저음, 고음보다 중음이 강조되어 고음질 녹음을 어렵게 하고 무지향(無指向)이라는 특성까지 있다. 음질이 떨어지는 문제는 음악회, 연주회가 아니라면 그럭저럭 쓰겠지만 무지향 특성은 상당히 불편하다.

무지향이란 마이크를 중심으로 180~360°범위의 모든 소리가 마이크로 들어온다는 뜻이다. 비디오 카메라는 인터뷰하는 장면을 담지만 소리는 촬영자 뒤에서 떠드는 소리와 촬영자의 숨소리까지도 들어온다.

외장 마이크

보통 많이 쓰는 외장 마이크(미니플러그)로 소니 ECM-908C, ECM-959C 제품이 있다. 908C는 959C보다 길이가 짧고 크기도 작으며 959C는 길고 조금 더 크지만 저음과 고음 특성이 우수해 음질은 더 좋다. 두 제품 모두 내장형 마이크보다 음질이 훨씬 뛰어나고 필요에 따라 지향도(90°, 120°)를 선택할 수 있어 편리하다. 90°로 선택하면 마이크가 향한 전면 90°범위의 소리는 또렷하게 담기지만 그 외에는 들어오지 않는다. 만약 주변 소리도 필요하다면 범위가 넓은 120°로 세팅하면 된다.

⬆ ECM-908C 마이크
지향도 세팅 스위치

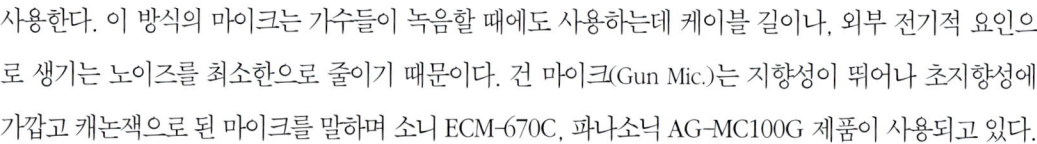

외장 마이크-건 마이크

908C, 959C 제품은 미니플러그 잭 마이크로 케이블 길이를 길게 할 수 없다. 이어폰 잭과 같은 미니플러그 케이블 방식은 케이블 길이가 길어지면 노이즈가 쉽게 들어오는 특성을 가지기 때문이다. 이런 이유로 프로가 쓰는 비디오 카메라는 모두 캐논잭 방식 마이크를 사용한다. 이 방식의 마이크는 가수들이 녹음할 때에도 사용하는데 케이블 길이나, 외부 전기적 요인으로 생기는 노이즈를 최소한으로 줄이기 때문이다. 건 마이크(Gun Mic.)는 지향성이 뛰어나 초지향성에 가깝고 캐논잭으로 된 마이크를 말하며 소니 ECM-670C, 파나소닉 AG-MC100G 제품이 사용되고 있다.

와이어리스(Wireless) 마이크

주로 인터뷰에 사용하는 무선 마이크로 수신부와 송신부 각각 2개가 한 세트로 구성된다. 비디오 카메라 마이크 단자에 수신부를 연결하고 송신부와 연결된 마이크를 리포터가 사용한다. 무선으로 100m 이상 떨어져도 사용 가능하므로 케이블로 연결해야 하는 유선과 비교해 편리하다. 공중파에서 사용하는 무선 마이크 정도는 고가라 부담이 크므로 아마추어가 쓸 만한 제품으로는 소니 WCS999R이나 AZDEN 무선 마이크 제품이 있다.

⬆ 윈드 스크린 마이크

윈드 스크린

영화, 드라마 촬영 현장에 빠지지 않는 털북숭이 마이크를 본 적이 있는가? 울 소재로 만든 윈드 스크린(Wind Screen)으로 마이크로 들어오는 바람소리를 막아준다. 마이크에 바람이 조금이라도 들어오면 "훅 - 훅" 거리는 노이즈가 생기기 때문에 야외는 물론이고 실내에서도 사용하면 보다 깨끗한 사운드를 얻을 수 있다. DV 카메라에 사용하는 다양한 마이크에 맞는 윈드 스크린도 판매되므로 구입해 쓰면 야외 촬영에서도 바람소리 없는 깨끗한 소리를 얻게 된다.

9. 게인

　비디오 카메라는 피사체가 어두우면 CCD 신호를 전자적으로 증폭해 밝게 해주는 기능이 있는데 이 전자적으로 증폭하는 기능을 게인(Gain)이라 한다. 증폭되는 세기를 소리 세기를 표시하는 dB(데시벨)로 표시하며 최대 18dB까지 증폭시켜준다. 그러나 어두운 피사체를 전자 회로를 통해 인위적으로 밝게 하므로 거친 영상 노이즈가 생기고 영상 품질을 떨어트린다.

　이런 단점 때문에 전문가는 게인(Gain) 기능은 0dB에 두고 피사체가 어두우면 조명으로 해결한다. 기록만을 목적으로 한다면 게인 동작을 ON 시켜 인위적으로 밝게 담겠지만 아름다운 영상이 목적이라면 사용하지 말아야 한다.

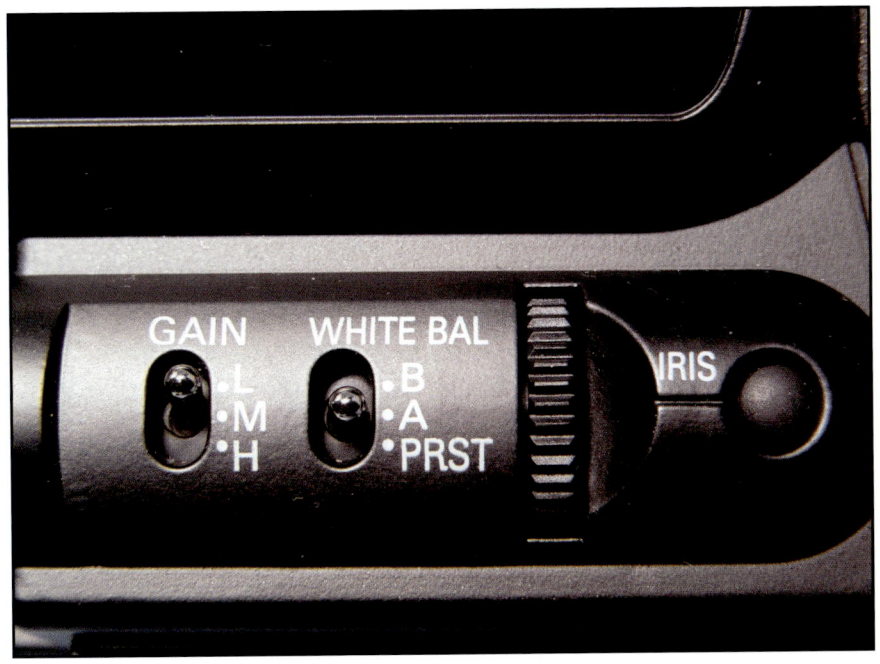

⬆ DVX100 비디오 카메라 게인 세팅 스위치

10. 피사체, 화면움직임에 따른 감성

영화, 비디오는 정지된 스틸 사진이 아니라 피사체의 움직임을 통해 또 다른 표현을 할 수 있다. 바로 움직임에 따른 심리적 감성 효과를 의미한다.

왼쪽에서 오른쪽 (수평이동)

사람은 왼쪽에서 오른쪽으로 시선을 옮긴다. 이런 피사체, 카메라 움직임은 자연스럽고 편안하고 일상적으로 보인다. 결혼식장에서의 신부 등장, 사랑스런 아이의 움직임은 이렇게 담아야 한다.

오른쪽에서 왼쪽으로 (수평이동)

사람의 시선과 반대되는 움직임이라 거부감이 들게 된다. 반자연, 강한 의지를 표현하고 적진을 돌파하는 이미지이다. 영화 속 주인공은 상대 조직의 보스를 해치우기 위해 총을 숨기고 걸어간다. 어떤 방향으로 걸어갈까? 당연히 화면 오른쪽에서 강한 눈빛을 보이며 왼쪽으로 걸어가야 보는 사람에게 주인공의 강한 의지와 분노가 느껴진다.

위에서 아래쪽으로 (수직하강)

무거운 중량감, 위험 그리고 불안정을 주는 움직임이지만 피사체의 무게와 떨어지는 시간에 따라 다른 이미지를 주기도 한다. 영화 <Forrest Gump> 첫 장면은 새의 깃털이 하늘에서 아래로 춤을 추며 떨어지면서 주인공의 신발 아래에 안착한다. 이런 이미지의 경우는 불안함을 주지 않는다.

◉ 아래에서 위로 (수직상승)

상승, 강력한 힘 등을 표현한다. 음료, 맥주, 건강음료 C.F.를 보면, 대부분 액체가 위로 솟구치거나 병이 아래에서 불쑥 위로 올라온다.

◉ 오른쪽 위에서 가운데를 지나 왼쪽 아래로

스피드감, 박진감을 표현한다.

◉ 왼쪽 위에서 가운데를 지나 오른쪽 아래로

서정적인 느낌을 가진 움직임으로 비행기 착륙, 낙엽 궤적이 이에 해당한다.

◉ 왼쪽 위에서 오른쪽 아래로

아름답고 서정적인 움직임이다. 영화, 드라마에서 사랑하는 연인이 손안에 작은 선물을 줄 때 왼쪽 위에서부터 손이 내려와 주는 경우가 이에 해당한다.

◉ 오른쪽 위에서 왼쪽 아래로

강력한 스피드감과 박력, 강력한 주장의 움직임이다. 배트맨, 슈퍼맨이 최대의 파워를 자랑하며 악을 물리칠 때 틀림없이 이런 동선으로 날아온다.

기쁨과 쾌활함

단조로움, 지루함

막연히 기다리는 여주인공이 놀이터에서 그네를 타는 움직임은 단순한 소품이용이 아닌 이런 움직이는 감성을 이용하는 표현방법에 해당한다.

NOTE :

Chapter 3

크랭크 인 (crank in)

1. 촬영의 기본 노하우

● 카메라를 항상 가지고 다닌다

"가는 날이 장날"이란 말은 카메라 취미를 가진 사람에게 딱 어울리는 말이다. 카메라가 없는 날은 촬영할 대상이 여기저기 보이다 정작 가지고 나가면 별 일이 없다고 한다. 그렇다면 해결책은 항상 가지고 다니는 것뿐이다.

처음 카메라나 비디오 카메라를 사면 신기해 이것저것 담게 되지만 신기함이 사라지면 먼지가 앉기 시작한다. 카메라 부피는 휴대에 중요한 변수로 작용하는데 어차피 구입한 제품 크기는 줄일 수 없으니, 소형 배낭 가방이라도 구입한다.

● 인물 촬영

인물 촬영에서 헤드 룸은 중요하게 작용한다(Head Room : 사람 머리부터 화면 위 시작점까지 빈 여백). 사진 높이 1/3(정확하게 3/5 황금분할) 지점에 눈높이가 오면 자연스럽지만, 헤드 룸 여백이 많으면 어딘가 모자란 듯한 사람처럼 보인다.

인물 촬영에서 얼굴을 가득 담는 클로즈업은 확실히 강한 매력으로 다가오지만 그렇다고 턱이 잘리면 보기 좋지 않다. 머리는 구도에 따라 조금 잘려도 오히려 사진이 꽉 차는 느낌을 주지만 턱이 잘리면 볼썽사납다.

● 최근 미국에서 출판되어 센세이션을 불러일으키고 있는 힐러리 민주당 상원의원의 회고록 표지를 보라.
눈높이는 전체 높이 3/5지점, 황금비율에 정확하게 맞아떨어지고 있다.

NOTE :

⬆ 헤드 룸 여백이 많아 이상한 인물 사진

⬆ 적당한 헤드 룸 여백의 인물 사진

⬆ 턱이 잘려 이상한 인물 클로즈업

⬆ 자연스러운 인물 클로즈업

프롤로그 (crank in)

여백의 원칙

사람이 오른쪽을 보고 있다고 하면 여백을 어디에 더 두어야 할까? 당연히 보고 있는 오른쪽에 여백을 더 주어야 한다. 자전거가 왼쪽을 향해 달리고 있다면 여백을 어디에 더 두어야 할까? 당연히 달리는 방향인 왼쪽에 여백을 더 주어야 한다. 사람이나 동물, 주인공의 시선이 향하는 곳이나 움직이는 방향으로 더 많은 공간을 열어주는 여백의 원칙은 항상 지켜져야 한다.

◀▼ 오른쪽을 보는 만큼
오른쪽에 여백을 주는 사진

◀▶ 달리는 방향에
여백을 주는 사진

◉ 인물 촬영 & 옷의 색상

인물을 촬영할 때 빛의 상태와 구도는 따지면서 의상에 관해서는 지나치게 관대하다. 지나치게 화려한 원색이나 무늬의 옷, 배경과 너무 뚜렷하게 대비되는 색상의 옷은 인물을 살려주지 못한다. 흰색 가득한 설원에서는 완전 대비색인 검은색 옷보다는 파스텔이나 아이보리색이, 짙푸른 녹색의 여름 숲 속이라면 검은색보다 흰색이 사람 얼굴을 더 잘 살려준다. 특히 아이들에게 어두운 색, 노란색, 녹색 옷은 피해야 하는데, 이런 색은 피부색과 어울리지 못하기 때문이다.

인물과 풍경은 따로 담는다

아름다운 풍경이 펼쳐진 여행지에는 어김없이 카메라로 촬영하는 사람들이 대부분이다. 신라시대 숨결이 느껴지는 경주 불국사, 다보탑 앞에 아이 둘이 포즈를 취하고 멀리 떨어진 아버지가 사진을 담는다. 다보탑이 다 나오도록 하면 아이들 얼굴은 확인하기도 힘들고 다보탑도 아이들 때문에 제대로 담지도 못했다. 풍경사진도 인물사진도 아닌 그야말로 죽도 밥도 아닌 사진이 된다.

◀ 인물과 풍경이 섞여 어색한 사진

풍경을 없애고 인물만을 담은 사진 ▶

피사체에 최대한 가까이 한다

사진은 여러 사물을 모두 담는 작업이 아니라 주제를 남기고 나머지를 빼는 작업에 가깝다. 인물이라면 한 발짝 다가가 가슴부터 얼굴까지, 더 가까이 얼굴을 가득 클로즈업해도 좋다. 얼굴 클로즈업 촬영에서 배경은 언제나 단순화시켜야 하므로 배경에 도드라진 색이나 물체가 없도록 치우거나 구도를 잡아야 한다. 풍경사진도 광각으로 놓고 피사체에 가까이 갈수록 입체감과 사실감이 나타난다.

모델이 주인공이다

인물사진은 자연스러운 표정이 으뜸이다. 전문 모델도 아닌 가족과 친구들에게 렌즈를 바싹 들이대고 "자연스럽게 예쁘게" 외치면 더욱 긴장하면서 어색한 표정만 짓게 된다. 편하게 마음대로 하라고 자유를 주고 맘에 드는 표정이 보이면 "포즈 고정"하고 셔터를 누르면 된다. 아이들이 있다면 첫 걸음을 딛을 때 어리둥절한 표정, 벌을 서는 어색한 순간, 잠들어 있는 모습 등 이런 살아 있는 순간은 다시 보기 힘든 명 장면이다.

빛의 상태를 파악한다

반역광이나 역광 상태에서 피사체는 살아 있는 느낌이 든다. 인물이라면 Line Light(피사체 뒤에서 빛이 비쳐 윤곽을 뚜렷하게 해주는 현상)로 입체감과 표정에 생기까지 돈다. 반역광, 역광 촬영시 얼굴에 그림자가 생기면 플래시를 강제로 터트리거나 반사판을 쓰면 그림자 없는 사진을 얻을 수 있다.

⬆ 역광에서 플래시를 터트려 얼굴 그림자를 없앤 사진

● 단순화와 입체감 두 가지가 포인트‼

잘된 사진은(비디오 카메라 촬영 포함) 아래 두 가지 중에서 하나를 만족한다.

첫째, 단순하고 강하게 주제를 담은 영상. 왜 많은 사진 책자들이 그토록 피사체에 다가가라, 주제를 강조해라, 클로즈업을 하라고 요구할까? 바로 주제 하나를 확실하게, 강하게 표현하라는 뜻이다.

둘째, 입체감을 살린 영상. 회화와 사진은 2차원 평면에 담기지만, 구도와 원근감의 표현에 따라 다른 세상이 있는 듯한 느낌까지 든다. 2~3m 정도 되는 탑을 영상에 담고자 할 때 우리는 중간 높이보다 더 높게 올라가 내려보는 하이 앵글이나 땅에서 위로 올려보는 로 앵글에 호감을 갖는다. 왜냐하면 그것은 바로 입체감을 강하게 살려주기 때문이다.

원근감을 살리는 구도와 아웃 포커스를 쓰면 주제를 강조하고, 입체감을 느끼게 하는 두 마리 토끼를 다 잡을 수 있다. 초보자들이 촬영한 사진은 대부분 산만하거나 입체감이 없는 경우가 많다. 지하철 대형 사진 광고를 관심 있게 보면, 위 두 가지 모두를 포함한다는 사실을 알게 된다.

주제 없이 산만한 일반인 사진 ▶

🔷 주제가 명확한 일반인 사진

◉ 기다리고 또 생각하고

좋은 사진을 위한 조건은 기다림이다. 영화 촬영장에서 같은 장면을 몇 번이고 담아 처음 찾는 사람들은 지겨움까지 느낀다.

인물, 자연, 풍물 모두 좋은 순간을 위해 한 번보다 두 번 촬영이, 하루보다 이틀동안 촬영하는 기다림이 필요하다.

디지털 영상 시대에 오면서 생각은 덜하고 촬영은 많은 나쁜 습관이 생기기 딱 좋

⬆ 입체감이 없는 일반인 사진

다. 촬영 전날 잠자리 들기 전에 최소한 어떻게 담을 것인지 생각을 정리하고 잠들어야 한다(달라붙는 메모지 필수).

◉ 무조건 다른 사진을 구경하고 또 비교한다

전문가가 만든 사진은 물론이고 아마추어 작가 작품까지 많이 보면서 좋은 느낌으로 다가오는 이유를 따져본다. 자신이 촬영한 사진과 비슷한 사진이 있다면 서로 비교를 해 본다. 구도, 초점, 색감, 질감이 모든 표현력을 꼼꼼하게 비교해 자신이 촬영한 사진의 단점이 무엇인지 정확하게 파악해야 한다.

※ SLR클럽(http://www.slrclub.com) 작품갤러리에는 하루에도 수십 개 작품들이 여러분을 기다리고 있다.

2. 전문 작가 〈에드워드 김〉의 노하우

서슬이 시퍼렇던 박정희 대통령 시절, 필자는 당시 고서점이 가득했던 청계천 이곳저곳을 돌아다니며 과월호 잡지(라디오와 모형, 학생과학 등등)를 뒤적거렸다.

여느 때처럼 몇 권의 잡지를 고르다 「뿌리깊은 나무」라는 잡지가 눈에 띄었다. 표지 사진도 멋졌지만 특이한 기사들이 호기심을 끌었다.

대충 훑어보다 재미있어 보이는 몇 권을 사서, 빨간 노끈으로 묶어 들고 집까지 낑낑거리며 가져왔다. 책 중에 "1980년대 서울"이라는 부제를 붙인 글과 사진은 아무리 읽고 또 읽어도 막 나온 새순처럼 신선했다.

당시 어린이회관(남산 소재) 앞에서 노란 우산과 책가방을 든 초등학생 소녀 사진은 비 내리는 날씨와 더불어 애잔함과 따뜻함을 주었다. 저녁 무렵 넥타이를 풀어헤친 직장인들이 돼지 갈비와 소주를 마시는 장면은 광각렌즈를 이용해 시원하게 담겨 있었다. 사진과 함께 1980년대 한국 사회를 보는 시각을 담은 글은, 어린 나이의 필자에게 무언가 묵직함을 전해주었고 진정한 저널리즘이 무엇인가를 알게 해주었다.

사실 1970년대 후반에는 모두들 이유도 모른 채 무작정 열심히 일하고, 무조건 수출해서 돈을 벌어야 하는 이런 분위기였다. "수출 ○○○ 만불을 외치는 사회적 분위기에 하루에 10시간 이상 노동에 힘겨워 하고 그 스트레스를 소주와 값싼 고기안주로 푸는 직장인들…" 이런 글을 쓰는 에드워드 김이란 작가는 다른 시각에서 한국이라는 실체를 보고 있었다.

에드워드 김(김희중 작가)은 중학생 시절부터 사진으로 두각을 나타냈고, 그의 재능을 인정한 아버지는 그를 미국으로 유학을 보내 처절한 고생을 하게 했다. 지금은 미국으로 사진 공부를 위해 유학 간다면 고생보다는 폭넓은 문화체험이 될 것이다.

그러나 그 당시 어린 동양인 혼자 미국 유학은 감히 상상하기 어려운 일이었다. 백인 중심의 미국 사회에서 엄청난 고생을 하고 동양인 최초로 내셔널 지오그래픽 편집장까지 역임하였으며 지금도 한국 최고 사진 작가 중 한 분이다.

몇 달 전 텔레비전 프로그램에 출연하신 김희중 작가는 자신이 생각하는 훌륭한 사진은 다음과 같다고 했다.

남들이 쉽게 볼 수 없는 사진

일반인이 쉽게 지나치는 일상의 모습에서도 위에서 보거나 아래에서 보면서 남들이 쉽게 보지 못했던 모습을 찾아야 한다.

느낌이 있는 사진

사진 한 장으로 처연하다, 기쁘다, 아름답다 이런 감정이 진하게 베어 나는, 느낌 있는 사진을 만들어야 한다.

진솔해야 한다

인위적인 연출이나 기교 없이 진솔하게 담은 사진은 아무리 다시 봐도 질리지 않는다.

오래 기억되는 사진

사람에게는 오래 남는 기억이 있으며, 이를 우리는 추억이라고 한다. 사진 또한 마찬가지로 보는 순간 강렬하게 다가온 사진보다, 두고두고 오래 기억되는 사진이어야 한다.

어떤가? 멋진 사진 철학이 고스란히 담겨 있다.

우리나라의 몇몇 작가를 제외한 상당수 작가들의 수준은 세계에서 어느 정도일까? 충무로 사진 전시회 또는 사진전을 구경하면, 일출과 일몰, 접사한 꽃과 바위 위 여성 모델 누드 등등 10년 전과 별 다름없는 뻔한 소재들과 뻔한 표현 방법이 아직도 대부분이다. 한 입 베어 문 빵의 단면에서 조형미를 찾아보고, 형형색색 휴대폰 형광 버튼에서 서울의 야경을 느끼게 하는 등 새로운 소재가 얼마나 많은데….

NOTE :
....
....
....
....

3. 비디오 카메라 촬영 기초 노하우

카메라 기초부터 시작해 여기까지 오면서 몇 번이고 반복되는 내용이 있었다. 비디오 카메라 촬영법을 알아보면서 마지막으로 되짚어 본다. 지금부터 다루는 내용을 외우지 못하면 무면허 운전처럼 비디오 카메라 촬영을 하지 말아야 한다.

● 줌은 촬영중에는 쓰지 않는다

줌으로 피사체 크기를 조절하고 나서 레코딩 버튼을 누른다.
촬영하면서 줌을 넣거나 빼는 줌잉은 특별한 경우가 아니면 절대 하지 않는다.

● 가능한 밝은 곳에서 촬영한다

비디오 카메라는 우리 눈과 비교해 매우 어두운 영상 저장 장치일 뿐이다. 되도록 밝은 야외에서 촬영하고 실내라면 커튼을 열어 빛이 들어오게 하거나 조명을 켜서 환하게 해야 한다. 어둡다는 조건은 영상에 노이즈가 생기는 문제와 함께 자동 초점도 제대로 작동 못 한다는 문제까지 있다.

● 광각으로 촬영한다

광각은 초점 심도도 깊고 흔들림도 적으며 영상도 넓고 시원하게 담는다.
초보자라면 줌을 최소한으로 줄여 광각상태로 촬영한다.

● 초점 조절을 완벽하게 이해한다

PART Ⅲ 중 비디오 카메라 수동 초점을 참고해 정확한 초점 맞추기를 완벽하게 이해해야 한다.
특히 줌을 당겨 망원으로 놓으면 자동 초점은 대부분 안 맞는다고 보면 된다.

🔵 비디오 카메라는 갓난아기

비디오 카메라를 막 태어난 아기라고 생각하자.

아기에게 사물을 보여 주려면? 카메라는 흔들리지 않게, 움직임도 항상 조심스럽게, 함부로 휘두르지 말아야만 된다.

🔵 6하 원칙(who, what, when, where, why, how)

비디오 카메라를 든 사람은 촬영하기 전부터 피사체를 살펴보고 있으므로 어떤 순간을 담더라도 모두 알고 있다. 그러나 최종적인 영상을 보는 사람은 오직 화면으로만 이해한다. 슬픈 표정으로 있다 실실 웃는 주인공의 웃음을 보는 사람은 "저 사람 미쳤나?"까지 생각한다.

6하 원칙(누가, 무엇을, 언제, 어디서, 왜, 어떻게)의 내용을 모두 담지 못해도 "언제, 어디서, 누가, 무엇을"에 해당되는 것은 꼭 표현해야 한다.

🔵 노출, 화이트 밸런스는 자동차 엔진이다

초점과 함께 노출, 화이트 밸런스는 자동차로 말하면 엔진에 해당한다.

엔진이 고장난 차가 굴러가야 얼마나 굴러가겠는가? 노출과 화이트 밸런스에 관해 다른 사람을 가르칠 수 없다면 다시 돌아가 외우기 바란다.

NOTE :
....
....
....

4. 비디오 카메라 촬영 노하우

고정시켜 안정된 화면

비디오 카메라 촬영은 삼각대를 썼는가, 아닌가에 따라 작품으로 또는 단순 기록으로 구분된다.(사진도 마찬가지)

삼각대는 전문가만 쓰는 도구가 아니라 필수장비라고 생각해야 한다. 삼각대를 쓰지 못할 상황이면 광각으로 고정된 자세로 화면의 움직임을 최소화해야 한다.

화면으로 모든 것을 표현한다

영화에는 셔레이드(Scharade) 표현기법이 있다. 주인공이 결벽증에 가까운 사람이라면 그가 앉은 책상에는 깔끔하게 정리된 책과 백화점 의류 판매점같이 진열된 옷을 보여주면 된다. 가족 중 한 사람이 "너는 참 결벽증이다."라고 표현하는 것보다 영상을 이용한 셔레이드 표현이 고급스럽다.

놀이동산에 놀러간 아이를 촬영할 때 처음 입구로 들어서는 신기함과 놀람을 어떻게 표현할 것인가? 입구로 들어서는 아이 뒷모습을 담고, 비디오 카메라를 오색풍선에 바짝 붙여 담는다. 화려한 분장을 한 삐에로를 아래에서 위로 바짝 붙여 담고, 아이 표정을 클로즈업으로 담는다.

순서대로 재생하면 아이 시점으로 본 오색풍선과 삐에로가 등장하고, 놀라는 아이 표정까지 보여지면 훌륭한 영상 표현이다.

움직임의 일치(Action Line)

비디오 카메라 촬영법에서는 빠지지 않는 감초로 아무리 강조해도 지나치지 않을 정도로 중요하다. 영화에서 주인공이 오른쪽 골목에서 왼쪽을 향해 도망가고 있다.

주인공은 어느새 옥상으로 올라가 도망가지만 움직이는 방향은 오른쪽에서 왼쪽으로 일관됨을 볼 수 있다. 마라톤 중계 또한 카메라 배치를 적절히 해 선수들이 일정한 방향으로 움직이게 보이도록 한다.

만약 이런 움직임 일치가 없다면 영화 주인공은 오른쪽으로 달려가다 물건을 두고 왔는지 다시 왼쪽으로 달린다. 마라톤 선수는 카메라가 바뀔 때마다 쉴새 없이 좌우로 왔다 갔다 하는 왕복 마라톤으로 보인다.

🔼 움직임의 일치

🔵 시선의 일치

① 엄마가 왼쪽에서 오른쪽을 보며, 아이를 안고 머리를 쓰다듬는다.

② 클로즈업 된 아기 얼굴

③ 엄마 얼굴 클로즈업(엄마가 오른쪽에서 왼쪽을 보고 있다)

컷이 이렇게 연결되면 보는 사람은 다른 장면으로 바뀌었거나, 엄마에게 일이 생겨 갑자기 왼쪽으로 이동한 것으로 이해하게 된다.

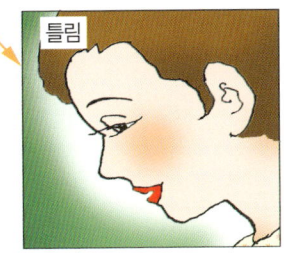

🔼 시선의 일치

이미지 라인은 180°법칙이라고 부르기도 하는데 두 사람이 마주보는 장면에서 카메라는 이미지 라인 한쪽에서만 촬영해야 한다. 이미지 라인을 벗어나 다른 쪽 이미지 라인으로 가면 두 사람의 배치가 완전히 바뀌어 보는 사람은 혼란스럽게 느껴진다.

다양한 앵글로 담는다

사람의 시선이 한 곳에 머무는 시간은 얼마나 될까? 한 곳을 주시하는 시간은 길어야 5초를 넘지 않는다. 만약 같은 앵글, 같은 사이즈 영상을 10초 이상 보여주면 아무리 흥미로운 내용이라도 지루해 진다. 현대적인 영상은 롱 테이크(Long Take)와 같은 긴 시간을 담는 촬영은 줄어들고, 각각 다른 세 가지 앵글로 여러 사이즈의 화면을 구성하는 방식으로 바뀌고 있다. 그러나 다양한 앵글과 다양한 화면 크기를 만든다고 같은 장면을 세 가지 이상의 앵글이나 크기로 담아서는 곤란하다.

> 참고 다양한 영상을 보여 준다고 3~4초씩 여러 화면으로 복잡하게 구성하면 그것 또한 아주 피곤한 화면이 된다.

Power Tip | 이미지 라인

두 사람이 마주보는 상황이나 서로 이야기를 나누는 경우 카메라 컷 연결에서 이미지 라인(Imaginary Line)을 벗어나서는 안 된다.

5. 디지털 편집을 위한 촬영

디지털 비디오 카메라를 사용하는 사람 대부분은 단순히 녹화가 목적이 아니라 컴퓨터를 이용한 편집까지 생각한다. 지금 당장은 편집이 어려울지 모르지만 하나씩 배워나가면 누구나 컴퓨터 편집이 가능하다.

디지털 편집을 위한 촬영법, 그 노하우를 알아보자.

● 촬영 원칙과 편집 원칙은 다르다

줌, 패닝, 틸팅. 그것은 촬영 방법이지 편집 방법은 아니라는 점이다. 촬영에는 촬영의 원칙이 있고 편집에는 편집의 원칙이 있다.

작은 어촌으로 해가 떨어지고 있고 카메라는 붉은 노을과 바다를 향해 천천히 줌이 들어간다. 줌이 7~8초 이상 **천천히 진행되는 상태**에서 서서히 디졸브(dissolve : 현재 화면이 사라지면서 다음 화면이 서서히 섞여 나타난다)되며 어느 포구 집 창에 불이 하나둘 씩 켜진다. 이 경우는 편집의 묘미를 잘 살린 영상이다.

만약 줌 촬영의 원칙으로 편집하면 어떨까? 저녁 해와 바다로 줌이 들어가고 일정한 크기에서 정지하고 몇 초가 흐른다. 그리고 디졸브 되어 포구 집 창을 보여주게 된다.

사람은 움직이거나 사라지는 영상, 변화하는 영상에 강하게 반응하고 그것은 오래도록 기억에 남는다. 편집의 묘미를 살린 전자의 경우는 줌이 계속 진행하면서 사라지므로 줌의 이미지가 기억에 남는다. 그러나 촬영 방법을 편집에 그대로 사용한 후자의 경우, 단순한 영상으로 남는다는 점에서 크게 다르다.

NOTE :

촬영 길이는 영상의 정보량에 따라

촬영 길이는 정보량에 따라 달라지는데 롱 샷의 경우, 볼거리가 많아 바로 상황을 보지 못하므로 촬영 시간을 조금 길게 잡아야 하며, 클로즈업 샷은 1~2초면 바로 파악이 되므로 짧게 잡는다.

롱 샷은 촬영 시간은 10초 정도, 편집에서는 5초 정도 사용한다. 클로즈업 샷은 촬영 시간은 6초 정도, 편집에서는 3초 정도 사용하면 무난하다.

◀ 롱 샷, 길게 촬영한다

클로즈업 샷 ▶
조금 짧게 촬영한다

● 같은 구도, 같은 크기로 화면 연결 금지

한강 둔치에서 비디오 카메라를 고정하고 자전거를 타는 여자를 촬영한다고 하자. 촬영하다 끊고 다시 촬영하고 다시 끊고 하면 어떻게 될까?

자전거를 탄 여자는 이쪽 저쪽 나타났다 사라졌다 하는데 이런 컷을 점프 컷(Jump Cut)이라 한다. 촬영과 편집 경험이 많은 사람이 C.F.처럼 특별한 효과로 쓸 경우가 아니라면 몹시 눈에 거슬리는 연결이 된다.

두 번째는 같은 사람을 같은 크기로 담아 다른 장소로 연결해서는 안 된다. 위 여자가 한강 둔치에서 자전거를 타고 있는 모습을 F.S.(Full Shot)로 자전거가 화면에 꽉 차게 담았다. 두 번째 장면도 여전히 F.S. 크기로 압구정동 카페 골목이라고 하자.

보는 사람은 장소가 바뀌어도 여전히 같은 크기로 잡힌 여자를 보면 이동했다는 생각은 전혀 들지 않고 무슨 일인가 하고 혼란스러워 진다.

자연스럽게 연결하려면 두 번째 장면은 롱 샷으로 압구정동 카페 골목 전체를 담고, 여자가 멀리서 자전거를 타고 카메라 가까이 오도록 연출하면 자연스럽다.

긴 촬영과 짧은 촬영

촬영과 편집을 오래 한 사람들은 머릿속에 길게 촬영할 부분(Long Take)과 인서트 컷(Insert Cut) 정도로 짧게 담을 부분(Short Take)을 미리 알고 있다. 예를 들어 여대생이 전국 피아노 콩쿠르에 참가해 연주하는 모습을 담는 촬영을 맡았다고 하자. 끊지 말고 계속 촬영해야 할 부분은 어디일까?

사회자가 주인공을 소개하는 장면부터 연주를 마치고 자리로 돌아가 앉는 장면까지이다. 이 장면은 절대로 끊어서는 안 되며, 계속 촬영하면 화면이 단조로우니 줌을 적당히 써줘야 한다.

초보자들은 위와 같은 경우 사회자 소개를 촬영하고 cut, 주인공의 무대 인사 촬영 cut, 부모님들 환호성 촬영 cut, 연주 촬영 중간 cut, 관객 반응 촬영 cut. 이렇게 끊어버린 영상은 사운드가 연결이 안 되어 아무리 편집을 해도 자연스럽지 못하다.

가족들 환호성은 굳이 주인공 순서가 아니더라도 연출로 따로 담을 수 있다. 관객의 반응 또한 다른 참가자 때 담아도 그것을 알아차리거나 이상하게 생각할 사람은 아무도 없다. 이 두 가지 화면과 함께 연주회장 스피커, 현수막 같은 소품을 촬영한 영상을 주인공의 영상 사이사이에 화면만 슬쩍 끼워 넣어 인서트 컷으로 쓰면 된다.

현장음 모니터

비디오 카메라에 이어폰을 연결하고 전원을 넣으면 마이크로 들어오는 소리를 이어폰으로 들을 수 있다. 귀의 청각작용은 주변 잡음을 잘 의식하지 못하지만 마이크로 들어와 증폭된 소리를 헤드 세트으로 들어보면 잡음 하나하나가 정확하게 들린다.

회갑 잔치를 촬영하고 보니 선풍기 돌아가는 "윙" 소리만 들리고 사회자 말소리가 안 들려 망친 사례를 본 적이 있다. 만약 이어폰을 연결하고 들어봤으면 선풍기를 끄던가 아니면 멀리 떨어져 촬영하여 낭패를 보지 않았을 것이다.

다음 이어질 컷을 생각하고 촬영한다

반복되는 이야기지만 편집이 가능하다고 마구 촬영하고, 후반작업인 편집에서 빼거나 고친다는 생각은 나쁘다. 불필요한 촬영은 배터리 낭비, 테이프 낭비, 카메라 수명 단축, 편집 시간 늘림, 그리고 스트레스를 높여준다. 촬영하면서 다음 컷과 편집에 사용할 컷을 생각해야 한다.

- 촬영하면서 다음 컷의 구도와 사이즈
- 촬영하면서 다음 컷의 색상
- 촬영하면서 현재 컷의 길이와 다음 컷의 길이
- 촬영하면서 현재 컷의 움직임(패닝, 주밍, 틸팅)과 다음 컷의 움직임

리듬감을 살린다

댄스음악은 서서히 리듬감이 강해지면서 클라이맥스 부분이 넘어가면, 모든 소리가 멈춘다. 가수는 "원 투 스리" 하며 랩을 외치고 다시 리듬을 시작한다. 동일한 자극에 둔감해지는 사람의 감성을 음악에 이용했다고 볼 수 있다. 비슷한 방법은 영화에도 사용된다. 쉴 새 없이 빠른 화면으로 교차하다 클라이맥스에 이르는 순간, 슬로 화면으로 잠시 쉴 틈을 준다. 그리고 다시 빠른

🔼 비디오 카메라 이어셋 단자와 이어셋

화면 교차 컷으로 이어진다. 영상에도 리듬감을 살리는 편집 방법이 있고 이런 편집을 위한 촬영을 해야 한다.

크랭크인 (crank in)

6. 영상 마니아가 되기 위해

이 정도 내용이면 대부분의 책에서 다루는 촬영 방법은 담았다고 본다.
이제부터는 딱딱하고 규칙을 적용하는 방법이 아니라 편안한 이야기를 시작하려고 한다.

● 촬영할 소재가 없다?

보통 카메라, 비디오 카메라를 사서 3개월이 지나면 담을 내용이 별로 없다는 이유로 잘 쓰지 않는다. 그렇다면 매주 토요일을 가족 촬영의 날로 정해 보자. 별것 아니지만 1년만 지나면 사계절의 가족 모습이 고스란히 담기게 된다. 매주 하루씩 가족 모습을 사진이나 비디오 카메라로 담으면 내셔널 지오그래픽 작가도 쉽게 담기 어려운 사랑과 애정이 담긴 가족의 역사를 만들게 된다.

● 촬영을 위해 멀리 떠나야 한다?

대부분 촬영은 아름다운 이미지를 담기 위해 사는 곳으로부터 멀리 떠나면서 시작한다. 그러나 사는 곳 5Km 안에 있는 아름다운 이미지들을 찾아봤는지 따져보자.

가까운 초등학교, 수업이 끝나고 난 후 남아서 축구공을 차는 아이들의 모습이나 또래 친구들끼리 오순도순 이야기하는 모습을 담아 본 적이 있는지? 버스 정류장 근처 붕어빵 틀에서 막 익어 나온 빵들의 탐스러운 모습을 제대로 본 적은 있는지? 눈이 쌓인 겨울, 소설 『백경』의 흰 고래 모습으로 변한 자동차를 사진으로 남겨놓은 적이 있는지? 인터넷 케이블과 전선들이 실타래처럼 얽혀 있는 복잡한 조형물을 구경한 적은 있는지?

사는 곳 5km 안에도 담을 거리가 가득하다. 이 정도로 부족하다면 국내 행사, 축제 소개 사이트를 구경하자.

🔵 행사/축제 소개 사이트 : www.showkorea.com

인터넷을 이용해 국내 행사/축제 소개 사이트를 뒤져보면, 매일같이 여러 행사가 프로그램 편성표처럼 즐비하다. 대부분의 행사는 별도의 참가비도 없고 촬영하기 위해 초상권이나 모델료를 지불하지 않아도 된다.

진솔한 영상인은 관광객이 아니다

오래 전 카메라는 낯설고 값비싼 기계였지만 그 당시 사람들은 카메라에 대한 거부감이 없었다. 그러나 요즘 카메라와 비디오 카메라는 카파라치, 소송관계, 고발, 초상권 등등 사람들에게 구박을 안 받으면 다행인 도구로 변했다.

재래시장에 가서 상인들 표정을 담으려고 해도 "당신 왜 찍는 거야?" 하는 경우가 보통이다. 그러나 세상을 탓하기 전에 사진을 좋아하는 사람들이 어떻게 했는지 생각해 보자. 마치 관광객처럼 몇몇 사람이 어울려 다니며 겉모습을 담는 경우가 많았다.

재래시장을 사진으로 표현하려면 며칠 동안 돌아다녀야 한다. 걸쭉한 시장 상인의 얼굴도 익혀야 하고, 자신이 사진 찍는 취미가 있다는 사실을 알리기도 해야 한다(며칠 동안 카메라를 들고 어슬렁거리면 사진 취미를 지닌 사람으로 생각한다). 상인들 모두와 알고 지낼 수야 없지만, 소주잔을 기울이며 시장 이야기도 들으면서 진정한 재래시장 모습을 알아야만 진솔한 사진을 담을 수 있는 법이다.

퓰리처상을 수상하는 사진 기자들은 카메라가 좋아서, 유명한 신문사의 기자라서 그런 훌륭한 사진을 담을 수 있는 것은 아니다. 그들은 세상 사람들에게 이런 곳에 이런 일이 있다는 사실을, 그 곳 현지인만큼 진솔하게 느꼈을 때, 비로소 훌륭한 사진이 나온다고 생각한다.

자신의 취미를 알려주는 네임카드

지하철에서 또는 거리에서 다른 사람의 얼굴을 담기란 참으로 어렵다. 문구점에서 파는 네임카드에 〈○○촬영 모임〉이라는 내용을 쓰고, 누구나 볼 수 있게 가슴이나 가방에 달고 촬영해보자.

벼룩시장, 재래시장, 공공장소에서 조금은 수월하게 촬영을 할 수 있으며, 사람들 반응 또한 훨씬 부드럽다. 자신이 촬영한 풍경사진이나 인물사진 중에서 잘 나온 사진 몇 장, 작은 앨범에 넣어 가지고 다닌다. 혹시라도 사진에 담고 싶은 사람이 있다면 앨범을 보여주고 자신을 소개하면(명함도 좋다) 사진촬영을 허락할 가능성이 높아진다. 몰래카메라 때문에, 카파라치 때문에, 세상이 변해서 등등은 이유일 뿐이다. 사람 사는 세상에서 진솔하게 다가가면 어느 누구도 외면하지 않는다.

창작의 취미란

1970년대, 영상 품질로 따지면 형편없는 8mm무비 카메라를 가지고도 영화를 만드는 시절이 있었다. 스필버그(Spielberg, Steven) 감독은 선물로 받은 8mm무비 카메라로 가족들을 촬영하다 영화를 만들기 시작했다.

동네 사람들을 초대해 영화를 상영했고 스필버그의 여동생은 옆에서 팝콘을 팔았다고 한다. 그가 세계적인 영화 흥행의 귀재가 될 수 있었던 이유는 무언가 재미있는 이야기를 만드는 창작을 했기 때문이다. 그의 나이 13세에 〈도피할 곳이 없는 탈출〉이라는 40분 분량의 단편영화를 만들었고 16세 때에는 2시간 30분의 장편영화 〈열전〉을 만들었다.

현재 6mmDV 카메라 화질이면 다큐멘터리는 물론이고 단편영화까지 만들 수 있는 화질이다. 인터넷 서점, 대형 서점을 구경해 보면 영화, 다큐멘터리를 만드는 책들이 너무 많아 고르기 어려울 정도다. 비디오 카메라나 영화를 공부하고 싶다면 〈문학과지성사〉에서 나온 장호준 필자의 『해보자! 영화 만들기』라는 책을 추천하고 싶다.

동호회 활동은 중용을 살려

사진 촬영, 비디오 카메라 촬영 모두 혼자보다는 둘 이상이 훨씬 쉽고 재미있다. 사람이란 사회적 동물이라 혼자서 카메라를 가지고 다니면 조심스럽지만, 여럿이 모이면 시너지 효과를 발휘해 자신감도 생기고 서로 도와줄 수 있어 작업이 훨씬 수월하다.

동호회 활동은 지나치게 깊이도 말고, 정보만 얻는 가벼움도 말고 적당하게 한다면 좋은 취미 모임이 된다.

NOTE :

● 비디오 카메라, 사진 관련 추천 사이트

www.dvuser.co.kr

비디오 카메라, 사용기, 가격, 촬영 방법 등등 다양한 정보를 얻을 수 있다.

(정보제공과 동호회 활동이 함께 이루어진다)

www.slrclub.com

D-SLR(Digital Single-Lens Refrex Camera) 전문 동호회이다.

(동호인들 중심으로 수준 높은 카메라, 촬영 정보를 나누고 있다)

www.dcinside.co.kr

대중적인 디지털 카메라를 전문으로 다루는 사이트이며 사용기, 가격 관련 정보와 공동구매로 다양한 카메라와 액세서리를 살 수 있다.

사진 동호회

니콘클럽 : http://www.nikonclub.co.kr
라이카클럽 : http://www.leicaclub.co.kr
로모클럽 : http://www.lomostyle.com
미놀타클럽 : http://www.minoltaclub.co.kr
캐논사랑 : http://www.canonsarang.com
펜탁스클럽 : http://www.pentaxclub.co.kr

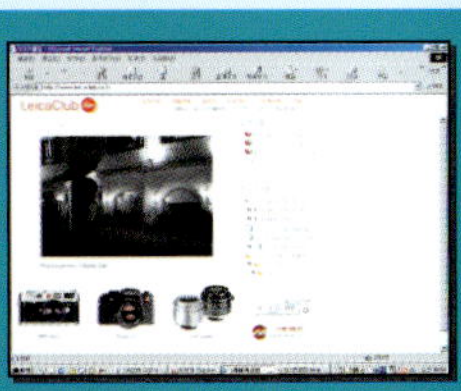

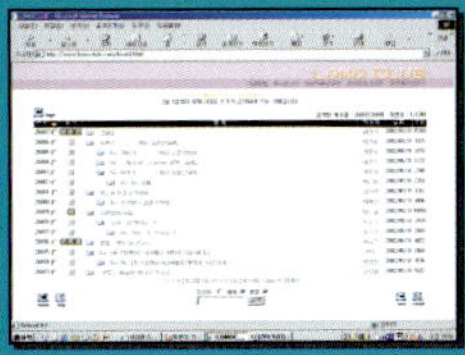

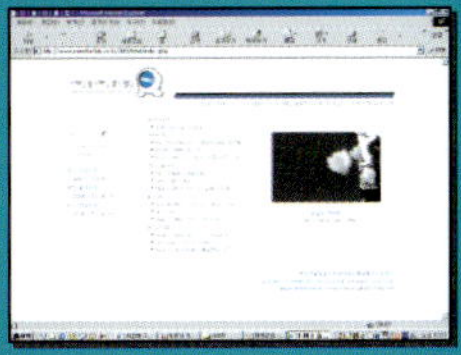

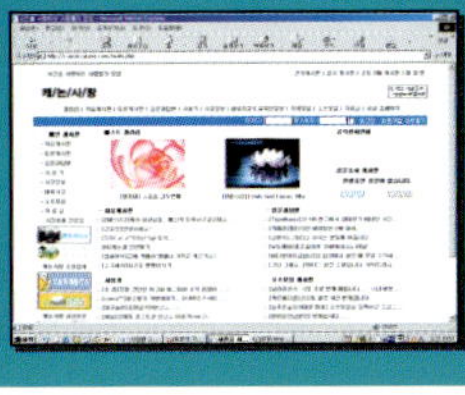

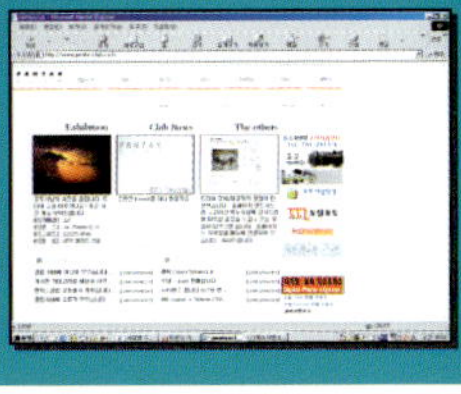

카메라/비디오 카메라 제조회사

삼성 카메라 : http://www.samsungcamera.com

소니 코리아 : http://www.sony.co.kr

파나소닉 코리아 : http://panasonic.co.kr

캐논 코리아 : http://www.canon.co.kr

JVC 코리아 : http://www.jvc-korea.co.kr

샤프 코리아 : http://www.sharpkorea.co.kr

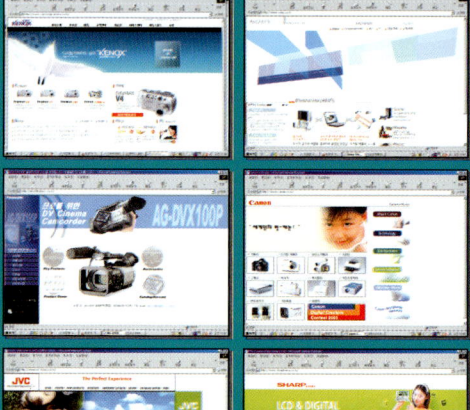

카메라 쇼핑몰

필름나라 : http://www.filmnara.co.kr

남영카메라 : http://www.namyoung.co.kr

성광카메라 : http://www.skcamera.co.kr

신세대카메라 : http://www.cameras.co.kr

월드카메라 : http://www.worldcamera.co.kr

포토e샵 : http://www.photoeshop.com

협성카메라 : http://www.hscamera.com

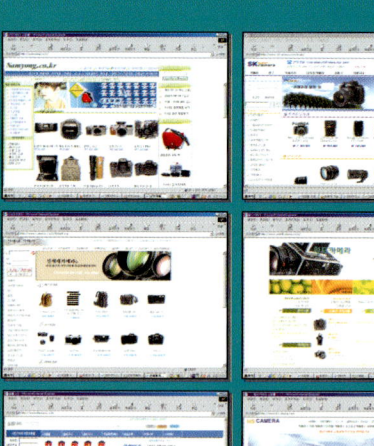

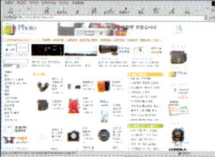

액세서리

렌즈 필터, 컨버전 렌즈 : http://www.raynox.co.kr

아쿠아 팩(방수팩) 코리아 사이트 : http://www.aquapackorea.co.kr

만포 수중전용 장비 사이트 : http://www.manpo.co.kr

광각렌즈, 후드, 스테디 캠 : http://www.vjcenter.co.kr

소품전용 미니스튜디오 장비 : http://www.plthink.com

만프로토 삼각대 및 기타 장비 : http://www.manfrotto.co.kr

PART Ⅳ

전·후반 작업(편집)

Chapter 1

단순히 사진이나 비디오 카메라를 잘 찍는다고 좋은 영화가 만들어지는 것은 아니다. 아름다운 화면, 깨끗한 화질, 좋은 음향을 골고루 갖추었다고 해도 영화를 이끌어 가는 스토리 구성이 엉성하고 주제가 없다면 감동을 주기는 힘들다. 영화와 비디오는 촬영뿐만 아니라, 사전작업과 실제 촬영 그리고 후반작업의 세 과정이 빈틈없이 연결되어야만 감동을 주는 영상이 만들어 질 수 있다.

사전작업(pre-production)

1. 영화의 사전작업

영화의 사전작업은 시놉시스, 시나리오, 콘티를 만드는 작업으로 짧게 잡아도 2년 이상 걸리며, 크랭크인으로 불리는 실제 촬영과 후반작업인 편집, 오디오 믹싱 작업은 길어야 1년을 넘지 않는다.

● 시놉시스

시놉시스(Synopsis)작가가 생각하는 작품의 의도와 주제를 다른 사람이 쉽게 알 수 있도록 간단하게 적은 글이다. 주제, 기획(의도), 등장인물, 줄거리의 네가지 기본 요소를 A4 용지 한두 장에 담는다.

시나리오 작가는 영화 제작자, 투자자, 연출자에게 자신의 작품을 가장 짧은 시간에 효과적으로 알려야 한다. 이때 시놉시스는 훌륭한 역할을 한다. 모든 예술은 창작, 표현의 동기, 즉 모티브에서 시작된다. 모티프가 생겨 영화를 만들려고 한다면 시놉시스로 간결하게 정리해야 한다.

● 시나리오

영국과 미국에서는 Screen Play라는 용어를 쓴다. 시놉시스가 줄거리라면 시나리오(Scenario)는 자세한 문장으로 보는 영화에 해당한다. 시나리오는 #1, #2, #3 이렇게 신 넘버를 하나씩 오름차순으로 쓰며, 신 넘버는 영화의 진행 순서로서, 사건과 장소 그리고 시간이 변하면 바꿔줘야 한다.

> *예) #1 두식의 방 (실내/밤)*
> 어둠이 드리우기 시작하는 방에는 칠흑 같은 사람 그림자 하나,
> 주인공 두식은 아무런 말도 없이 방에 앉아 어깨에 둘러진 붕대를 가볍게 만지고 있다.
>
> 두식 : 이 자식은 어디 간거야? (혼잣말에 푸념이 섞여 있다)
> – 전화벨 소리
> – 두식, 왼손에서 오른손으로 옮겨 전화를 받는다.
> 두식 : 어디야? (낮은 소리지만 책망이 섞여 있다)

신 넘버 #옆에는 장소를 표시하고, 실내와 실외 그리고 낮과 밤을 구분한다(그렇게 해야 촬영, 조명, 분장 등등 상황에 따른 준비를 할 수 있기 때문이다). 괄호 속 표현은 지문으로 지문은 행동, 생각, 느낌을 담고 있다.

스토리 보드

스토리 보드(Story board)는 시나리오를 그림으로 표현하는 작업이다. 실제 영화에 가깝게 영상을 그림으로 그려 전체적인 영상의 느낌이 어떤지 쉽게 파악할 수 있게 한다. 광고회사에서는 대학생들에게 5컷 정도의 스토리 보드를 공모하며, 인터넷 홈페이지 제작에서도 스토리 보드로 홈페이지 화면 구성을 미리 살펴보기도 한다.

헌팅

헌팅(Hunting)은 시나리오 분위기에 맞는 촬영 장소를 찾는 일이다. 촬영 계획과 함께 촬영 장소는 중요한 요소로 먼저 답사하고 조사를 해야 한다. 멋진 곳도 찾아야 하지만, 장소에 따라 생기는 문제점을 미리 파악해야 하기 때문이다.

캐스팅 & 스태프

캐스팅(Casting)은 주연, 조연 배우를 고르는 일이다. 연기력뿐만 아니라 영화에 어울리는 이미지를 가졌는지, 신뢰감 있게 끝까지 참여할 수 있을지도 따져봐야 한다. 스태프(Staff)는 카메라부터 소품, 음향, 분장, 미술 등등 실제로 영화를 만드는 사람들이다.

콘 티

완성된 시나리오를 보고 촬영에서 편집까지 할 수 있도록 세밀한 방법을 적은 글을 콘티(Continuity)라고 한다. 촬영에 필요한 카메라 위치, 앵글, 촬영 방법을 적은 촬영콘티와 조명에 관한 조명 콘티, 또 음향을 담당하는 음향콘티로 나눌 수 있다.

장비 및 사전작업 점검

소품 준비

촬영 계획

2. 비디오 영상 제작·기획

영화의 사전 작업을 보면 영화 만들기가 결코 쉬운 일이 아님을 단번에 알 수 있다. 비디오 영상을 **만드는 목적은 작가의 철학, 감정을 잘 구성한 비디오 영상을 통해 보는 사람에게 감동을 전하는 것**이다.

비디오로 만드는 영화, 다큐멘터리, 홈 이벤트 또한 이와 다르지 않은데, 다음 조건에 맞도록 필요한 사항을 정리하면 추상적인 영상 만들기 작업이 구체적으로 정리가 된다.

◉ 비디오 영상의 목적

영상을 만드는 목적이 분명해야 한다. "가족들 추억을 남기기 위해? 풍물을 담기 위해? 영상 콘테스트에 출품하기 위해?"와 같이 목적을 먼저 확실하게 정한다.

◉ 관객은 누구인가?

영상을 보는 관객이 가족들인가? 일반인을 대상으로 하는가? 제작에 참여한 사람들 인가?

◉ 주제는 무엇인가?

영상에 실린 주제는 무엇이며, 어떤 메시지를 전할 것인가?

◉ 소재는 무엇인가?

주제를 표현하는 소재는 무엇인가?

◉ 제목은 무엇인가?

메인 타이틀과 서브 타이틀을 정한다.

◉ 어떤 형식으로 만들 것인가?

단편영화, 다큐멘터리, 뮤직비디오, 인터뷰, 애니메이션, 복합 장르 등등 스타일을 정한다.

분위기는 어떻게 할 것인가?

형식이 정해지면 분위기는 어떻게 끌고 갈 것인가?

리얼리티, 휴머니즘, 따뜻하게, 유머러스하게, 침울하게 등등 분위기를 정한다.

주인공과 등장인물에 관해

주인공과 등장인물의 성격과 특징을 간단하게 정리한다.

촬영 장소는 어디인가?

특별한 장소가 필요한 경우 사전에 조사할 수 있도록 구체적인 장소를 정해야 하며, 야외 촬영과 실내 촬영으로 각각 나누어 정리한다.

필요한 장비는 무엇인가?

촬영, 조명, 녹음, 편집에 필요한 모든 장비를 정리한다.

특수효과는 무엇인가?

촬영, 조명, 녹음, 편집과 관련해 필요한 특수효과를 정리한다.

크랭크 인, 후반작업에 필요한 시간은?

촬영과 편집에 필요한 기간을 정한다.

경비는 얼마나 드는가?

촬영 장비 대여, 출장 경비, 식비, 교통비, 숙박비, 소모품 구입 등등 작품이 완료될 때까지 드는 모든 경비를 계산한다.

3. 비디오 영상 제작 흐름도

기획	제작(촬영)	캡처	합성	편집	출력
시놉시스 시나리오 스토리 보드 헌팅 캐스팅 스태프 구성 세트/도구 의상/소품 콘티 – 촬영콘티 – 조명콘티 – 음향콘티 촬영계획 예산계획	비디오촬영 조명 사운드 스틸촬영 스크립트	DV → HDD 스틸이미지 HDD저장 외부사운드 (배경, 효과, 음악) HDD저 장	자막 영상효과	논 리니어 편집 순서 편집 본 편집 – 1차 – 2차 – 3차 색보정 사운드 편집	마스터 테이프 필름 (키네코) DVD 인터넷 방송 상영 및 평가

사전제작 (pre-production) ➡

제작 (production) ➡

사후제작 (post production) ➡

4. 영상 표현에 관하여

시나리오, 스토리 보드가 만들어지면 영상으로 어떻게 표현할까 고민을 해야 한다.

영상 표현 방법은 무한하다고 할 만큼 만드는 사람에 따라 전혀 다른 화면으로 만들어지기도 한다.

실제로 봤던 영화의 대본을 구해 읽어보면, 시나리오에서 글로 표현한 내용을 어떤 영상으로 만들었는지 비교하는 재미가 있다.

영상으로 표현하기 위한 첫 번째 조건은, 시나리오를 완벽하게 해석해야 한다는 점이다.

그리고 아래 내용을 참고한다.

- 시나리오를 몇 개의 시퀀스로 나눌 것인지,

  시퀀스는 몇 개의 신으로 나눌 것인가?

- 시퀀스는 어떤 빠르기와 어떤 분위기로 갈 것인가?

- 신은 또 몇 개의 컷으로 나누고 어떤 셧으로 구성할 것인가?

- 컷은 어떻게 나누어야 할 것인가?

- 각각의 컷의 시점은 어떻게 (1인칭, 3인칭) 정할 것인가?

5. 컷에 관하여

1895년 최초로 영화를 상영한 프랑스의 뤼미에르(louis lumiere) 형제 시대부터 영화는 연극을 그대로 촬영하거나 기차가 역에서 떠나는 장면, 역으로 들어오는 장면을 필름이 떨어 질 때 까지 담는 작업이었다.

이후 영화는 발전을 거듭하면서 여러 실험 작업을 통해 현재의 컷 개념을 가지게 되었다.

#2 두식의 방(실내/밤)
 방은 고요한 적막이 감돈다. 두식 고민에 빠진 듯 책상 앞에서 생각에
잠겨 있다.

 손이 잡은 빈 담뱃값 C.U
두식: 이런!!!(잔뜩 성질이 나 바닥에 담뱃값 후려 던진다)

#3 24시간 편의점 앞(야외/밤)
 편의점에서 담배 한 값을 들고 나오는 두식. 담배 하나 황급히 꺼내
입에문다.

 라이터 불꽃 C.U
똘마니: 형님 늦었습니다(불을 붙여주고)
두식: 어떻게 되었냐?(담배 연기 머금는다)

위 두 번째 신(#2)과 세 번째 신(#3)은 전혀 다른 컷으로 되어 있다.

그러나 저 영상을 보면서 집 문을 열고 나와 도로를 걸어 편의점으로 가는 장면도 없이 어떻게 된 거야? 하고 의심하지 않는다.

그 이유는 컷의 이미지가 사람 인식의 이미지와 비슷하기 때문이다.

Chapter 2

음의 높낮이와 장단, 박자를 표시하는 악보가 없다면? 작곡한 음악을 전달하려면 작곡가는 일일이 연주자를 만나 직접 들려주어야만 한다. 시나리오, 콘티 또한 다른 사람에게 영화를 미리 상상할 수 있도록 표현하는 도구이다.

영상 문법

1. 영상화면의 구성

🔘 시퀀스

원래는 연극의 '막'에 해당하지만 영화, 텔레비전 드라마에서도 흔히 쓰는 표현이다.

한 개 또는 여러 개의 샷(shot)이 모여 장면인 신(scene)이 되고, 한 개 또는 여러 개의 신이 모여 하나의 에피소드, 시퀀스(sequence)를 구성한다.

영화, 드라마에서 시퀀스는 보통 fade in으로 시작하고 fade out으로 끝난다.

쇼, 오락 프로그램에서 시퀀스는 코너(corner)라고도 한다.

🔘 신

영화관련 학과가 아니더라도 신(scence)이라는 단어는 들어 봤을 것이다.

신은 한 장소에서 동일한 시간에 이루어지는 사건을 말한다.

장소는 같더라도 시간이 지나 다른 사건이 생긴다면 다른 신에 해당한다.

🔘 컷

컷(cut) 레코딩 버튼을 누르고 스톱 버튼을 눌러 촬영된 영상을 말한다.

실제 촬영하는 장소에서의 촬영 스톱을 의미하기도 한다.

미국과 영국에서는 촬영에 관련되어 컷이라는 표현을 안 쓰고 원 샷(one shot)이라고 한다.

🔘 샷

촬영된 장면 중의 화면 하나를 샷(shot)라 한다. 보통 비디오 카메라로 피사체를 '잡는다'는 뜻으로 쓰인다. 피사체를 어떻게 잡느냐에 따라 다음처럼 분류가 된다.

2. 샷의 종류

🔵 피사체 크기에 따른 샷

카메라를 피사체로부터 멀리하거나 가까이 하거나, 줌을 사용하면 피사체 크기를 다르게 할 수 있다.

🔷 L.S. (Long Shot)

상황이나 환경을 설명하는 샷 (shot)으로 멀리 떨어지거나 광각으로 촬영한다.

롱 샷은 피사체가 작으므로 해상도가 낮은 매체인 경우 디테일이 떨어져 아날로그 텔레비전에서는 잘 쓰지 않았다.

🔲 L.S.

🔲 F.S.

🔷 F.S.(Full Shot)

공원이라면 공원의 입구 정도를 꽉 차게 잡고, 사람의 경우는 머리부터 발끝까지 가득 담은 샷.

🔾 K.S. (Knee Shot)

사람의 머리부터 무릎까지 촬영. 배경으로 여백을 활용하면 공간감을 살릴 수 있는 샷.

⬥ K.S.

🔾 W.S(Waist Shot)

사람의 머리부터 허리 위까지 촬영. 얼굴 표정까지 보여주므로 몸짓과 표정을 보여주기 무난한 샷.

⬥ W.S.

🔾 B.S. (Bust Shot)

사람의 머리부터 가슴까지 촬영, 책상에 앉은 전문가나 뉴스 앵커를 촬영할 때 사용한다.

표정이 세밀하고 클로즈업 바로 전 단계로 인물이 다이내믹하게 표현되는 샷.

⬥ B.S.

🔷 C.S.

🔷 **C.S. (Close up Shot)**
얼굴 전체를 담는 샷으로 보통 머리 일부분에서 턱까지 담는다.
촬영자 또는 연출자의 의지가 드러나는 샷.

🔷 **E.C.S. (Extreme Close up Shot)**
눈, 입술, 뺨을 최대한 가깝게 담는 샷으로 촬영자 또는 연출자의 의지가 강하게 드러나는 샷.

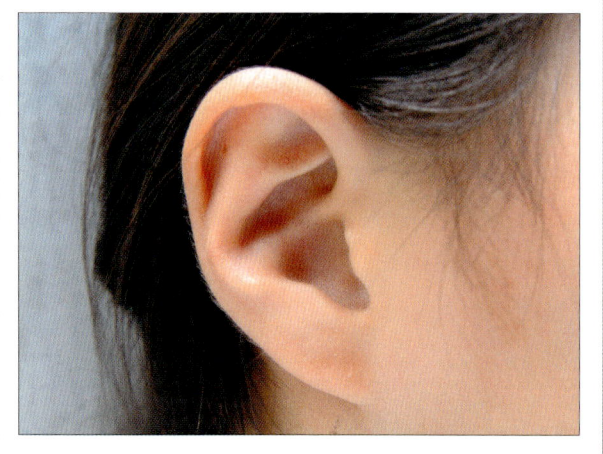

🔷 E.C.S.

🔷 **O.S.S. (Over Shoulder Shot)**
이야기를 나누는 사람을 표현하는 샷. 카메라에 가까운 사람의 어깨 또는 뒷모습이 1/3 정도 나오며 나머지 여백에는 맞은편 사람의 얼굴이 나오도록 한다. 2차원적인 화면에 입체감과 사람과 사람의 거리감을 표현하는 샷.

🔷 **FRZ.S. (Freeze Shot) 정지된 영상**
스틸 사진과 같은 정지된 영상.

🔴 카메라 앵글에 따른 샷

🔶 L.A. (Low angle Shot)

눈높이 보다 낮게 카메라를 땅에 가깝게 두고 피사체를 올려 보며 촬영하는 영상. 평상시 보지 못한 새로운 영상세계가 나타나며 광각을 쓰면 더욱 효과가 커진다. 영화에서 로앵글은 인물이나 피사체의 웅장함과 위압감을 표현한다고 하지만 기본적인 이론에 얽매일 필요는 없다.

🔶 E.L. (Eye Level angle)

사람 눈높이 정도로 촬영하는 샷, 자연스럽고 일반적이나 특징 없는 영상이 되기 싶다.

🔶 H.A. (High Angle shot)

눈높이 앵글보다 높은 곳에서 피사체를 내려다보며 촬영하는 샷. 상황을 효과적으로 설명하며, B.E.V. (Bird's Eye View shot)까지 포함한다.

🔶 B.E.V. (Bird's Eye View shot)

피사체의 머리 위, 새가 하늘 높이 날아올라 아래를 내려다보는 듯한 샷.

🔳 B.E.V. 샷

◯ O.A. (Oblique Angle shot)

수평도 수직도 아닌 기울어진 앵글로 위태로운 심리 상태를 만드는 영상이다.

◼ O.A. : 기울임

🔴 사람 수에 따른 샷

◯ 1.S. (One Shot)

한 사람이 촬영된 샷.

◯ 2.S. (Two Shot)

두 사람이 촬영된 샷.

◯ 3.S. (Three Shot)

세 사람이 촬영된 샷.

◯ G.S. (Group Shot)

네 사람 이상 여러 사람이 담겨진 샷.

카메라 워킹에 따른 샷

삼각대를 이용한 촬영 방법에서 자세히 설명했으므로 간단하게 설명한다.

Pan.R. (Pan Right)
카메라를 왼쪽에서 오른쪽으로 돌리며 촬영.

Pan.L.(Pan Left)
카메라를 오른쪽에서 왼쪽으로 돌리며 촬영.

S.Pan.(Swish Pan/Flash Pan, Zip Pan)
형체를 모를 정도로 빠르게 패닝하며 촬영.

■ S.Pan

T.U. (Tilt Up)
카메라를 위로 향하며 촬영.

T.D. (Tilt Down)
카메라를 아래로 향하며 촬영.

D.I. (Dolly In)
트랙, 휠체어에 카메라를 설치하고 피사체를 향해 들어가며 촬영.

D.O. (Dolly Out)
트랙, 휠체어에 카메라를 설치하고 피사체로부터 빠져 나오며 촬영.

○ BK.FOLLOW. (Back Follow)

카메라가 사람 뒤에서 따라가며 촬영.

○ FNT. FOLLW. (Front Follow)

카메라가 사람 앞에서 앞서가며 촬영.

○ B.U. (Boom Up)

틸트 업과 다른 점은 카메라가 엘리베이터처럼 실제로 올라가며 촬영.

○ B.D. (Boom Down)

카메라가 아래로 내려가며 촬영.

● 화면 효과에 따른 샷

○ F.I. (Fade In)

화면이 점점 밝아진다.

○ F.O. (Fade Out)

화면이 점점 어두워진다.

○ W.I. (Wipe In)

화면이 와이프 되며 다음 화면이 시작된다.

○ W.O. (Wipe Out)

화면이 와이프 되며 사라진다.

◘ Z.I. (Zoom In)

줌을 망원으로 당겨 피사체를 크게 확대하여 촬영.

◘ Z.O. (Zoom Out)

줌을 광각으로 해 피사체를 작게 축소하여 촬영.

◘ FCS.I. (Focus In)

초점이 흐린 상태에서 점점 초점을 맞추면서 촬영.

◘ FCS.O. (Focus Out)

초점이 맞은 상태에서 점점 초점을 벗어나며 촬영.

◘ H.H. (Hand Held shot)

삼각대에 고정하지 않고 손으로 들고 촬영.

◘ P.O.V. (Point Of View shot)

연기자 시점으로 촬영.

◘ FCS.I.(Focus In)

3. 촬영, 편집의 포인트-cut

일반적인 영상 연결 방법으로 컷과 컷을 바로 이어 붙인다.

가장 간단한 장면 연결이 컷이지만 가장 강력한 효과를 가지고 있으며 컷과 컷을 어떻게 연결하느냐에 따라 영상 표현력이 전혀 달라진다.

컷은 촬영에서도 할 수 있고 편집에서도 할 수 있다.

촬영은 편집의 융통성을 위해 조금 길게 담아야 하고, 또 다양한 장면을 담아야 한다. 촬영은 편집을 위해 존재하고 편집은 촬영된 영상을 최대한 효과적으로 표현하기 위해 존재한다.

소극적인 컷의 변화

피사체 자체의 공간적 배치 변화

첫 장면은 양수리 전원 주택이며 다음 장면은 서울의 빌딩 숲이다. 두 장면은 한 화면에 들어올 수도 없고, 양수리부터 서울까지 이어서 담을 필요 없이 다른 컷으로 연결한다.

피사체 자체의 시간적 환경 변화

피사체가 놓여진 환경의 변화 중, 시간 흐름이 변하는 장면(이전으로 또는 이후로)에서 다른 컷으로 연결한다.

인물이 존재하는 시간의 변화

특정 인물이 주인공이 되면 인물이 존재하는 시간 속에 공간과 시간이 바뀌었을 때 다른 컷으로 연결한다.

🔸 등장 인물의 환경 변화

화면에 클로즈업 된 여자가 창밖을 보고 함박 웃음을 짓는다. 그 다음 컷이 없다면 관객들은 궁금해질 뿐이다. 다른 컷으로 창밖에 눈이 오거나, 기다리는 사람이 있어야 한다.

🔸 대사, 사운드 변화

말하는 사람이 바뀌었거나 화면 밖의 소리(클랙션, 유리 깨지는 소리)가 들리는 것과 같은 변화가 오면 다른 컷으로 연결한다.

위 사항은 주로 환경 변화에 의한 소극적인 컷의 변화를 의미한다.
연출자의 표현 의지가 담겨진 컷의 변화는 적극적인 컷의 변화에 속한다.

🔸 적극적인 컷의 변화

영화에서 몽타주(Montage)라는 용어가 있다. 조립한다는 뜻을 가진 프랑스 말로 영화는 죽 이어져 촬영되는 것이 아니라, 따로따로 촬영된 필름을 창조적으로 연결하여 현실과 다른 영화적 시공간을 만들어 낸다는 이론이다. 이런 필름의 조립을 통해 새로운 현실을 만들고 시각적 리듬과 심리적 감동을 만들어 예술성이 담긴 영화를 만들게 된다.

- 🔸 다른 시각을 보여주기 위해
- 🔸 보는 사람에게 긴장을 유지하게 하기 위해
- 🔸 샷을 조합해 새로운 의미로 표현하기 위해
- 🔸 분석적 표현, 몽타주 이론의 적용

4. 장면의 연결

🔴 디졸브 (Dissolve)

현재 영상이 사라지면서 다음 영상이 나타나 오버랩(overlap)이 되면서 연결된다.

➡ 시간, 장소, 사건의 변화를 암시하거나 표현한다.

➡ 심리적인 효과를 표현한다.

➡ 영화문법에서는 단락(시퀀스)의 종료로 많이 쓰인다.

➡ 컷과 컷이 너무 강해 연결하기 힘들 때 사용한다.

➡ 사람이나 사건을 소개할 때, 환상적인 장면으로 전환 할 때 효과적이다.

➡ 디졸브 시간은 2~3초가 적당하며 너무 짧으면 컷 연결이 된다.

➡ 컷 연결로 충분한 경우 구태여 디졸브를 쓰지 않는다.

➡ 사운드도 함께 디졸브 시켜야 한다.

🔴 디졸브

🔴 페이드 인 · 아웃 (Fade in/Fade out)

화면이 점점 밝아지면서 시작되거나 화면이 점점 사라진다.

➡ 디졸브보다 긴 시간의 경과를 의미한다.

➡ 시간, 장소, 사건의 변화를 표현한다.

➡ 디졸브와 비교하면 어떤 사건이 마무리됨을 표현한다.

🔶 페이드 인

🔶 페이드 아웃

🌑 와이프 인 · 아웃 (Wipe in/Wipe out)

현재 화면의 일부가 지워지면서 새로운 화면이 나타난다. 버티컬 처럼 수직으로 연결되거나, 미닫이 문처럼 수평으로 연결된다. 수직, 수평 외에도 한쪽 구석, 네 구석, 사선으로 연결하는 와이프 효과들이 있다.

🔶 와이프 인 · 아웃

Power Tip | 컴퓨터 그래픽 화면 전환 효과

프리미어를 비롯해 디지털 비디오 편집 프로그램에는 화면 전환, 트랜지션(Transition) 효과가 상당히 많다. 헐리우드 fx 프로그램은 컴퓨터 그래픽을 이용한 전문 방송국 수준의 화면 전환까지 가능하게 한다. 그러나 그런 전환 효과는 어디까지나 시청자의 시선을 끌어야 하는 텔레비전 채널에서나 유효할 뿐이다. 영화에서 사용되는 화면

전환에 컷과 컷, 디졸브, 페이드 인, 페이드 아웃 정도만 사용하는 이유는 무엇일까? 비디오 편집을 시작하면 누구나 화려한 화면 전환과 각종 필터를 사용한 특수 효과에 매달린다. 그러나 그런 화려한 영상들은 시간이 지날수록 보고 싶지 않게 된다. 오히려 심플하게 영화적 화면 연결 방법으로 만든 영상은 볼수록 추억하게 만든다.

5. 컷(Cut) 포인트(IN점, out점)

영상의 시작점과 끝점을 나누는 IN 점, OUT 점은 편집에서 중요하게 다루어야 한다.

IN 점, OUT 점을 잘 잡으면 세련된 결과물이 만들어지고, 편집 자체를 인식하지 못할 만큼 자연스러운 연결이 된다.

컷을 해야 하는 시점에도 비디오 테이프 영상은 연결되어 있다(필름은 초당 24장, DV 테이프는 29장이나 된다). 연결된 화면 어디를 컷포인트로 잡아야 할까?

● 움직임

연속적으로 움직이는 화면을 컷하면 매우 어색하다.

동작이나 움직임이 잠시 멈추는 점을 포인트로 컷해야 한다.

● 시 선

시선이 잠시 멈추거나, 시선이 화면 밖(frame out)에 있을 때 컷을 한다.

● 프레임 인 · 아웃 (Frame in/Frame out)

화면 안으로 피사체가 들어오는 frame in, 밖으로 나가는 frame out의 경우 중간에서 컷을 하면 어색하고 부자연스럽다.

화면 안으로 완전히 들어온 후에 또는 밖으로 완전히 사라지고 난 후에 컷을 한다.

● 대 화

소리 또한 중요한 요소로 대화를 하는 도중 cut을 하면 어색하다.

● 배경음/소음

주변 소음, 배경 음악이 흐르는 장소는 소리에도 신경을 써야 한다. 소리가 끊어지거나 음악이 사라지는 부분에서 컷을 한다.

● 패닝(카메라 움직임) 중 cut을 나누면 안 된다

편집과정에서 패닝 화면 중간에 cut을 하면 연결된 영상과 어울리지 못한다. 패닝이 끝나고 정지 된 영상까지 보여주고 나서 cut을 해야 한다.

패닝은 물론이고 카메라가 움직이는 영상 가운데에서 cut 하지 않음이 원칙이다. 만약 스테디 캠, 크레인 화면처럼 움직이는 영상 가운데 cut을 하려면 다음에 올 영상은 비슷한 움직임, 비슷한 이미지를 가져야 한다.

NOTE :
....
....
....

6. 편집의 기본

● 움직이는 피사체의 연결은 조심

움직이는 피사체를 같은 사이즈 컷으로 연결하면 점프 컷(jump cut)이 되어 갑자기 건너 뛰어 버린 느낌이 된다.

● 피사체 동선을 유지

피사체는 일정한 동선을 유지해야 한다. 마라톤 촬영 영상을 다른 각도에서 촬영하고, 잘못 연결하면 왕복달리기가 된다고 이전에 설명했었다.

● 인서트 컷

영화, 비디오에서 사람의 심리적 표현이나 자연스러운 연결에 인서트 컷(insert cut)은 필수적이다.

#4 태백으로 향하는 기차 안(실내/낮)
한가한 평일 오후 기차 안, 두식 말끔한 양복에 깔끔한 머리차림으로 좌석에 앉아 있다. 맞은 편에 20대 후반 캐리어 우먼, 손에 카메라를 들고 있다.

두식: (창밖을 보다 고개를 여자에게 돌린다) 남의 모습 담는 게 재밌수?
여자: (두리번 거려보니 자기에게 한 말이다) 네?
두식: (손가락으로 카메라를 가르키지만 시선은 다시 창밖)
여자: 아!! 전 주로 풍경을 담아요, 어디까지 가세요?
두식: 태백까지 갑니다(여전히 시선은 창밖)
여자: 저는 목적지가 없어요(한층 다정해 졌다)
두식: 내 인생이구만(혼자 궁시렁)
　- 카지노 칩을 옮기는 손(인서트 컷)
두식: (시선은 여전히 창밖에 머물고 있다)

※ 시나리오 마지막 카지노 칩을 보여주는 인서트 컷 장면은 관객들에게 두식 마음을 보여 준다.

#10 여자 사진작가 사무실(밤/실내)

　여자: (전화 통화)그래요... 곧 나갈께요(반갑고 즐겁다)

　　– 전화를 내려놓는 손

※ 오른쪽에서 왼쪽으로 달려가는 지하철(인서트 컷)

11 카페(밤/실내)

　　– 두식 여자 사진작가와 차와 함께 이야기를 나눈다

　여자: 태백에서 일은?

　두식: (짐짓 딴청이다)

※ 전화를 내려놓고　여자가 주인공 두식과 만나는 사이에 지하철 인서트 컷을 넣으면?　화면에 생명감도 생기고 연결도 자연스러워 보인다.

◉ 아낌없이 잘라 버린다

최소한 3번을 연속으로 보아도 질리지 않을 컷만 사용한다. 보통 NG컷이 아니면 편집할 때 자꾸 끼워 넣는다. 편집단계에서는 감탄의 소리가 나올 만한 영상 컷만을 써야 한다. 사진과 비디오는 이것저것 채워 넣는 것이 아니라 쓸데없는 것들을 빼버리는 표현 예술이다.

◉ 카메라 움직임이 반복되지 않게 한다

여러 상황에서 촬영한 컷을 연결하다 보면, 줌 인을 쓴 컷 다음에, 또 줌 인을 쓴 컷이 오는 경우도 있다. 패닝, 틸팅과 같은 카메라의 움직임이 들어간 컷 모두 마찬가지로 움직임이 중복되지 않게 해야 한다.

◉ 의미 없는 전환 효과는 금물

디졸브, 페이드 인·아웃과 화면 전환 효과는 꼭 필요에 의해서 이루어져야 한다. 시간, 장소, 사건의 변화가 전혀 없는데 사용하면 오히려 쓰지 않는 편이 좋다.

컷은 리듬감을 살려 다양하게

컷의 길이는 10초 이내로 해야 지루하지 않게 된다. 또 다양한 사이즈의 화면을 섞어야 하는데, 너무 지나치면 조잡하므로 정리되고 통일된 앵글과 사이즈 변화를 만들어 주어야 한다.

롱 샷은 설명하는 샷이다

주인공이 전화를 받는 장면부터 시작하면 보는 사람은 어느 곳인지 알 수 없다(의도적인 표현이 아니라면). 시작은 빌딩의 겉모습을 롱 샷으로 보여주면 '사무실이구나' 하고 자연스럽게 알게 된다.

영상 또한 어디서, 누가, 무엇을, 어떻게 같은 형식으로 만들어야 한다.

- 어디서 : 롱 샷 (Long Shot : 설명하는 샷)
- 누가 : 풀 샷 (Full Shot : 인물의 경우 전체 모습을 담아야 한다)
- 무엇을 : 얼굴 표정까지 나와야 하므로 (Bust Shot)
- 어떻게 : 자세히 사건을 보여준다 (Close up).

NOTE :

Chapter 3

아날로그 편집 보드

디지털 편집(non-linear editing)은 필름이나 비디오 테이프에 담긴 영상을 컴퓨터 하드디스크로 옮긴다. 저장된 영상을 순서에 상관없이 마음대로 자르고 옮기고 연결하고, 한 프레임 단위로 편집 수정이 가능하다. 컷 편집, 여러 화면 합성, 장면 전환 효과 등등이 모두 디지털로 처리되어 화질이 떨어지지 않으며 무엇보다 컴퓨터만 있으면 가능하다는 장점이 있다.

사후작업(post-production)

1. 디지털 편집(non-linear editing) 장점
2. 프로그램 선택과 편집 프로그램 한계
3. 편집과 관련된 프로그램

1. 디지털 편집의 장점

● 순서를 마음대로

촬영된 순서에 상관없이 새로운 순서로 만들 수 있다.

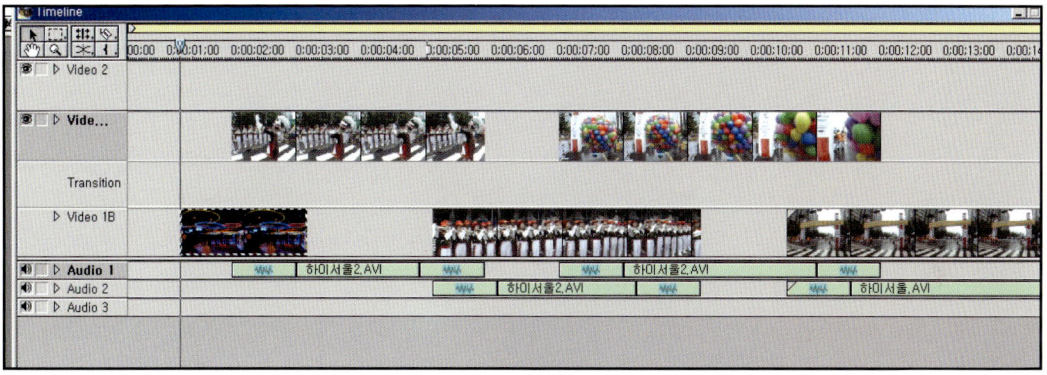

● 자막과 음악을 더한다

비디오 카메라가 귀한 시절에는 일상적인 풍경도 재미있게 봤지만, 지금 그런 영상을 보여주면 욕먹기 쉽다. 촬영한 영상에 자막과 음악, 그래픽을 더해 보는 사람이 흥미를 느끼게 한다.

➕ 일반화면

➕ 자막이 추가된 하면

● 원본은 그대로

원본 비디오 테이프에서 하드디스크로 옮긴 후, 하드디스크에 저장된 데이터를 사용해 편집하므로 원본 테이프는 그대로 보관할 수 있다. 아날로그 편집과 달리 편집 작업을 아무리 해도 화질에는 전혀 영향이 없다.

● 뮤직비디오부터 단편영화까지

보통 가족 행사를 담으려는 목적으로 시작하지만, 실력이 늘면서 뮤직비디오는 물론이고 단편영화까지 도전할 수 있다. 영화와 비디오 영상은 종합예술이므로 자신이 구상하고 기획한 표현을 담아낼 수 있다.

● DVD제작에서 인터넷 방송국까지

디지털 편집(non-linear editing)을 끝낸 최종적인 결과물인 아웃 풋, 이 아웃 풋으로 디지털 비디오 테이프뿐 아니라 Video-Cd, DVD를 만들 수 있고 WMV 파일로 만들어 인터넷으로 주고받을 수 있다.

Power Tip | WMV 파일

WMV는 윈도우즈를 만든 마이크로 소프트 사에서 이전 ASF 파일 다음으로 업그레이드 시킨 멀티미디어 파일 포맷이다. ASF 파일은 오디오와 비디오가 분리되지 않았 으나 WMA(Windows Media Audio), WMV(Windows Media Video)로 오디오와 A/V 파일로 분리가 되었다. WMV는 MPEG4 코덱을 사용한다.

2. 프로그램 선택과 편집 프로그램의 한계

　PC에서 사용하는 디지털 비디오 편집 프로그램은 주로 프리미어(Premiere) 또는 베가스(Vegas)가 사용된다. 프리미어는 포토샵으로 유명한 어도비(Adobe) 사의 동영상 편집 프로그램으로 1990년대 초반부터 쓰이기 시작했다.

　프리미어 프로그램 외에 유리드(Ulead)사 미디어 스튜디어 프로 프로그램 등이 있었지만 프리미어에게 도전장을 내밀지는 못했다. 오디오 프로그램으로 유명한 소닉파운더리사에서 만든 베가스는 직관적인 인터페이스와 빠른 처리 속도로 프리미어와 견줄 정도로 큰 인기를 얻고 있다.

🌀 프리미어 VS 베가스

　프리미어는 버전 6.5까지 업그레이드되었을 만큼 오래되었고 이용자 층이 두터운 대중적인 편집 프로그램이다. 비디오 편집에 관련된 다양한 기능을 가지고 있을 뿐만 아니라 포토샵과 A.E. (After Effect)에서 만든 파일을 자유롭게 주고받을 수 있다.

　프리미어는 많은 지원프로그램, 많은 노하우들이 공개되어 있지만 이런 장점에도 불구하고 초보자들이 쉽게 쓰기 어렵다는 문제가 있다. 또 프로그램의 덩치가 커 빠른 속도의 컴퓨터를 요구한다. 프로그램의 덩치가 크다는 것은 안정성에서도 떨어진다고 볼 수 있다.

　베가스 프로그램이 짧은 시간에도 많은 사용자를 확보한 이유는, 몇 번만 사용해보면 초보자들이 익

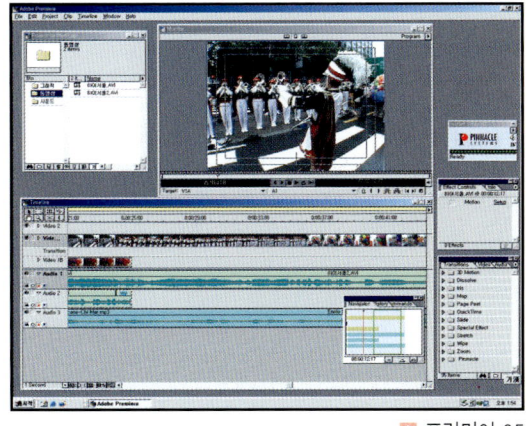
⬆ 프리미어 6.5

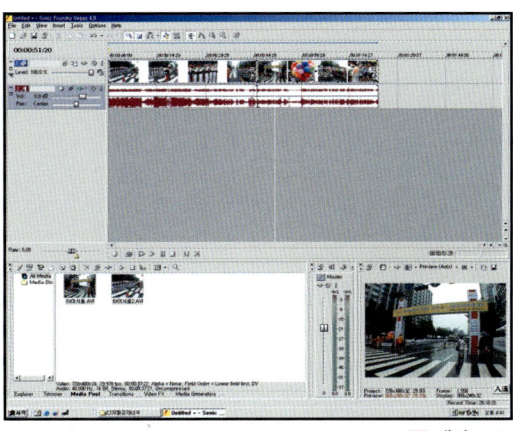
⬆ 베가스 4.0

히기 쉬운 직관적인 인터페이스, 작고 효율적인 시스템으로 빠른 처리 속도와 안정성을 보여주었기 때문이다.

둘 중에 무엇을 선택할까 고민이라면, 프리미어에 익숙한 사람은 천천히 베가스를 배우고 편집이 처음인 사람들은 베가스를 먼저 배우고 천천히 프리미어를 배우면 된다. 보통 사람들이 쓰는 개인용 컴퓨터는 IBM-PC이지만 애플 컴퓨터도 있다.

애플은 멀티미디어, 음악, 출판, 그래픽에 많이 쓰이며 애플에서 쓰는 비디오 편집 프로그램으로 파이널 컷 프로가 있다.

편집 프로그램 기능

컷 편집 도구

영상 데이터를 촬영한 순서에 상관없이 마음대로 잘라 내고 다른 곳에 붙이는 도구이다.

장면 전환 도구

컷과 컷 전환에 특수한 장면 전환 효과가 필요한 경우 트랜지션(transition) 효과를 넣는 도구이다.

간단한 합성 도구

촬영한 영상에 자막과 컴퓨터 그래픽, 또는 다른 영상을 간단하게 합성하는 도구이며 본격적인 합성 도구는 별도의 프로그램을 쓴다.

필터, 모션 도구

영상에 흑백, 색상, 슬로s 모션 등등 변화를 주는 비디오 필터 효과, 사운드의 에코(echo), 음질조절과 같은 변화를 주는 사운드 필터 효과를 넣으며 영상이나 자막을 상하 좌우로 움직이고 나타나게 하는 모션(motion) 효과를 넣는 도구이다.

편집 아마추어 vs 전문가

텔레비전을 통해 화려한 뮤직비디오와 C.F.를 보게 된다. 화려한 색감, 멋진 자막, 컴퓨터 그래픽 효과 등등. 디지털 비디오 편집(이하 편집으로 표시)을 시작한 사람들 상당수가 자신도 배우면 이와 같은 효과를 만들 수 있으리라 희망한다.

자막이 물 흐르듯 나타나 화면을 터트릴 듯 가득 채웠다 갑자기 폭발해 산산 조각나고 서서히 사라지는 효과만 해도 전문가가 며칠 동안 고민하고 밤을 새워야 가능하다(물론 한 번 하면 다음부터는 식은 죽 먹기지만).

전문가들은 다수의 비싼 장비와 효과 프로그램과 필터를 사용해 현란한 영상들을 창조하고 있다. 색채 미학부터 조형에 관해 또 3D-MAX(3차원 그래픽 프로그램), 3D 입체 자막 프로그램, 컬러보정 프로그램, 합성 프로그램 모두 다룰 수 있어야만 위와 같은 영상을 만들 수 있게 된다.

편집을 조금 배웠다고 프로들의 영상을 흉내내려는 생각은 그림 그리는 법을 배웠다고 피카소와 같은 명작을 만들겠다는 것과 다르지 않다. 그러나 기가 죽을 필요는 전혀 없다. 위와 같은 효과는 광고에서나 써먹는 방법일 뿐이다.

NOTE :

3. 편집과 관련된 프로그램

● Ulead 사 Cool 3D

3D(3차원 입체) 자막을 쉽게 만들 수 있게 한 프로그램이다. 그러나 방송국이나 프로덕션에서 사용하는 전문적인 3D 자막 품질 정도까지는 아니다. 본격적인 입체자막은 3D 전용 프로그램 3D-MAX, 마야 필터, 그리고 A.E.(After Effect)를 써서 만든다.

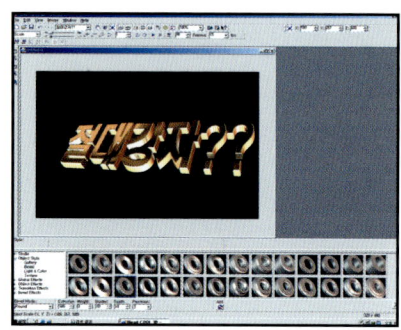
⬆ Cool 3D

● Adobe사 After Effects

프로덕션에서부터 영화사의 편집까지 폭 넓게 쓰이는 강력한 합성 프로그램이다. 소스(정지영상, 동영상, 그래픽, 자막)에 필요한 필터 효과를 주고 합성을 한다. 일반인이 쓰기에 전체적으로 어렵다는 게 단점이지만 고화질을 위한 최고의 합성 프로그램이다.

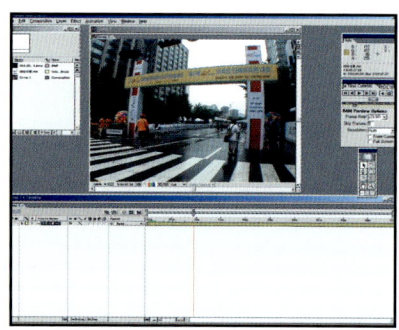
⬆ After Effects

프리미어, 베가스 프로그램은 영상신호를 8bit로 처리하지만 A.E는 16bit로 처리한다. 16bit는 트루컬러에 해당하며, 고화질을 처리할 수 있다는 점이 A.E 강력한 장점이다. 이런 이유로 컴퓨터 그래픽 합성이 들어간 영화에는 A.E가 사용되고 있다.

● 각종 플러그인

눈 내리는 효과, 비 내리는 효과, 오래된 필름 같은 효과, 슬로 모션을 리얼하게 만드는 효과 등 여러 프로그램이 있다. 대부분 프리미어에 추가시키는 플러그인(Plug-in) 형태로 제공된다.

> 참고 │ 플러그인이란 자체로 동작하지 못하지만 프리미어, A.E와 같은 프로그램 효과를 더 확장하는 기능을 가지고 있다. 콘센트에 플러그를 꼽아 쓰는 전기기구처럼 프로그램에 꼽아 쓴다는 의미로 플러그인 프로그램이라고 한다.

● A.E 필터에 관하여

뮤직비디오를 보면 일반인이 촬영한 비디오 화면과 느낌이 다르다. 마치 필름으로 촬영한 듯, 색이 표현하는 느낌도 다르고, 어떤 경우는 오래된 필름처럼 만든 경우도 있다. 이런 효과들은 대부분 A.E 와 같은 합성 프로그램을 이용하며, 아래처럼 플러그인으로 판매되는 별도의 A.E 필터로 효과를 낸다.

- Adobe After Effects Plugin Digieffects Cinelook
- Adobe After Effects Plugin Cult Effects
- Adobe After Effects Plugin DigiEffects Aurorix
- Adobe After Effects Plugin Digieffects Berserk
- Adobe After Effects Plugin Trapcode, shine

원본화면

AE 필터를 이용한 다양한 효과.

자막과 관련된 프로그램

　기초적인 편집 단계에서는 평범한 자막도 겨우 쓰지만 조금씩 실력이 늘어나면서 화려한 자막을 쓰게된다. 공중파 방송처럼 화려한 색과, 다양한 자막 효과를 위해 아래 프로그램을 주로 쓴다.

① 파티클 일류선(Particle Illusion)

　일류선 홈페이지 : http://www.wondertouch.com

　S.F 영화를 볼 때 우주선이 폭발하는 화염을 표현 할 때 일류선과 같은 프로그램을 사용한다. 공중파 프로그램 자막, 홈페이지를 화려하게 만들기도 해 주는 프로그램이다. 불꽃, 별, 은하수, 화염과 같은 그래픽 효과로 이루어져 있으며 편집 프로그램에서 합성을 통해 영상, 자막과 합쳐진다.

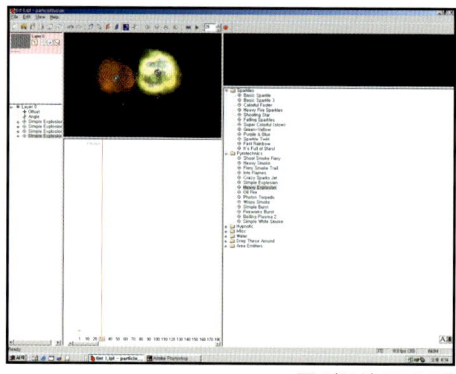

✿ 일류선 프로그램

② 스위시(swish)

　스위시 홈페이지 : http://www.swishzone.com

　플레시처럼 홈페이지를 만드는 도구중의 하나이다. 자막과 관련된 프로그램으로 인터넷 사이트 화려한 자막효과(타이핑, 크기변화, 움직임 변화 등등)를 위해 만들어 졌다. 편집 프로그램에서 합성을 해서 사용하며 프리미어의 모션을 통해서도 자막에 효과를 줄 수 있지만 스위시가 훨씬 화려하고 쉽고 빠르다.

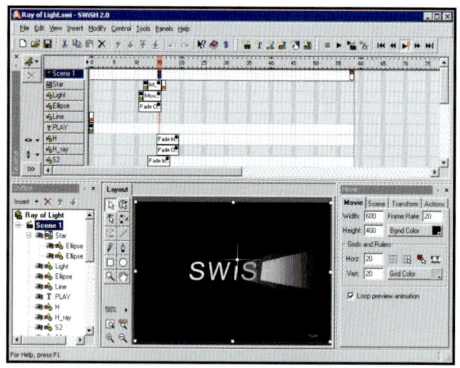

✿ 스위시 프로그램

Power Tip | 합성에 관하여

영화 촬영장에서 파란 스크린 배경을 두고 배우가 연기하는 모습을 본 적이 많을 것이다. 크로마키(Chroma-Key)라는 특수한 방법으로 합성하면 연기자는 그대로 두고 블루스크린만 사라지며 합성한 다른 영상(컴퓨터 그래픽)이 배경으로 자리잡는다.

최근 축구 중계에서도 잔디밭에 경기 스코어 숫자와 국기를 그래픽으로 합성해 마치 진짜처럼 보이게 하는 기술도 선보이고 있다.

합성된 화면

원본

Q 안녕하세요, 저는 중학교에 다니는 남자아이를 둔 30대 중반의 주부입니다. 얼마 전 아이의 같은 반 친구 집에서 초대를 해 놀러 갔었습니다. 제 아이 친구 어머니는 제 또래의 같은 주부임에도 불구하고 여러 취미를 가지고 있더군요.

아이의 중학교 입학식을 직접 비디오 카메라로 찍고, 컴퓨터로 편집을 했다면서 보여주었습니다. 마치 방송국에서 만들어 준 것처럼 자막도 나오고 음악도 넣어서 정말 재밌더군요.

집으로 돌아오면서 살림만 했던 제 자신이 초라하기도 했지만 저렇게 만들면 두고두고 추억할 수 있겠구나 하는 생각이 들었습니다. 비디오 카메라는 좀 배우면 되겠지만 컴퓨터를 잘 모르는데 어떻게 저도 비디오 편집을 할 수 있을지 모르겠습니다.

A 디지털 비디오 편집은 특별한 편집 기계가 아닌 PC를 이용해 만드는 작업이다. 즉 컴퓨터를 다룰 줄 알아야만 된다는 조건이 따라다닌다. 서양화를 그리고 싶으면 우선 미술공부와 더불어 기본적인 붓과 물감의 사용법을 알아야 한다. 그리고 나서 회화에 관한 공부를 하고 캔버스에 그림을 그려야 한다.

편집의 경우 컴퓨터를 잘 다루지 못한다면 붓과 물감을 어떻게 써야 하는지도 모르고 그림을 그리려는 것과 같다. 그림은 그리겠지만 물감 낭비도 심하고 붓을 잘못 관리해 망가트리기도 쉽다.

비디오 편집을 시작하려면 최소한 하드디스크를 새로 달고, fdisk, format과 같은 작업은 할 줄 알아야 한다. 또한 윈도우즈 운영체제의 기본적인 파일 관리(쓰고, 지우고, 옮기고) 정도와 몇 가지 필요한 작업 관리는 배워야 한다.

컴퓨터 쓰는 법을 먼저 익힌 다음에 비디오 편집을 하는 편이 처음에는 느리게 시작하지만 결과적으로 가장 빠르게 배우는 길이다.

아이가 중학생 정도면 오히려 아이에게 윈도우즈 쓰는 법과 기본적인 컴퓨터 사용법을 배우면 된다. 인터넷 시대에는 고민할 필요가 없는 이유가 있다. 컴퓨터를 쓰면서 궁금한 질문은 틀림없이 인터넷에서 답을 얻을 수 있기 때문이다.

지포스 64M 그래픽 카드

Chapter 4

PC 튜팅과 IE1394

1. operating system 선택

PC 운영 시스템은 윈도우즈가 전부라고 할만큼 독점적으로 사용하고 있다. 윈도우즈 운영체제는 Windows98(SE), Windows2000, WindowsXP로 나뉘어지지만 Win98계열과 Win2000(WinXP)은 완전히 다른 시스템이다.

Win98계열은 FAT32라는 파일 형식으로 한 파일 크기가 2GByte를 넘을 수 없고 제약이 많다. 이에 비해 Win2000(WinXP) 시스템은 보다 빠르면서 효율적인 NTFS(NT File System)방식을 사용해 하드가 제공하는 용량만큼, 파일 크기에 제약이 없어졌다.

Win98 계열에 비해 Win2000(WinXP)이 더 안정적이고 효율적이라 편집을 하는 사람들 대부분이 Win2000(WinXP) 운영체제를 쓴다.

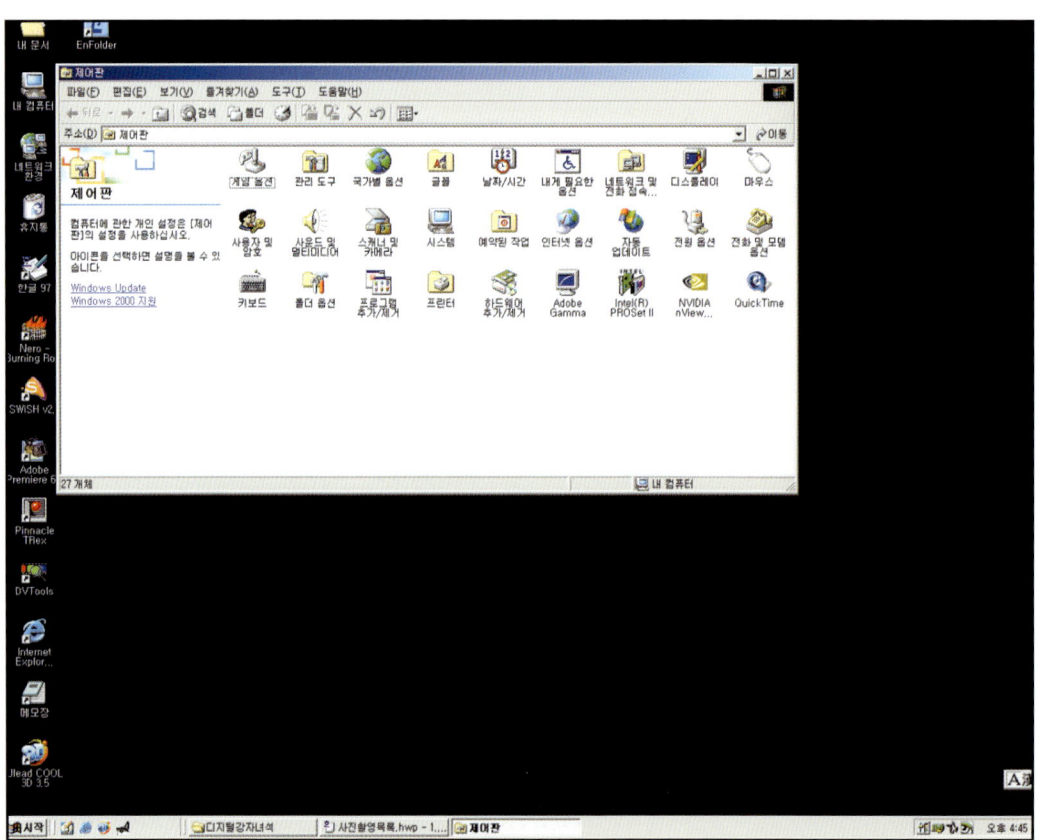

🔹 Windows2000 화면

2. 캡처용 하드디스크 고르기

편집을 위한 처음 작업은 디지털 비디오 테이프에 담긴 영상을 컴퓨터 하드디스크로 옮기는 일이다. 테이프에서 하드디스크로 옮기는 이유는 저장 용량, 읽고 쓰는 속도, 가격 대비 성능에서 가장 우수하기 때문이다.

테이프에서 하드디스크로 옮기는 작업을 캡처(Capture)라고 하는데, 아날로그 신호를 옮길 때 쓰던 용어지만 지금도 그렇게 부른다. 캡처용 하드디스크를 운영체제가 쓰는 C 드라이브로 쓰려는 사람이 있는데 그렇게 하면 안 된다. 물리적으로 독립된 별도의 하드디스크를 하나 장만하는 편이 여러 모로 좋다.

캡처 전용 하드의 용량은 60GByte 이상, 7200rpm(하드디스크 회전 속도로 보급형은 5400rpm) 8MB 버퍼를 가진 제품을 사야 한다. 시게이트 Barracuda 7200.7 모델은 120G Byte, 7200rpm, 8MB 버퍼를 가지고 있으며 20만 이하 정도면 구입이 가능하다.

NOTE :

3. 하드디스크 관리

🔶 오류수정

윈도우즈 운영체제는 특성상 파일을 쓰고 지우기를 반복하면 오류가 생기기 쉽다. 실제로 하드디스크의 물리적인 오류인 배드 섹터(bad sector)가 아니라 논리적인 파일시스템 오류정도이다. 캡처 작업 전이나 큰 파일을 쓰거나 지우거나 했을 경우 윈도우즈 디스크 드라이브 〈도구〉메뉴 중에서 오류 수정으로 고쳐주면 된다.

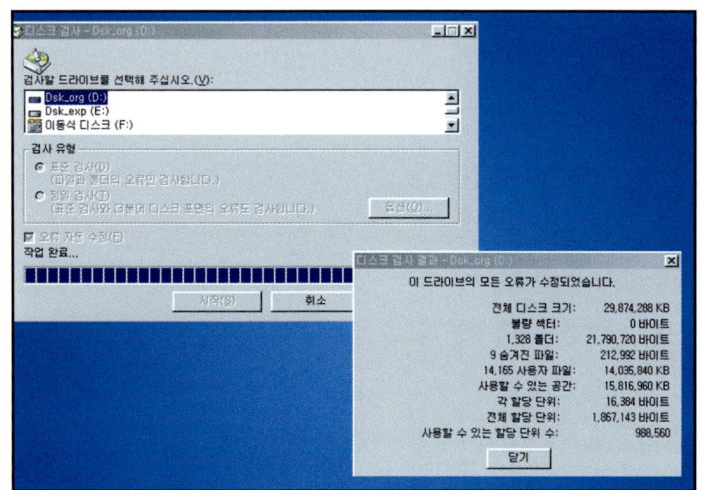

🔶 하드디스크 오류수정 메뉴

🔶 UDMA 체크

팬티엄3 이상 Win98SE 이상의 OS 사용자라면 대부분 하드디스크 UDMA 설정이 자동으로 잡혀 있다. 만약 위 시스템 이하라면 제어판 – 시스템 관리에 들어가 하드디스크를 선택하고 UDMA 항목을 찾아보기 바란다. UDMA에 체크가 되어 있지 않다면 갈매기 마크가 생기게 체크 해주면 된다.

🔶 UDMA(Ultra Direct Memory Access)

하드디스크와 RAM(Random Access Memory) 데이터 전송을 규정한 프로토콜을 말한다. UDMA는 퀸텀 사와 인텔 사가 개발했으며 하드디스크 읽기, 쓰기를 할 때 CPU에 부담을 주지 않고 스스로 처리해 보다 빠른 속도를 얻게 한다.

4. 빠른 CPU, 넉넉한 램

편집은 1초에 720×480픽셀(Pixel) 화면 29.97개를 다루어야 하는 힘겨운 작업이다. 펜티엄3 800 이상, 램(RAM) 256M 이상은 최소한 사양에 해당하며, 무리 없이 편집하려면 펜티엄4 1.8 이상, DDR RAM 512M 이상 되어야 한다(베가스의 경우 펜티엄3에서도 큰 무리 없이 편집이 가능하다).

단순한 인터넷 검색에서도 1~2초 딜레이만 있어도 답답함을 느끼는 사람의 심리를 볼 때, 편집을 위한 컴퓨터 시스템 투자는 절대로 사치가 아니다.

편집에서 중요한 부분은 모니터 크기로 최소한 17인치 이상 19인치는 되어야 한 번에 많은 화면을 볼 수 있어 작업이 빠르다.

⬢ CPU

 *Power Tip* 램 용량

Windows 2000, XP를 쓴다면 램 용량 512M 이상을 권장한다. 그러나 Win98(SE) 계열이라면 256M로 충분하다. Win98(SE) 계열은 운영체제가 256M 이상 메모리를 쓰지 못하기 때문에 256M와 512M는 별 차이가 없다.

5. IE1394

군사작전 암호 같은 IE1394란 무엇인가? 1995년 스펙을 발표할 때 The Institute of Electrical and Electronic Engineers 약자를 사용하면서 IE1394 이름이 생겼다. IE1394 규약이 만들어지기 전 컴퓨터를 외부 기기(프린터, 외장형 모뎀, 마우스 등등)와 연결하기 위한 장비로는 시리얼 포트, 패러럴 포트, USB포트가 전부였다. 그러나 멀티미디어 장비들이 계속 생기면서 보다 빠르게 컴퓨터와 주고받을 방법을 찾게 되었다. 결론적으로 IE1394는 멀티미디어 장비와 컴퓨터와의 빠른 전송을 위해 개발되었다.

컴퓨터에서 사용을 목적으로 만들어져 컴퓨터 관련 특징은 아래와 같다.

⊙ Hot Insertion&Remova(PC 사용 중에 플러그를 빼거나 꼽을 수 있다)
⊙ Tree Chain device(여러 주변기기를 동시에 연결 사용 가능하다)
⊙ Plug&Play(주변기기를 접속하면 PC는 자동으로 인식한다)

◉ IE1394의 전송 속도

최대 400Mbit/sec 전송속도를 가지고 있으며 일반적으로 PC에서 사용하는 IE1394 카드는 200Mbit/sec(단위가 bit이며 보통 1byte는 8bit 또는 16bit로 이루어진다) 속도를 가진다.

🔸 GVD900에 IE1394포트

> **참고** IE1394는 iLink, FireWire라고 불리기도 하는데 iLink는 소니의 휴대용 스테레오 카세트를 워크맨으로 부른 것처럼 IE1394에 새로운 이름을 붙여 부르는 일본인들 특유의 새로운 단어 만들기 결과이다. 캠코더(cam-corder) 또한 카메라와 레코더를 더해 만든 새로운 용어이며 소니의 제품명이다.

IE1394 카드와 전문 영상카드

프리미어 버전 6.5가 나오기 전까지 디지털 비디오 편집을 위해 전문 영상카드를 샀어야만 했다. 가격은 30만 원부터 150만 원까지 무척 비쌌었지만 프리미어 6.5가 일반 IE1394카드를 지원하면서 1~2만 원으로 누구나 디지털 편집을 하게 되었다.

만약 컴퓨터에 IE1394 포트가 없는 기종이라면 1~2만 원 하는 별도의 카드를 구입하면 누구나 편집을 할 수 있다. 기술의 발전이 저렴한 가격으로 취미생활을 보장한 즐거운 일이다.

USB 2.0 등장

USB 방식은 12Mbps(byte가 아닌 bps) 속도로 빠르게 변화하는 PC 속도에 따라가지 못했다. 고속 전송의 IE1394 등장과 함께 USB 방식은 2.0이 개발되어 480Mbps 전송 속도를 보여준다(기존 USB 방식은 1.1).

현재 USB 2.0 방식의 전송 속도는 IE1394방식의 400M bps보다 조금 더 빠른 480Mbps 속도이다. USB는 USB카메라, USB스캐너와 같이 컴퓨터와 컴퓨터 주변기기 연결을 위한 전송방식으로 쓰인다. IE1394는 멀티미디어 기기와 컴퓨터와의 양방향 전송을 위해 개발된 전송방식으로 USB와는 조금 다른 형태로 봐야 한다. 디지털 카메라(DV 카메라)는 저장된 이미지 파일을 컴퓨터에 보낼 때 USB 포트를 이용해서 전송한다.

🔸 컴퓨터 보드 USB포트

Power Tip | *IE1394 포트 크기가 다른 이유*

IE1394 포트를 보면 큰 포트와 작은 포트 두 가지가 있으며, 케이블 또한 두 종류가 있다. 큰 포트의 경우는 컴퓨터에서 전원까지 공급하는 경우이며, 작은 포트는 전원 공급이 되지 않는다.

6. 코덱에 관하여

코덱(CODEC)은 Compress(압축)와 Decompress(풀기)라는 단어가 합쳐진 합성어이다. 코덱을 쓰는 이유는 한정된 공간, 전송 대역폭에 많이 담기 위함이다. 정지영상 이미지 파일에 쓰는 JPEG 또한 코덱이며 동영상은 정지영상보다 많은 코덱이 있다.

● M(Motion)JPEG

정지영상 압축 포맷인 JPEG을 동영상에 그대로 적용한 코덱이다.

아날로그 비디오 카메라 시절 디지털 편집용 코덱은 대부분 이 방식을 사용했다.

● DV 코덱

소니 사가 만들어낸 DV 카메라용 코덱으로 5 : 1로 압축하며 IE1394를 이용해 신호를 주고받는다.

● MPEG2

DVD, HDTV, MV(소니가 만든 초소형 비디오 카메라 포맷) 방식에 쓰인다.

● DivX(Digital Video Express)

MPEG4 코덱을 쓰며 크기가 작으면서도 화질이 좋다.

인터넷에서 다운 받는 영화 대부분이 이 방식이다.

MPEG-4는 DVD 한 장 영상을 CD 한 장에 담을 수 있을 정도로 압축 효율이 좋다. 압축 알고리즘으로 ACE(Advanced Coding Efficiency) 방식을 썼기 때문이다. 그러나 문제는 영상을 MPEG-4 방식으로 엔코딩 하려면 빠른 고성능 CPU를 필요로 한다는 점이다.

NOTE :

코덱방식	MPEG-1	MPEG-2	MPEG-4
사용매체	CD(VIDEO-CD)	DVD	DivX
	M.V		
	HDTV		
만든 년도	1992	995	1999
최대 해상도	352×288	1920×1152	720×576
표준 해상도(NTSC)	352×288	640×480	640×480
오디오 주파수 범위	48kHz	96kHz	96kHz
오디오 최대 CH 수	2	8	8
최대 전송률	3Mbit/sec	80Mbit/sec	5~10Mbit/sec
화면사이즈	(352×288)	(702×576)	(702×576)
frame/sec(NTSC)	30(29.97)	동일	동일
화질	VHS이하	720*480	MPEG2보다 약간우세
엔코딩 하드웨어 요구	낮음	높은편	매우높음
디코딩 하드웨어 요구	아주낮음	보통	높음

Power Tip | 매체별 데이터 용량

6mmDV Tape(60분): 13GB   DVD: 1장/9GB   CD: 1장/700MB(0.7GB)

7. DV vs Micro MV

🔹 MV 방식 비디오 카메라

소니에서 Micro M.V(Mini Video)라는 또 다른 방식의 홈 비디오 카메라를 만들어 냈다. MV(Mini Video) 방식 테이프는 DV 테이프 6.35mm보다 더 작은 4.5mm이며 영상 압축은 MPEG2 코덱을 사용한다.

같은 시간을 녹화한 MPEG2 방식 파일과 DV 방식 파일을 비교하면, Micro MV(이하 MV로 표시) 파일 크기가 훨씬 적어 1/3 정도만 차지한다. 두 방식 모두 NTSC 방식 기준으로 720 X 480 같은 사이즈 영상이지만 화질은 상황에 따라 조금씩 다르기 때문에 객관적으로 비교하기 어렵다. 이유는 DV는 한 장면을 기준으로 영상을 압축하지만 MV는 한 장면뿐 아니라 앞, 뒤 장면 모두를 참고해 영상을 압축하기 때문이다.

지금 책을 읽는 주위를 둘러보자. 움직이는 것보다 고정된 물체가 더 많다. MV 방식은 이렇게 앞, 뒤 화면을 비교해 움직이는 영상과 움직이지 않는 영상을 따져 압축하는 방식이다. 움직임이 심한 경우에는 DV 방식 화질이 유리하고, 움직임이 보통이라면 MV 방식 화질이 유리할 수 있지만 아직 두 방식 화질 비교는 결론이 나지 않았다.

● DV 방식 전송률

25Mbps의 고정된 비트율을 가지고 있어 바이트로 계산하면 3.3Mbyte/sec 정도의 전송률을 필요로 한다(1바이트는 8비트로 구성되므로 8로 나누면 된다).

몇 해 전만 해도 하드디스크 읽기/쓰기 속도가 3.3Mbyte/sec보다 빠르지 못한 제품이면 캡처할 때 에러가 생겼다. 현재 하드디스크는 20Mbyte/sec 속도로 빨라져 이런 문제가 전혀 없다.

● MV 포맷 전송률

MPEG2 방식은 고정된 비트율 12Mbps를 가져 1Mbyte/sec 전송률을 필요로 한다. MPEG2는 DV와 비교할 때 앞, 뒤 프레임을 모두 비교해 압축을 하므로 복잡한 내부 프로세싱이 필요하다.

8. 인터레이스 모드 vs 프로그레시브 모드

텔레비전은 1931년 영국 BBC 방송이 첫 방송을 시작했으며 우리나라는 1956년 5월 첫 방송을 시작했다. 텔레비전은 1초에 약 29 프레임을 재생하고, 영화의 필름은 1초에 24프레임을 재생한다. 필름과 달리 텔레비전은 인터레이스 모드라는 독특한 방식을 사용하게 되었다.

텔레비전은 개발 당시 화면의 아른거림을 방지하고 보다 선명한 화질을 위해 초당 60 프레임을 보내게 되었다. 그러나 다 알다시피 NTSC 전송방식은 60fps가 아니라 29.97fps이다. 이유는 인터레이스 모드라서 실제로 60개 화면을 1초에 보낸다고 하지만 화면 2개가 합쳐져야 제대로 된 한 화면이 되기 때문이다.

보통 텔레비전은 인터레이스(Interlace) 모드 방식이며, 컴퓨터 모니터는 대부분 프로그레시브(Progressive) 방식이다.

프로그레시브 모드는 인터레이스 모드와 달리 필름처럼 한 번에 한 장의 완전한 화면을 보내므로 같은 조건이면 인터레이스 모드보다 색감과 화질이 좋다.

◐ HDTV

HDTV(High Definition Television)는 화면 사이즈가 16 : 9 영화관 스크린 비율이며, 고화질을 자랑한다. HDTV방식은 화면 사이즈가 한가지가 아니라 몇 가지로 나누어지는데 크게 아래와 같다.

- ◐ 1080×1920(i) : 인터레이스 모드.
- ◐ 720×1280(p) : 프로그레시브 모드.

※ 위에서 i는 인터레이스 모드의 약자, p는 프로그레시브 모드의 약자이다.

● 인터레이스 모드

우리가 보는 공중파 텔레비전의 화면은 초당 60 프레임을 보여주지만 한 Frame은 전체 화면이 아니라 반쪽 화면이다. 처음 화면(1 frame)은 1, 3, 5, 7, 9··· 홀수 주사선만 채워 구성된 화면을 보내고, 다음 두 번째 화면(2 frame)은 2, 4, 6, 8, 10··· 짝수 주사선 순으로 구성된 화면이다. 세 번째 화면(3 frame)은 다시 1, 3, 5, 7, 9 홀수로 채우고··· 이런 방식으로 보내므로 결국 2개의 프레임이 더해져야 제대로 된 하나의 화면이 됨을 알 수 있다.

개발 당시, 초당 60개 화면을 보내야 하는데 신호를 보내야 할 대역폭이 적었으므로 많은 고민을 했다고 한다. 이 방식을 발명한 사람은 들판에서 밭을 갈면서 힌트를 얻었다고 한다. 처음부터 끝까지 밭고랑을 이어 갈지 않고, 한 줄 한 줄 건너 띄기로 밭을 갈아도 결국 밭을 다 갈 수 있는 농사법에서 아이디어를 얻었다.

인터레이스 방식의 문제점은 2 개 화면을 더해야 제대로 된 한 화면을 만들 수 있다는 점이다. 또한 체크 무늬가 아른거리거나 슬로 화면에서 흔들리는 문제점도 가지고 있다.

영화처럼 필름 한 장에 한 화면을 재생하는 방식, 프로그레시브 방식은 고급형 DVD Player, HD TV, 컴퓨터 모니터에 사용되고 있다.

⬆ 인터레이스 모드 1 frame

⬆ 프로그레시브 모드 1 frame

Power Tip | 정지영상의 흔들림, 계단 같은 정지사진?

공중파 텔레비전을 보면 화질이 깨끗하다가도 정지영상이 되면 화질이 형편없이 떨어진다. DV 카메라에 포함된 디지털 카메라로 촬영할 때 프로그레시브 모드가 지원되지 않는 기종을 본 적이 있는가? 사진 윤곽이 계단처럼 이가 빠져 버린 듯한 느낌이 든다.

모두 인터레이스 모드 때문에 생기는 현상이다. 2개의 화면이 더해져야만 하나의 화면이 만들어지는 이유 때문에 정지 영상에서는 이와 같은 약점이 있다. 비디오 카메라에 카메라 기능이 포함된 경우, 프로그레시브로 정지영상을 기록할 수 있는지 따져봐야 하는 이유가 여기에 있다.

Q 　자영업에 종사하고 있는 30대의 남자입니다. 독신으로 살다 보니 스포츠와 여행 같은 취미 생활을 즐기고 있습니다. 사진과 비디오 카메라는 오래 전부터 만져 익숙했지만 편집은 전문직에서나 하는 것으로 생각했습니다.

　지난 주 홈쇼핑 채널을 보니 비디오 카메라를 팔더군요. 컴퓨터로 비디오 편집을 할 수 있는 카드도 같이 준다고 하면서요. 누구나 컴퓨터만 있으면 비디오 편집을 할 수 있다고 해 내친김에 카드로 긁었습니다.

　어제 프리미어라는 프로그램도 구하고, 서점에 가서 전화번호부 책만큼 두꺼운 프리미어 책을 사서 공부를 시작했습니다. 학창시절 공부라면 이를 악물고 했던 저라 이제부터 이 책 내용을 모두 딸딸 외워 비디오 편집이라는 취미를 가져 볼까 합니다. 이 책 외에도 또 어떤 공부를 해야 하는지 궁금합니다.

A 　위와 같은 사례는 주변에서 흔히 보는 일이다. 일단 질문에 답을 드린다면, 위와 같이 공부하는 것이 안 하는 것보다 좋지만, 편집 공부로서는 완전히 틀렸다고 말할 수 있다. 자동차 여행을 하면서 지역의 풍물과 행사를 찾는 취미를 가진 김선달이라는 사람이 있다고 하자. 그가 취미생활을 하기 위해 필요한 것은 무엇일까? 우선 어느 지역은 어떤 풍물들이 있고, 어떤 지역은 어떤 행사가 있는지 알아야 한다. 해당 지역을 잘 찾기 위한 지도를 준비하고 필요한 먹을거리와 여행 필수품을 챙겨야 한다.

　그런데 김선달이 자동차 여행을 하기 때문이라면서 자동차 정비지침서, 자동차 설명서를 꺼내 들고 첫 페이지부터 끝 페이지까지 외운다고 한다면 어떤 생각이 드는가? 김선달이 취미를 잘 살리려면, 자동차의 기본적인 운행법과 오일관리법 정도만을 익히고 여행을 다니면 된다. 만약 여행중에 음악을 듣고 싶다면 카 스테레오를 켜면 되고, 그러다 모르는 기능이 있으면 설명서를 읽어보면 된다.

- 프리미어 공부가 아니라 편집 공부를 먼저 한다

　프리미어는 덩치가 크고 복잡한 프로그램에 속하므로 전체 메뉴, 사용법을 한꺼번에 알려고 공부하면, 프리미어라는 단어만 들어도 스트레스가 밀려오는 사람으로 변하기 쉽다.

　프리미어를 배우기 전에 비디오 편집이란 무엇을 해야 하는 것인지, 편집을 통해 스스로가 만들고 싶은 비디오 영상은 무엇인지, 이런 내용들을 공부하고 정리해야 한다. 그리고 나서 본인이 원하는 영상을 프리미어를 이용해 만들면 된다. 프리미어의 기본적인 사용법 외에는 만들면서 하나씩 하나씩 배워 나가는 편이 훨씬 쉽고 빠르게 배우는 길이다.

Chapter 5

편집 프로그램은 종류별로 사용법이 조금씩 다르지만 한 가지만
잘 알아두면 다른 프로그램도 쉽게 다루게 된다. 자동차 운전을
배워두면 종류가 다른 자동차도 운전할 수 있음과 비슷하다.
가장 많이 사용하는 편집 프로그램인 프리미어의 기본 사용법을
알아 보자.

프리미어의 기본조작

> **Power Tip | 60분 DV 테이프 파일 크기**
>
> DV 방식은 3.3M byte/sec(1초에 3.3M) 크기를 가진다. 60분으로 계산하면 3.3Mbyte×60초(1분)×60(60분)=12G, 즉, 12G(기가) 정도의 파일 용량에 해당한다.

1. 캡 처

캡처란 아날로그 비디오 카메라 시절 쓰였던 용어이다.

지금은 캡처라는 단어보다 DV 카메라 데이터를 컴퓨터 하드디스크에 전송한다는 의미가 더 정확하지만 습관처럼 그냥 캡처라고 부른다.

펜티엄 3급 이상 컴퓨터 시스템이나 UDMA가 지원되는 하드디스크에 캡처하면 드롭 프레임(drop frame : 하드디스크에 제대로 옮기지 못하고 놓치는 프레임)이 생기지 않는다. 만약 드롭 프레임이 생기거나 영상이 제대로 캡처가 안 된다면 바이러스 감염 또는 시스템 이상이므로 점검을 해야 한다.

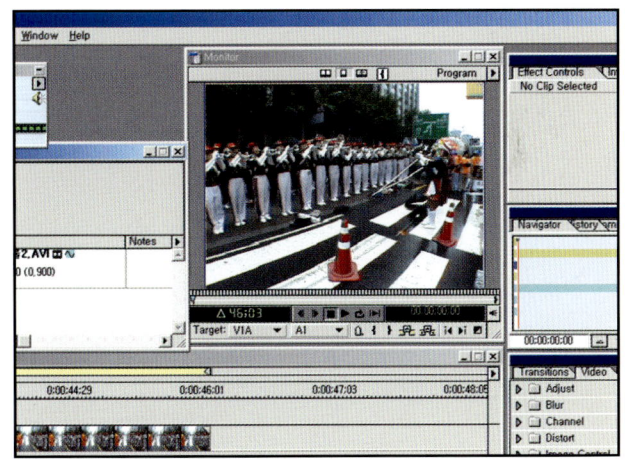

> **Power Tip | fps(frame per sec)**
>
> 1초에 보여지는 화면 개수를 의미한다.
> - 영화필름 : 24fps
> - PAN/SECAM 방식 텔레비전 : 25fps
> - NTSC 방식 텔레비전 : 29.97fps

2. 메뉴와 윈도우

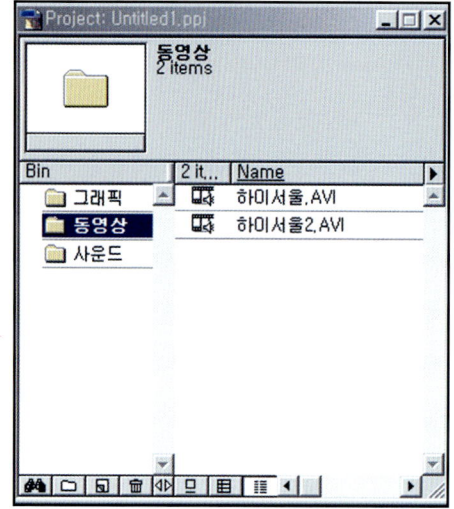
🔲 프로젝트 윈도우

🔴 프로젝트 윈도우

〈작업에 필요한 소스를 담아 놓는 창고〉

편집을 하기 위해 필요한 파일(동영상, 정지영상, 효과음, 사운드, 자막 등등)을 모아 두는 곳이다. 그림을 그리려면 먼저 필요한 물감을 골라 한 곳에 모아두고 팔레트에 조금씩 덜어 사용한다. 컴퓨터 하드디스크에는 수없이 많은 폴더와 파일이 있다. 만약 프로젝트 윈도우(Project window)와 같은 곳에 담아두지 않고 이곳저곳에서 직접 꺼내오면 어떻게 될까? 필요한 파일을 찾을 때마다 온갖 폴더를 뒤져야 하고 또 뒤져야 한다.

🔴 모니터 윈도우(Monitor window)

〈컴퓨터 모니터 안의 작은 텔레비전〉

카세트 테이프에 녹음을 하고, 잘 녹음되었는지 확인하려면 재생 버튼을 누르고 스피커나 헤드세트으로 소리를 확인한다. 편집 작업을 위한 소스 파일을 열어 소리를 듣거나 영상을 확인하는 용도로 사용한다. 또한 편집을 하는 작업 라인(타임라인)에서 편집 효과를 준 결과를 확인하는 용도로 쓴다. 텔레비전 모니터처럼 영상을 직접 눈으로 보여주는 기능을 한다.

🔲 모니터 윈도우

● 타임라인 윈도우

〈필름을 자르고 붙이고 연결하는 작업실〉

타임라인은 프리미어 프로그램의 핵심적인 윈도우이며 이곳에서 대부분의 편집 작업이 이루어진다. 커다란 사각형 타임라인 윈도우(Timeline window) 창은 시간이 촘촘하게 표시된 가로라인과 비디오 영상, 사운드, 자막 영상을 놓는 세로라인으로 되어 있다. 일반인들은 프리미어를 시작하면 가장 큰 타임라인을 만나게 된다. 타임라인 속에 여러 트랙이 펼쳐져 있어 헷갈려 한다.

만화경을 기억하는가? 필름 조각이 붙어 있는 원모양의 종이(필름 원반이라 하자)를 만화경 틈에 넣고, 렌즈 2개에 눈을 맞추면 새로운 세상이 펼쳐진다. 오른쪽 레버를 아래로 내리면 다음 장면이 나타나는 만화경. 타임라인은 바로 만화경과 똑같은 원리로 움직이는데, 만화경 렌즈를 통해 보는 화면은 앞에서 설명한 모니터 윈도우에 해당한다.

타임라인의 트랙은 필름 원반을 넣는 틈이라고 보면 된다. 비어 있는 타임라인의 트랙에 영상 파일을 끌어다 놓으면 영상의 길이만큼 채워지는데, 비어 있는 만화경 틈에 필름 원반을 넣은 상태와 같다. 만화경은 오른쪽 레버를 내리면 한 장씩 다음 장면이 나타나는데, 타임라인 또한 마우스로 오른쪽 방향을 누르면 다음 장면이 나타난다.

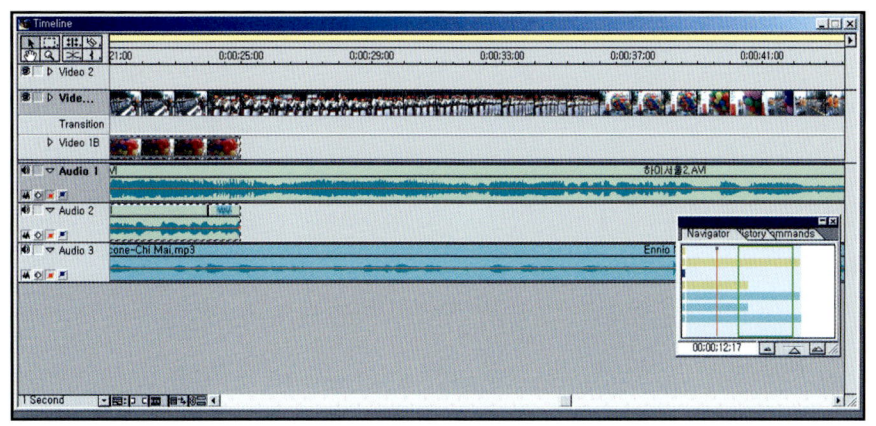

🔳 타임라인 윈도우

🔴 비디오 트랙

타임라인을 열면 비어 있는 영상 트랙(Track) 3개, 음성 트랙 2개가 보인다. 만화경은 필름 원반을 넣을 틈이 1개에 불과하지만 타임라인은 여러 개라는 점이 다르다(타임라인 트랙은 마음대로 늘리고 줄일 수 있다). 이제 여러분은 만화경의 필름 원반 넣는 틈을 확장하는 이유를 잘 생각해야 한다. 여기에는 레이어 개념이 필요한데, 디지털 비디오 편집, 합성에서 레이어는 아주 중요하다.

🔵 트랙과 & 레이어

프리미어는 물론이고 포토샵, 애프터 이펙트 모두 레이어(Layer)에 관해 알아야 한다. 레이어는 여러 장이 한꺼번에 포개져 있음을 의미하며, 애니메이션에서 레이어는 적극적으로 사용되고 있다.

실제로 손으로 그려 넣는 애니메이션 제작 과정을 보자. 맨 밑에는 배경이 한 장 놓여 있고 그 다음 투명한 비닐에 주인공이 그려져 있다. 주인공이 손을 움직이면 손에 해당하는 비닐 그림만 바꿔치기 해서 한 컷 한 컷 촬영한다. 만약 배경과 주인공을 한꺼번에 한 장 한 장 그린다면 수고도 엄청나지만 장면이 바뀔 때마다 배경이 그대로 유지되기도 어렵고, 중간에 배경을 바꿔야 하는 일이 생기면 처음부터 모두 다시 그려야 한다.

> **참고** **레이어 = 멀티 트랙(Multi Track)**
> 예를 들어 〈안녕하세요?〉라는 영상 파일이 있다. 이 파일은 동영상으로 여학생이 카메라를 보고 머리를 숙이는 동영상이다. 이 영상에 "안녕하세요?" 소리와 〈안녕?〉 자막을 넣어야 한다면?

🔴 트랙이 하나인 경우

위 동영상 원본에 직접 소리를 더빙하고, 자막을 넣어야 한다.

이제 동영상 원본은 소리와 자막이 덧씌워져 이전으로 복구는 불가능하다. 만약, "안녕하세요?"가 아니라 "어서 오세요."로 내용이 바뀌어야 한다면? 훼손된 원본은 버려야 하며 새로 동영상을 촬영하고, 소리를 덧씌우고 또 자막을 바꿔야 한다.

트랙이 여럿인 경우

동영상 원본은 애니메이션 배경처럼 맨 아래에 둔다. 그리고 "안녕하세요?" 목소리를 사운드 트랙에 끼워 넣으면 소리는 간단하게 해결된다. 자막은 만화 영화를 그리는 원리처럼 투명한 비닐에 글씨를 쓰고, 맨 아래 동영상 바로 위에 겹치면 자막이 나타난다. 자막이 나오고 들어오는 시간과 밝기만 조절하면 된다. "안녕하세요?"가 "어서 오세요."로 바뀌면 다시 녹음해 파일을 바꿔주고, 자막 내용만 고치면 된다. 어떤가? 원본은 조금도 훼손되지 않고 수정 작업이 비교할 수 없을 정도로 편리하지 않은가?

비디오 트랙 ③
+
비디오 트랙 ②
+
비디오 트랙 ①

합성되어 완성된 화면

▣ 레이어 원리

오디오 트랙(Audio Track)

가수들이 앨범을 만들 때 반주 녹음을 먼저 한다. 이 때 반주를 만드는 모든 연주자가 한꺼번에 녹음을 하지 않는다. 리듬 파트인 드럼이 먼저 녹음하고 다음 베이스, 기타, 키보드 순서로 각각의 채널에 녹음을 한다(채널이나 트랙이나 같은 개념으로 생각하면 된다).

만약 모든 악기를 한꺼번에 하나의 채널에 녹음하면 어떻게 될까? 일단 모든 연주자들이 한꺼번에 모여 녹음을 해야 한다. 만약 편곡이 바뀌어 특정한 악기를 추가하거나 빼야 한다면? 며칠 후 녹음된 연주를 들어보니 특정 악기 연주에 실수가 있다면? 다시 모여 처음부터 연주를 해야 하므로 비용과 시간 모두 엄청난 부담으로 작용한다. 각각 다른 채널에 연주자 별로 녹음을 하면, 악기 간의 볼륨 조정도 마음대로 할 수 있고 특정 악기를 뺄 수도 있고 더할 수도 있다.

영화, 비디오 영상에서 사운드라고 하면 촬영과 함께 녹음된 현장음, 별도로 만든 BGM과 특수 효과음이 있다. 프리미어는 비디오와 마찬가지로 사운드도 멀티 트랙으로 작업할 수 있다. 현장음, 효과음, BGM을 각각의 트랙에 넣어 세 트랙을 사용하는 경우가 대부분이다.

3. 프리미어 편집순서 기본

① 프리미어를 시작하면 프로젝트 프리세트 메뉴가 나타나 한 가지를 선택하기를 기다린다. 보통 DV 방식을 사용하므로 NTSC DV 포맷(48kHz 오디오 샘플링)을 선택한다. 만약 IE1394 카드가 아니라 전문 영상 카드를 사용한다면 카드 셋업을 하면서 인스톨 한 드라이버를 선택한다.

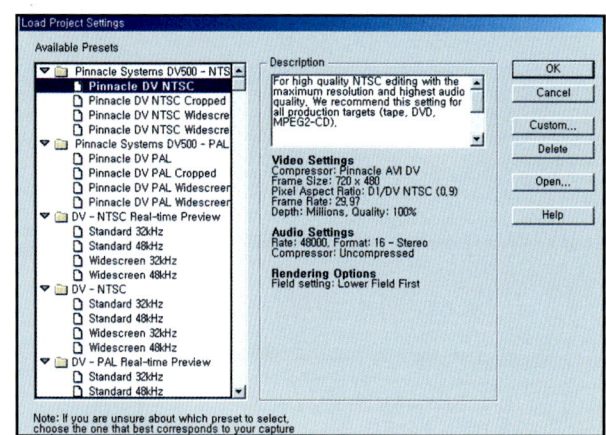

⬆ 프리셋 메뉴

② 프리미어 설정(Edit-Preference)메뉴를 선택해 세팅을 한다.

💠 capture movie

캡처한 파일이 저장될 하드디스크 폴더 위치를 지정한다.

가능한 별도의 캡처 전용 하드를 구입해서 지정한다.

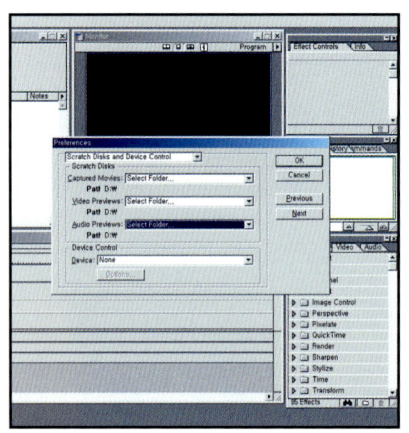

⬆ 스크래치 디스크 선택

💠 video(audio) previews

편집 작업을 하는 타임라인에 마우스를 두고 재생 버튼을 누르면, 효과를 준 영상을 바로 확인할 수 있다. 프로그램 내부적으로는 프리뷰에 필요한 임시 파일을 사용해 즉시 결과를 보여주는데, 임시 파일을 어디에 저장할지 지정한다 (속도가 빠르고 남은 용량이 큰 하드디스크를 선택하는데, 캡처 하드를 선택하면 된다).

③ 캡 처

파일메뉴 – capture를 선택하고 movie capture를 누르면 캡처(capture)화면이 나타난다. VCR 조작버튼과 같은 모양의 메뉴가 나타나므로 누구나 쉽게 사용할 수 있다. 재생 버튼을 누르면 IE1394로 연결된 DV 카메라가 재생되고 빨리 보내거나, 되감기, 정지 버튼이 있다(편집 작업에서 DV 카메라는 VCR 모드로 놓아야 한다).캡처 조작메뉴 중에서 빨간색 레코딩 버튼을 누르면 DV 테이프 내용이 컴퓨터

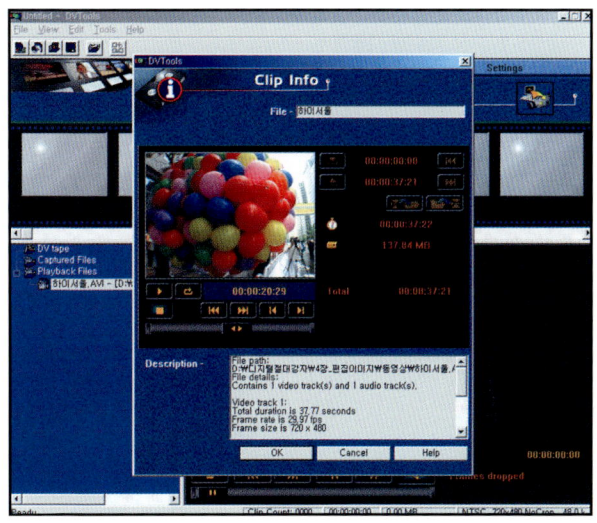

🔴 DV500 캡처 프로그램

하드디스크로 이동된다. 원하는 곳까지 모두 전송이 되었으면 스톱을 누르고 파일이름을 입력하면 된다. 여기까지 끝나면 캡처 후 하드디스크에 저장된 프레임 수, 저장되지 못한 프레임 수(드롭 프레임)가 표시되므로 100% 캡처가 아니면 시스템을 점검하고 다시 캡처 받아야 한다.

④ 프로젝트 윈도우에 필요한 동영상, 정지영상, 사운드를 불러 차곡차곡 정리해 둔다. 이곳은 편집하면서 사용되는 모든 파일을 모아두는 곳이다.

⑤ 프로젝트 윈도우에 담은 파일 중에서 동영상 파일을 마우스로 끌어 타임라인 VIDEO1A, VIDEO1B에 떨어트리면 해당 파일 길이만큼 자동적으로 자리를 차지한다.

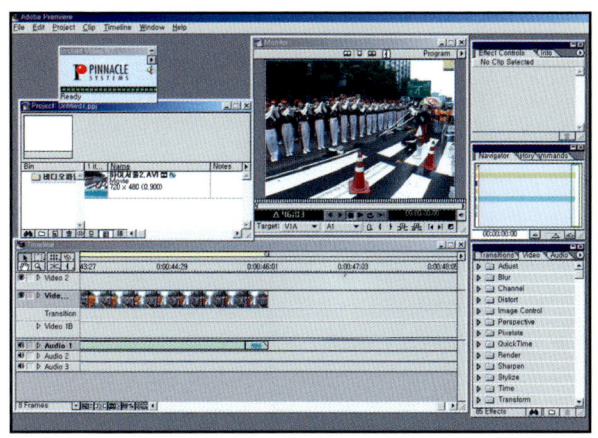

🔴 동영상 파일을 타임라인으로 옮긴 화면

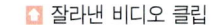
🔶 잘라낸 비디오 클립

⑥ 비디오 편집은 비디오 영상 중에서 필요한 부분을 잘라내고 필요한 위치로 옮기는 일이 대부분이다. 편집 프로그램은 이러한 작업을 할 수 있는 다양한 방법을 제공하고 있다.

모니터 윈도우에 비디오 파일을 올려놓고 IN POINT, OUT POINT를 잡을 수도 있고, 타임라인 트랙에 올려놓고 마우스로 길이를 줄이거나 자르는 도구로 자를 수도 있다.

처음엔 자르는 기능을 왜 여러 가지로 복잡하게 만들었을까 하는 생각이 들지만, 익숙해지면 상황에 따라 다른 자르기를 쓰는 편리함이 있다(편집 프로그램에서 동영상 파일을 자르고 옮기고 하는 작업은 하드디스크에 있는 영상 데이터에는 전혀 영향을 미치지 않는다).

⑦ 트랜지션, 필터

트랜지션(Transiton)은 VIDEO1A, VIDEO1B에 끌어넣은 2개의 비디오 영상을 다양한 효과를 주어 연결하는 기능이다. 비디오 파일을 각각의 트랙에 서로 겹치게 세팅하고 가운데 트랜지션 트랙에 원하는 효과를 끌어다 놓으면 된다. 필터 효과 또한 원하는 필터 효과를 마우스로 선택하고 적용하고 싶은 비디오 영상 파일에 끌어다 놓으면 된다.

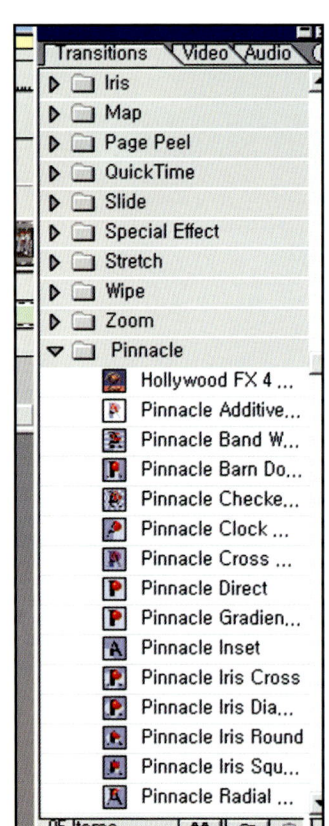
🔶 트랜지션과 필터

⑧ 최종 출력(out put)

프리미어에서는 편집이 끝난 결과물은 DV 테이프에 바로 녹화를 할 수 있으며, DVD 라이터가 있다면 DVD로 만들 수 있다. 현재 코덱은 여러 가지가 사용되고 있으므로 코덱 모음 파일을 인스톨하면 인터넷에서 사용하는 모든 동영상 파일로 만들 수 있다.

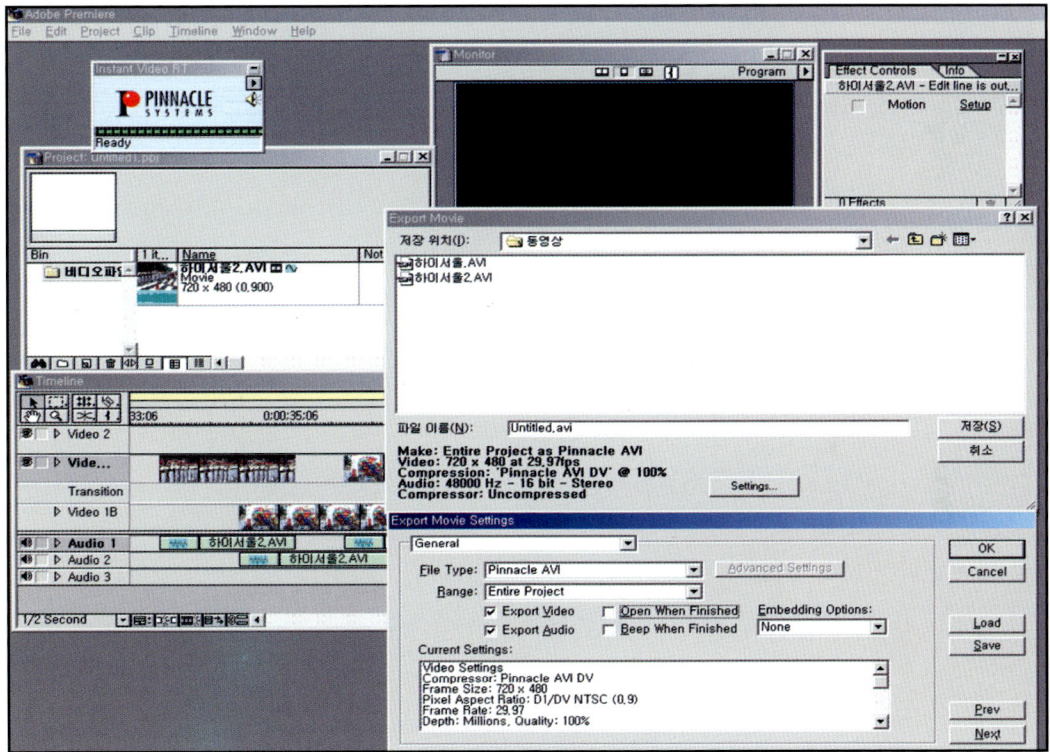

PART V

촬영기행문

1. 설악산 가족여행 편

Q 늘 바쁘신 줄 알지만 이렇게 메일을 드립니다.

저는 초등학교 4학년의 아이를 둔 직장인입니다. 직업이 IT 관련 일이라 매일 야근에, 아이와 놀러 가 본 적도 없는 듯 합니다. 그래서 이번 여름에 2박3일 기간으로 설악산에 놀러 가기로 일찌감치 휴가를 예약했습니다.

비디오 카메라 촬영은 몇 번 해보았지만 이런 경우 어디서부터 어떻게 담아야 할지 난감하군요.

A 여행도 즐기고 가족끼리 화목도 다지고 또 추억도 담으려면 무엇보다 팀워크가 필요하다. 대부분 아버지가 사진을 촬영하느라고 화면에는 존재 여부도 확인하기 어렵다.

이런 때 가족들에게 카메라 렌즈를 광각으로 놓고 기본적인 촬영법과 구도만 알려주면 아이 엄마도, 아이도 훌륭한 카메라맨이 된다.

사계절 중에서 여름은 푸른 하늘과 초록의 산, 그리고 뜨거운 열기가 유혹하는 계절이다. 지금은 활동을 그만둔 듀스의 노래 중에 이현도가 만든 〈여름 안에서〉의 가사 "하늘은 우릴 향해 열려 있어, 그리고 내 곁에는 네가 있어"는 여름의 기분을 만끽할 수 있는 멋진 곡이다.

강릉이나 속초는 설악산과 푸른 동해 바다 그리고 싱싱한 회로 우리를 유혹한다. 초등학생 아이와 엄마, 아빠가 오랜만에 2박 3일 동안 속초로 여행을 가는데 그냥 갈 수 없다. 미리 밑그림을 그려보고 떠나보자.

#1 떠나기전

시작과 함께 바로 여행을 가는 장면보다 뜸을 들여야만 여행 떠나는 순간이 돋보인다. 먼저 가족 구성원의 일상을 몇 초 정도 스케치 영상으로 보여준다.

- 엄마 : 청소, 빨래, 요리 등등 고단한 일상.
- 아이 : 학교에서 돌아와 자기 방에서 숙제를 하고 있다(즐거운 얼굴이 아니다).
- 아빠 : 늦게 퇴근해 피곤에 찌든 얼굴로 텔레비전 뉴스를 본다.
- F.O.(Fade Out : 화면이 점점 어두워진다)
- 자막 : 〈지루한 일상은 가라. 떠나자!!〉
- F.I.(Fade In : 화면이 점점 밝아진다)
- 경쾌한 리듬의 B.G.M. 시작
- 여행 가방의 지퍼를 잠그는 손과 채워진 지퍼를 클로즈업

#2 자동차안

- 자동차 시동을 거는 손, 자동차 키 클로즈업(시동음을 살려야 한다)
  타이틀 : 〈지금 우린 속초로 간다〉
- 자동차 기어(오토매틱이면 D)
- 달리는 차창 밖 풍경 스케치

※ 초보자들은 스케치 장면을 지나치게 많이 담고, 편집 때 대부분 다 쓰려고 한다. 그러나 언제 봐도 멋진 풍경만 남긴다!!

#3 미시령 고개

미시령이나 한계령에 올라, 곧 도착할 목적지를 내려다보며 맑은 공기를 마시는 즐거움. 그러나 이 순간도 비디오 카메라는 돌아가야 한다.

잠깐! #2 마지막이 달리는 차창 밖을 촬영한 장면이다. 미시령 휴게소에서 쉬는 장면을 바로 연결하

면 무언가 이상하다.

※ 이럴 때 다음처럼 촬영하면 비교적 자연스러운 연결이 가능하다.

– 자동차 안에서 휴게소에 들어간다

▶ 지나치게 교과서적이고 다큐멘터리 추적 프로그램 같다.

– 미시령에 동전 넣는 망원경을 클로즈업으로 3초 정도 보여주고, 카메라를 뒤로 빼 미시령 휴게소 전경을 보여주는 롱 샷으로 잡는다.

▶ 망원경이 갑자기 나타나 보는 사람이 궁금증을 일으킨다. 잠시 뒤 미시령 휴게소를 확인하면 궁금증도 해결된다. 관객에게 흥미를 불러일으키고 만족을 주는 좋은 방법이다.

– 휴게소에서 십전대보탕을 마시는 아빠, 엄마 모습도 좋고 어설픈 곰 박제 앞에서 포즈를 취하는 아이도 좋다.

#4 콘도에서

여행가면 텐트로 숙박하던 기억이 선하지만 이제 콘도 사용이 여행 문화가 되었다. 목적지인 콘도 주차장에 도착하면 짐을 내리고 프론트 체크인 등등 모습은 뻔하므로 과감하게 빼도 된다.

– 방 번호가 적힌 룸 열쇠를 흔들며 복도로 걸어오는 아빠.

– 열쇠를 돌려 방문을 열자 아이가 후닥닥 뛰어 들어간다.

– 잠시 객실 안을 비추던 카메라, 뒤로 빠져 다시 방 번호가 적힌 현관문을 보여준다.

▶ 처음부터 방 번호를 보여주고 들어가는 방법보다 훨씬 기억에 남는다.

#5 대포항

살아 움직이는 동물은 확실한 볼거리이다. 여전히 동물의 세계는 다큐멘터리 최고의 소재가 아닌가.

대포항은 현지인보다 관광객들이 많이 찾는 곳이라 규모도 크고 볼거리도 많다(당연히 회값이 싼 편이 아니다).

펄펄 살아 있는 오징어와 도다리, 광어들이 도시에서 온 손님들의 주머니를 열려고 기다리고 있다. 이런 종류의 생선들은 물론이고 어른 손보다 큰 조개부터 시작해 별의별 어종들이 가득하다.

살아 있는 생선과 같은 동물은 정지된 사진으로는 제대로 표현하지 못하지만, 비디오 카메라는 멋지게 담는 특권을 가지고 있다.

- 비디오 카메라가 흔들리지 않게, 걸음걸이를 적게 해 횟집 풍경을 관광객의 눈으로 담는다.
- 수족관의 물고기를 담을 때는 카메라 렌즈를 유리에 바짝 붙여 반사되지 않게 한다.

조심해야 할 점은 상인들의 감정을 상하게 할 만큼 촬영하지 말아야 한다.

수족관이 있는 큰 가게는 "촬영 좀 하겠습니다?" 하고 미리 허가를 얻으면 되고, 다른 가게는 아이가 신기하게 구경할 때 자연스럽게 촬영하면 된다.

결국 회를 사는 가게에서라면 샅샅이 담는다고 뭐라 그럴 수 있을까?

- 살아 있는 물고기는 되도록 클로즈업.
- 횟감을 고르며 흥정하는 사람들 표정.
  (비디오 촬영에 함께 한 일행만 담기보다 주위 환경과 주변 사람들까지 담으면 언제 봐도 현장에 다시 간 듯하다)
- 전문가답게 빠른 속도로 회를 뜨는 아주머니 손놀림.
- 흰 스티로폼 그릇에 먹음직스럽게 담겨 있는 회

#6 콘도 방안

- 회를 담은 접시가 식탁에 놓여 있다.

- 살아 꿈틀거리는 오징어 회를 먹는 엄마, 아빠.

- 무서워서 도무지 젓가락이 가지 않는 아이 표정.

▶ 화목한 가족의 모습을 담아 두면 O. K.

- F. O.(Fade Out)

- 자막 : 〈속초에서 하루는 저물고〉

▶ 하루가 끝나는 영상 표현에서 페이드 아웃만큼 강력한 연결 방법은 없다.

#7 설악산

- F. I.(Fade In)

- 설악산 공원입구 매표소에서 표를 사는 아이.

- 설악산 등반코스 안내판.

   (자막이 없어도 화면에서 확인할 수 있는 대상은 꼭 담는다.)

- 권금성으로 올라가는 케이블카.

   (아래에서 위로 올라가는 케이블카를 아래서 광각으로 담는다.)

- 케이블카 안에서 보이는 풍경.

- 손을 높이 올려 하이 앵글로 케이블카 안에 관광객들의 표정을 담는다.

- 카메라를 광각으로 놓고 내리면서 촬영한다.

　(사람들은 이럴 때 카메라를 전혀 신경 쓰지 않는다. 사람들의 살아 있는 모습은 언제 봐도 실감난다. 그들은 훌륭한 엑스트라 연기자들이다.)

- 야호! 소리치는 가족.

- 기타 산 위의 풍경.

※ 등산처럼 사람들의 움직임이 많은 장소는 광각으로 놓고 촬영해야 흔들림도 적고 초점도 골고루 맞으며 화각도 넓다.

#8 경포대

- 달리는 자동차 창 밖으로 보이는 동해 바다.

- 금방 파도가 지나간 모래 위.

- 어느새 파도가 모래 위를 덮는다, 카메라 T. U.(Tilt Up : 천천히 위를 향한다).

　멀리 펼쳐진 수평선을 보여준다.

- 아이와 엄마, 맨발로 바닷가로 간다.

- 파도가 밀려오자 황급히 백사장 위로 달려간다.

- 엄마와 아이 표정을 화면 가득 C. U.(Close Up).

▶ 산과 바다는 하늘이 들어와 역광 상태가 대부분이다. 수동 노출 조정을 잘하던가, 얼굴을 담을 땐 클로즈업으로 가득 담으면 역광으로 인한 노출 부족을 방지할 수 있다!

#9 콘도 방안

마지막 날 밤이다. 아빠와 엄마는 맥주를, 아이는 콜라를 앞에 두고 도란도란 이야기를 나눈다.

- 촛불을 켜놓고 분위기를 잡는다

(비디오 카메라 프로그램 모드에서 촛불 모드를 선택하면 은은하고 아늑한 촛불 켠 느낌이 살아난다.)

- 여행이 즐거웠다는 둥, 또 놀러 오자는 둥, 아빠에게 바라는 점이 있다는 둥. 기타 등등….

- F. O.(Fade Out)

뒤 장면은 스스로 만들어 보기 바란다. 아쉬움을 남긴 채 끝내도 된다. 또는 집으로 돌아오는 차안에서의 이야기도 좋고, 집에서의 인터뷰를 담아도 좋다.

여행을 담은 영상의 경우 바닷가 같은 장소를 이용해서 뮤직비디오 스타일을 중간에 넣어도 아주 잘 어울린다.

2. 경복궁 촬영 기행문

Q 건축학을 전공하는 대학생입니다. 서울에 살면서 수백 년 전 고궁을 답사해 보면 당시 사람들의 뛰어난 사상과 건축학을 느낄 수 있어 늘 흥분됩니다.

학과 공부에 도움이 되어 비디오 카메라를 장만했지만, 촬영하고 돌아와 다시 보면 도대체 어떻게 연결을 해야 할 지 고민부터 됩니다.

친구들은 "우리가 무슨 KBS 역사스페셜 팀이냐, 술이나 마시러 가자." 이러고 맙니다.

오랜 시간 동안 두고두고 촬영해 하나로 모아야 하나요? 아니면 또 다른 방법이 있을까요?

A 경복궁처럼 훌륭한 문화재는 멋진 모습이 눈에 띈다고 무턱대고 담아버리면 편집단계에서 좋은 화면(O. K. 컷)을 고르기도 힘들고, 비디오 구상도 어려워진다. 촬영 대상과 이야기 구조를 먼저 정하고 촬영을 시작하면 머리 아플 이유가 하나도 없다.

서울은 조선시대 500년의 문화와 현대의 문화가 함께 조화를 이룬 멋진 곳이다.

궁궐은 예술적으로나 과학적으로, 또 건축학적으로 지금의 눈으로 봐도 신비할 따름이다.

서울뿐만 아니라 천년의 신비가 가득한 경주에는 신라의 모습이 있고, 공주와 부여에는 백제의 모습이 있다.

다음은 2003년 겨울에 경복궁을 촬영한 경험을 기행문으로 엮어본 것이다.

☀ 2003년 1월, 겨울

충전기를 이용해 배터리를 가득 충전시키며 잠자리에 들었다. 겨울은 배터리 성능을 뚝 떨어트리기 때문에 가장 신경 써야 하는 부분이다.

삼각대는 전용 스트랩 끈으로 묶어 어깨에 멘다. 지하철을 타자 빈자리가 있다. 자리에 앉아서 가볍게 목과 다리를 풀어본다.

경북궁역을 알리는 안내 방송을 뒤로 하니 지하철 내 답답한 공기는 어느새 인왕산에서 불어오는 시원한 바람으로 변했다.

경복궁으로 들어가는 커다란 광화문은 3개의 아치형으로 만들어져 있다. 가운데 문으로는 임금님이, 왼쪽과 오른쪽 문으로는 무관과 문관이 각각 출입했다고 한다. 이로써 조선시대가 왕권과 신권이 조화를 이룬 시대였음을 문을 통해서도 알 수 있다.

임금님만이 드나들었던 가운데 문을 통해 경복궁 안쪽을 바라본다.

가까운 홍례문을 통해 멀리 근정전이 투영되듯 보인다. 옛사람들은 이미 근경, 중경, 원경으로 건축물에 입체감을 살리고 있었다.

삼각대를 펼치기 위해 조심스레 다리를 꺼낸다. 추운 겨울이면 금속 기기는 딱딱하게 경화되어 있으므로 조심스럽게 다루어야 한다.

미끄러지지 않는 카메라 전용 장갑 덕분에 차가운 다리를 만져도 등골이 오싹해지지 않아 좋다. 삼각대에 비디오 카메라를 올려놓고 좌우로 부드럽게 돌려보고 위아래로 움직여 본다. 기계는 물론 내 몸의 감각에도 워밍업이 필요하기 때문이다.

● 촬영 시작

아치형 문 앞에 삼각대를 고정하고, 0.5배 광각 컨버전 렌즈를 달아 최대 화각으로 잡는다. 삼각대는 한 단계만 뽑아 로 앵글로 아치형 문 위를 시원하게 담는다. 이런 숨겨진 곳에서 좋은 영상이 나오므로 촬영 전에 이곳저곳 다 눈여겨봐야 한다.

매표소에서 표를 사려는 사람들의 모습은 겨울 고궁에 살아 있는 생명감을 준다. 그렇다고 무작정 카메라를 들이대면 욕먹기도 쉽고, 그 사람들의 기분을 상하게 할 수 있다(나와 상대방 모두를 배려해야

진정한 마니아).

매표소와 줄 선 사람들 옆에서 삼각대로 화면을 잡아두고 짐짓 뒤로 물러난다. 누구를 기다리는 듯 딴청을 부리며 리모콘 녹화 버튼을 눌러 녹화를 시작한다. 망원 상태에서 삼각대에 달려 있는 버튼을 누르면 흔들림이 화면에 들어간다. 이때 리모콘을 쓰면 흔들림이 전혀 없는 화면을 얻는다.

예민한 사람들은 빨강색 녹화 램프도 신경 쓰니 세팅 메뉴에서 녹화 램프를 끄던가 검정색 테이프를 붙여둔다.

🌕 자동 노출과 색수차

궁궐 곳곳의 건축물 지붕을 보자. 한복 곡선 마냥 부드러운 처마와 용마루가 멋지게 서 있지만 밝은 하늘 때문에 100% 노출 부족이기 쉽다. 물론 역광 보정 버튼이나 수동 노출로 놓고 조리개를 열면 되지만 빛이 렌즈로 들어오는 역광 상태는 좋은 영상을 담기가 어렵다.

더 큰 문제는 밝은 화면과 어두운 용마루가 만나는 경계에 색수차가 생기는 점이다. 색수차는 촬영 때 작은 뷰파인더로는 잘 안 보이나 큰 화면에서는 확연하게 드러난다.

이때 조리개를 중간 값(F5.6) 이상으로 조여야 하며, 되도록 하늘과 만나는 부분과 어두운 기와부분의 밝기 차이를 줄이는 구도로 잡으면 문제가 해결된다.

경복궁의 대표적인 건물 근정전이 공사중이라 촬영을 못 해 아쉬웠지만, 향원정의 아름다운 풍경과 연못은 일품이다. 연못까지는 넓은 공간이라 한 화면에 들어오지 못하므로 패닝시켜야 했다. 삼각대에 올려진 비디오 카메라 손떨림 보정 장치를 껐다. 삼각대에 고정하고 패닝하면서 손떨림 장치를 켜두면 어딘지 부자연스럽게 끊기는 화면이 된다. 연속적으로 화면이 이어 가다가 손떨림 보정 회로가 작동하면 멈칫거리기 때문이다.

🌕 정적인 고궁, 동적인 피사체

고궁처럼 정적인 대상만 계속 담아서는 지루해지기 쉽다.

고궁 어느 곳이나 아이들은 늘 바삐 뛰어다니고, 외국인의 흥미로운 표정도 있다. 이런 움직임은 삼각대보다 손으로 직접 들고 촬영하는 편이 훨씬 편하다. 삼각대를 안 쓰면 광각으로, 카메라는 몸 가까이 한 상태로 한 손은 촬영 버튼을 잡고 다른 손은 카메라 아래를 잘 받친다.

가슴에 "경복궁 다큐 촬영팀"이라고 써놓은 네임 카드 덕분인지 사람들이 기꺼이 촬영에 응해 준다.

2시간 가까이 촬영하자 추위가 몸 속으로 파고든다. 모든 창작 활동은 정말로 하고 싶을 때 해야 한다. 불타는 창작 의욕은 빈둥거리며 하루를 보내고 난 후에야 시작된다. 몸도 푹 쉬었고 머릿속도 개운하므로 촬영하고 싶은 욕구가 생긴다.

따뜻한 음료와 간단한 군것질을 할 요량으로 궁궐 휴게실로 들어선다.

겨울철에 추운 곳에서 따뜻한 실내로 들어갈 때 아무리 번거롭고 귀찮아도 렌즈 보호 작업을 해야 한다. 카메라 렌즈 뚜껑은 꼭 덮고 렌즈를 닦는 넓은 천(없다면 수건)으로 카메라 렌즈를 중심으로 감싸 준다. 카메라는 가방 안에 넣고, 실내로 들어가 차가운 곳에 둔다.

휴게실에서 몸을 녹이면서 따뜻한 코코아 한 잔과 초콜릿을 먹으니 한결 몸이 가뿐하다. 따뜻한 곳에서 차가운 밖으로 나와도 카메라를 바로 꺼내지 말고 서서히 온도 변화에 적응한 후 꺼내자.

☉ 적극적인 장비 활용

경회루 연못에는 60cm가 넘는 커다란 잉어들이 떼로 몰려 있다. 누군가 먹이를 주자 물반 고기반 말을 실감하게 된다.

먹이를 뿌리는 곳이 화면에 들어오도록 삼각대를 설치하고 뷰파인더를 보니, 물의 반사 때문에 반사되는 햇빛만 보인다.

CPL(편광) 필터를 렌즈 앞에 붙이고 돌리면서 들여다보니 물고기 한 마리 한 마리가 섬세하게 보인

다. 줌을 당겨 화면에 물고기 표정까지 보일 만큼 클로즈업을 했다. 자동 초점이 잘 맞추고 있지만 움직이는 녀석이고, 초점 심도가 옅은 망원이라 조리개를 조여 심도를 깊게 했다.

🌕 링컴 스테디캠 사용

경복궁을 촬영한 영상에 역동적인 수문장 교대식이 더해지면 더할 나위 없이 멋진 〈궁궐답사기〉 다큐를 만들 수 있다.

스테디캠 촬영은 솔직히 번거롭고 힘들지만 손으로 들고 촬영한 결과와는 비교가 안 되므로 필요할 때 꼭 쓴다.

수문장 교대식은 경복궁에서는 특별한 행사 때만 있지만, 덕수궁 대한문과 창덕궁 돈화문에서는 월요일을 뺀 평일에 대부분 있다.

수문장이란 조선시대 궁궐을 지키는 정부요원에 해당하니 지금의 경호실 업무를 보는 신체 건강한 사람들로 보면 된다.

수문장 교대식을 행하는 건장한 젊은이들이 입은 관복은 색도 아름답지만, 걸어가면서 휘날리는 옷자락도 일품이다(공익요원들이 한다고 한다).

스테디캠은 어떤 동선으로 촬영해야 역동적으로 나올지 미리 판단을 해야 한다. 스테디캠으로 뒷모습을 따라가거나, 옆에서 따라가면 별로 효과적이지 못하다. 이상적인 스테디캠의 동선은 움직이거나 정지해 있는 대상을 중심으로 크게 원에 가깝게 그리는 방법이다.

수문장 교대식을 행하는 사람들은 질서정연하게 움직인다. 수문장 참가자들이 움직여 걸어오면 카메라는 먼저 정지촬영으로 시작한다. 스테디캠은 정면에서 시작해서 오른쪽이나 왼쪽 옆으로 원을 그리며 뒷모습이 보일 때까지 동선을 잡는다.

어차피 편집에서는 한 번만 쓰므로 여러 번 촬영을 해서 좋은 컷을 고를 수 있게 뒤에서부터 큰 원을 그려 앞으로도 가본다.

☺ 클로즈업으로 강력하게 표현한다.

고궁처럼 대상이 넓은 곳은 대부분 광각으로 촬영하기에 클로즈업은 보는 사람에게 강력하게 다가
간다. 그러나 클로즈업은 촬영자(연출자)의 의지를 담아야 한다. 무턱대고 이곳 저곳 클로즈업은 좋은
영상이 아니다.

경복궁에는 그냥 지나치면 안 되는 부분들이 많다. 상서로운 기운을 막아주는 해태와 같이 돌로 만
든 상상의 동물과 12지신을 상징하는 동물 조각이 있다. 조각상들의 표정을 잘 보면 지금의 캐릭터 인
형이라고 할 만큼 유머가 있고 순박한 사람의 모습이다. 오래된 문손잡이, 닳아버린 돌계단, 자경전의
꽃 문양이 새겨진 담벼락, 오래된 기와 등등.

이런 클로즈업 컷들은 세월도 말해 주고, 수백 년 전 사람들이 지금보다 건축물에 자연미를 넣으려
고 한 사상도 보여준다.

☺ 메시지를 담는다.

전체를 담는 롱 샷이 대부분인 영상에 힘을 주고 흥미를 계속 이어가려면 클로즈업 장면을 꼭 넣어
야 한다.

클로즈업된 장면은 아무 곳에나 넣지 말고 영상 흥미가 떨어질 부분의 앞뒤와 비슷한 느낌이나 연관
성이 있는 영상으로 조합해야 한다.

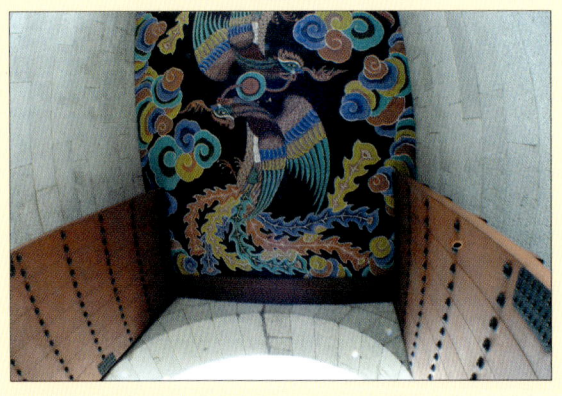

끝으로 만드는 사람의 생각(작가의 메시지)
을 담으면 되는데, 이 부분에서 결정적으로
작품의 색깔이 달라진다.

① 왕조시대는 가고 이렇게 황성 옛터만
되어 버렸다.
② 수백 년 전 사람들의 과학적인 건축방

법과 자연을 아끼는 마음이 놀랍다.

③ 중요 건축물의 안내문구를 보면 형식적인 소개 정도로 그친 점과 문화재 관리국의 관리 소홀이 문제다.

이 외에도 여러분들이 느낌 감정을 실으면 훌륭한 영상물로 남게 된다.

에필로그

건축의 관점에서든, 역사의 관점에서든 답사 비디오 영상은 밑그림이 중요하다.

밑그림의 기본은 전체 큰 흐름을 먼저 잡아야 한다. 역사 유적, 관광지처럼 볼거리가 많은 경우 이곳 저곳을 하나둘씩 담다보면 지나치게 산만해지고, 러닝 타임 또한 지나치게 길어진다.

▶ 촬영 대상을 크게 3가지 잡는다.

구경하면서 대표할 수 있는 3가지 정도만을 머릿속에 잡아본다. 경복궁이라면 근정전, 향원정, 경회루가 해당되는데 이런 건축물은 전체 모습과 자세한 모습을 골고루 담아둔다.

그리고 나머지 건축물 중에서 눈길을 끌거나 특징이 있는 부분을 롱 샷보다는 큰 사이즈로 잡는다.

▶ 이야기 구조를 3가지 잡는다.

그 다음으로는 이야기 구조를 3가지 정도 잡아야 한다. 이곳이 어디라는 소개를 간단하게 해야 하며, 마지막으로 내가 하고 싶은 이야기를 해야 한다.

질문을 한 건축과 학생이라면 첫 번째, 2000년 수도 서울 한복판에 600년 전 나라 이름이 조선일 때 왕이 살면서 정치와 행정을 행하던 궁궐이 있다는 소개를 한다.

두 번째, 대표적인 건물 근정전은 업무를 보면서 외국 사신을 접견하는 곳인데 부분 부분 이런 용도와 이런 목적으로 이렇게 만들어졌다와 같은 소개를 한다.

세 번째, 자신의 생각을 담아서 현대건축학의 관점에서 보더라도 경복궁은 기능적으로, 구조적으로, 예술적으로 하나도 손색없는 건축물이라는 이야기를 펼쳐가면 된다.

3. 피아노 발표회

Q 음대에 가서 피아노를 전공하려는 중학생 딸을 둔 40대 주부입니다.

딸아이의 피아노 발표회 횟수가 늘어가면서 이제부터라도 제대로 영상으로 남겨야겠다는 생각이 듭니다. 아이 아빠가 비디오 카메라로 자주 촬영하고 편집했지만, 카메라 한 대로는 부족한 것 같아 한 대를 더 살까 고민중입니다.

전문 촬영 편집 업소에 문의했더니 가격이 비싸 맡기기는 망설여집니다.

아이가 연주자가 되었을 때 소중한 자료로 남을 수 있으므로 피아노 발표회를 조금 더 전문적으로 촬영하는 방법을 알고 싶습니다.

A 피아노 발표회뿐만 아니라 살면서 다양한 행사를 치르게 된다. 행사 영상을 담는 방법만 알면 어떤 행사에나 응용할 수 있으므로 원칙을 정확하게 파악하기 바란다.

피아노 연주회장

일찍 행사장을 찾아 팸플릿을 보면서 대략 순서도 알아두고, 입구에 걸린 현수막과 주변에 붙여진 포스터도 모두 담는다. 무대에서 최종적으로 마이크 테스트를 하고, 입구에서 손님을 맞이하는 모습까지 담는다.

무대가 있는 행사장을 둘러보고 제일 좋은 가운데 자리에 카메라 삼각대를 설치해 주인이 있는 자리라임을 표식해 둔다. 물론 행사장에서 자리가 중요하지만 사람들이 지나다니지 못할 정도로 촬영 이기주의를 가져서는 안 된다.

필요한 장면을 미리 담아둔다

행사가 시작되어도 변하지 않는 장면들은 미리 담아두면 편하다. 이를테면 축하 화분, 행사를 알리는 현수막, 커다란 스피커 등등.

행사 소개 인사

행사가 시작되면서 주최측의 높은 분이 개회를 알린다. 당연히 이 장면은 끝까지는 필요 없지만, 연

단에서 고개를 숙여 인사하고 개회를 알리는 2분 정도의 장면은 담아둔다.

☺ 관객의 표정은 행사 초기에 담아둔다

관객도 처음 개회를 알리고 행사가 시작되면 기분이 들떠서 별것 아닌 일에도 박수를 크게 치고 호응이 좋다.

☺ 드디어 주인공 차례

주인공의 연주 차례가 되어 무대에 올라 인사를 하고 피아노를 연주하기 시작한다. 물론 소개하기 전부터 카메라 녹화 버튼은 눌러져 있어야 하며 편집을 위해 컷 하지 말고 계속 촬영해야 한다.

방송국에서는 여러 대의 카메라로 다양한 각도에서 촬영하고, 화면 선택은 카메라 연출자가 스위치 장비를 이용해 선택한다. 카메라가 한 대이므로 연출로 해결해야 한다.

☺ 두 대의 카메라가 있다면

만약 두 대의 카메라를 사용할 수 있다면 한 대는 삼각대로 고정해서 촬영하고 한 대는 손으로 들고 촬영한다. 비교적 자유로운 카메라는 객석의 표정, 무대 가까이에서 주인공의 손이나 얼굴 클로즈업을 담는다.

두 대가 한 장면을 동시에 담을 때는 절대로 끊어서는 안 된다. 주인공을 소개하는 순간부터 끝나서 다음 차례가 올 때까지 계속 촬영해야 한다.

편집에서 두 대로 촬영한 부분을 맞추면 마치 방송국에서 여러 카메라로 촬영한 영상처럼 보이게 할 수 있다.

☺ 두 대의 카메라에서 동기 맞추는 법

편집에서 동기를 맞추는 방법은 먼저 기준을 정한다. 아무래도 삼각대로 고정하고 촬영한 테이프 영상이 기준이다. 기준이 될 영상 위 트랙에 다른 영상을 올리고 동기를 맞춘다.

사회자가 주인공을 소개하는 장면부터 시작해 두 화면을 함께 보고 들으면서 관객들이 박수치는 모습이 같은 곳에서 서로 맞춘다. 두 영상의 소리를 들어보면 처음엔 서로 어긋나 뒤섞여 들리지만, 점점 동기가 맞을수록 에코처럼 들렸다가 완전히 하나의 소리가 되면 정확하게 맞은 상태다.

이렇게 두 영상의 동기가 정확하게 맞았다면 기준이 되는 삼각대 화면의 소리만 사용하고 다른 영상의 소리는 레벨을 0으로 놓아 전혀 들리지 않게 한다(소리가 섞이면 소란스럽기만 하다).

다른 각도에서 촬영된 영상 처리

주인공이 연주한 장면에서, 기준점 영상은 이제부터 마스터 영상이다. 손으로 들고 촬영한 영상을 적당한 곳에 끼워 넣으면 소리와 화면이 전혀 끊어짐이 없이 다른 각도에서 보여준 모습으로 연결된다.

물론 효과는 강력해서 보는 사람들의 감탄을 자아내게 하지만 자주 번갈아 왔다 갔다 함은 금물이다. 몇 번씩 보면서 마스터 영상이 지루하거나 다른 각도가 궁금해졌을 상황에서 전환해야 한다.

인서트 컷의 활용

행사 시작 전, 촬영한 인서트 컷은 편집에서 요긴하게 쓰인다.

주최측의 행사 안내를 알리는 장면에서 스피커를 담은 화면을 슬쩍 끼워 넣는다.

주인공의 연주 장면에서도 카메라 상황에 따라 앵글이 나쁘거나 할 때, 또 좀 지겨운 듯 할 때, 팸플릿이나 주변을 담은 화면을 끼워 넣으면 된다.

만약 한 대로 촬영하는 경우라면 인서트 컷을 써서 주인공의 연주 장면에서 두 대로 촬영한 비슷한 효과를 얻을 수 있다.

Power Tip | 비디오 카메라 두 대로 촬영할 때

한 대로 촬영할 때와 달리 두 대가 따로 촬영하고 같은 장면을 담아 보여줄 때, 조금이라도 색 표현이 다르면 이상하다. 피아노 흰건반이나 연주자 피부색이 화면 바뀜에 따라 색이 변하면, 한 대로 깔끔하게 촬영한 상태보다 오히려 못 하게 된다. 두 카메라 모두 화이트 밸런스 커스텀 세팅을 해야 한다

어떤 영상도 유머가 있어야 한다

심각한 행사라고 해도 웃음이 빠지면 딱딱한 공식 기록영상이다.

연주회에서 초등부 학생들은 실수도 하지만, 지나치게 긴장하고 있는 표정이 얼굴에 나타난다. 아이에게는 긴장되고 어려운 사회화 과정이지만 지켜보는 어른은 그 자체로 즐겁다.

부모의 사랑을 담는다

자신의 유전자를 전달하는 육아 기간이 긴 동물일수록 자식애가 남다르다.

사람은 정상적인 성인이 되기까지 10년이 훨씬 넘게 부모가 보살펴야 하며, 모성애는 동물 중 으뜸이다.

산만하고 가벼운 VJ프로그램 덕분인지 촬영하면서 주인공의 부모, 친구들 인터뷰는 다 담는 듯 하다. 그러나 대부분 가벼운 농담이나, "화이팅"을 주고받는다.

한가한 시간에 어머니를 편안한 자리에 모시고 차 한 잔 드시게 하면서(이때 아이의 어릴 적 사진 몇 장을 부탁한다) 아이를 키울 때 고생한 이야기며 기억에 남는 이야기를 들어본다. 당연히 비디오 카메라는 삼각대로 고정해서 끝까지 담아둔다.

연주회 비디오 영상 마지막 부분에 어머님의 인터뷰 중에서 가슴 뭉클한 부분을 사진과 함께 넣어주면 보는 사람은 물론이고 주인공인 여학생도 두고두고 기억에 남을 것이다.

Power Tip | 편집시 인서트 컷 사용 방법

편집에서 인서트 컷을 쓸 때, 오리지널 영상을 자르고 그 틈에 인서트 장면을 넣지 않는다.
프리미어 프로그램 설명에서 다루었지만 멀티 트랙의 레이어(layer)개념을 이용해야 한다.
오리지널 영상 위 트랙에 인서트 컷으로 쓸 영상을 올리면, 밑그림인 오리지널 영상을 덮고 인서트 영상만 보인다. 이런 요령으로 인서트 영상을 끼워 넣으면 된다.
만약 오리지널 영상을 잘라 그 안에 인서트 컷을 끼워 넣으면 오리지널 영상에 달린 사운드도 끊어지고 편집 작업은 속수무책으로 복잡하게 꼬여버린다.

에필로그

필자는 일반인이 만든 사진과 비디오 영상을 많이 보았다. 확실히 그들은 나와 다른 세계에 살고 있는 사람들이라 흥미로운 대상을 잘 찾아 담는다.

그러나 그들이 만드는 영상 대부분 화면구성에 공통적인 문제가 있다. 그 문제들은 몇 가지 기본적인 이론만 알아두면 단번에 해결될 일이다.

① 대중교통 노선만큼 찾아봐야 한다

낯선 장소를 갈 때 사람들은 무턱대고 떠나지 않는다.

지하철 노선도를 보고, 역 개수와 버스와의 연계 등을 따져 빨리 가는 방법을 찾는다. 끼니를 해결하는 식당을 찾을 때도 이왕이면 조미료 없이 갖은 양념으로 구수하게 음식을 만든 집을 찾는다.

오히려 사진과 비디오는 위의 교통과 끼니 해결보다 훨씬 복잡한 작업임에도 그냥 셔터, 녹화버튼을 누른다.

아마 전문가들이나 멋지게 담을 수 있을 뿐이고, 아마추어는 그냥 그런 거야 하고 일찍 포기한 것인지도 모르겠다.

물론 전문가의 길은 멀고 험하지만, 일반인 사진에서 그럴 듯한 사진까지는 결코 어렵지 않다. 기본적인 이론과 실기 몇 번이면 해결된다.

영상 만들기 공부 없이 촬영 경험으로 공부하는 방법은 너무 멀리 돌아가는 버스를 타게 된 것이다.

② 영상교육 자료는 매일 무료로 보내준다

악기를 다루는, 그림을 그리는, 스포츠 취미를 위한 기초적인 지식은 전문 학원에서 비용을 지불하고 배워야 한다.

배우고 나서 수준을 높이기 위해서는 좋은 연주를 들어야 하고, 그림과 스포츠는 개인 레슨을 받아야 한다.

그러나 영상관련 마니아를 위해 공중파와 케이블 텔레비전에서 매일 비디오 영상을 보여주고 신문과 잡지에서 사진을 보여준다.

드라마, 영화, 뮤직비디오, 다큐멘터리는 어떤 이야기 구조로 어떤 화면으로 가야 하는지, 잡지는 어떤 구도와 색으로 사진을 담아야 하는지 보여준다.

쿠엔틴 타란티노(Quentin Tarantino) 감독은 〈펄프 픽션〉, 〈저수지의 개들〉 같은 독특한 영화 영역으로 최고의 감독자리에 올랐다. 영화학을 전공한 사람도 아닌 그의 직업은 비디오 가게 점원이었다. 그는 매일 같이 비디오를 보다가 직접 영화를 만들 생각을 하게 되었다.

〈은행나무 침대〉, 〈쉬리〉로 유명한 강제규 감독 또한 영화 〈누가 용의 발톱을 보았는가〉와 같은 시나리오를 쓰는 평범한 작가였다.

왜 유명한 감독 이야기를 꺼냈을까? 멋진 사진, 비디오 영상은 사진과 또는 관련 학과를 공부한 사람 몫이 아니라 관심 있는 사람의 몫이라는 점이다. 이 부분은 참으로 중요한 이야기이다.

텔레비전 프로그램, 잡지 사진이나 인터넷 동호회의 작품을 깊이 있게 구경만 해도 영상감각은 충분하게 업그레이드된다.

③ 돈을 아끼려 비디오 카메라를 산다?

결혼, 돌, 회갑과 같은 관혼상제를 치르면서 비디오 촬영 비용이 높다는 사실을 알게 된다. 가끔 그런 이유로 아예 비디오 카메라를 한 대 장만하면 돈도 아끼고, 평상시에도 촬영하니 일거양득이다 하고 구입한다.

사람이라면 누구나 태어나고 자라나서 죽기까지 사회적인 예를 통과하는 통과의례를 치르기 마련이다. 이런 행사는 가족이나 아는 사람이 함께 기쁨과 슬픔을 나누자고 있는 일이다. 행사 당사자가 이런 행사를 촬영한다고 이리 뛰고 저리 뛰고 하다보면 촬영도 만족스럽지 못하고 사람 사는 즐거움까지 뺏긴다.

에필로그

인생의 추억은 큰 행사가 아니라 오히려 작은 일상에서 크게 남는 법이다.

결혼 비디오 영상은 당사자는 흥미로울지 모르지만, 어느 결혼식이나 늘 15분 요식행사에 사람만 바뀌지 않는가? 결혼식 영상을 잘 만드는 회사를 골라 촬영을 맡기고, 아이 돌잔치나 회갑은 스케치 정도면 충분하다.

사랑하는 사람과 함께 하는 여행을 담고, 가족이 어울려 노래방에서 노래 경연대회를 여는 모습을 담고, 부모님을 모시고 근사한 저녁 식사 외출을 담아 본다.

시간이 흘러 화면에 비친 젊은 시절의 자신과 아내 모습에서, 또 노래방에서 모두들 뭐가 그리도 좋은지 웃고 떠드는 모습에서, 아버님은 왜 자꾸 사진을 찍느냐며 뭐라 하시는 모습에서 그 영상은 세상 무엇과도 바꿀 수 없는 가치를 가진다.

④ 왜 멋진 사진과 비디오로 남겨야 하는가?

기록으로 따지면 좋은 사진 몇 장보다, 대충 담아도 수십 장 사진이 더 좋지 않은가? 하고 묻는다면 필자는 "전혀 아니다" 라고 말한다.

앨범을 뒤져보자, 몇 장은 두고두고 봐도 질리지 않고 늘 새롭게 다가오는 사진이 있다(비디오 영상도 마찬가지). 대부분 그런 사진은 특별한 표정이나 순간을 담기도 했지만 사진 자체가 그럴 듯 하기 때문이다.

모두들 집에 카메라가 한 대 이상은 있기 마련이지만, 그래도 사진관에 비싼 비용을 지불하고 가족사진을 담는 이유는 무엇인가? 바로 화가의 그림처럼 깊이 있는 영상으로 남기 때문이다.

그림공부를 시작해 그럴 듯한 유화, 수채화를 남기려면 수년 간 노력을 해야 한다. 반면 카메라와 비디오 카메라는 반년 정도만 노력하면 여러분은 충분히 김홍도가 될 수 있고 신윤복이 될 수 있다.

⑤ 저널리즘을 꿈꾸며

　필자가 생각하는 최고의 영상작가 저널리즘은 카메라를 잘 다루고 어떤 대상을 골라야 그림이 되는지를 아는 사람이 아니다.

　청계천 고가도로 아래의 횡단보도를 건너면서 콘크리트 다리 구석에 핀 잡초에서도 자연의 위대함을 느끼고 아름다움을 느껴야 한다.

　가난하고 소외된 곳에서 늙고 지친 노인을 카메라에 담고는 '인생' 과 같은 제목을 다는 그런 틀에 박힌 시각이 아니라, 가난한 동네에서 세상에는 없는 다정함과 밝은 표정의 사람을 담아서 보여주는 사람이어야 한다.

　카메라를 사용하는 방법에 관한 책은 너무나 많고 모두 돈만 지불하면 여러분이 도둑이건, 파렴치한 이건 상관없이 구할 수 있다.

　자연이 만든 세상이 아름답다고 느끼는 감성을 팔거나 공급하는 주유소는 어디에도 있지 않다.

　좋아하는 가족과 친구들 모습을 예쁘게 담으면 촬영한 사람이나 보는 사람 모두 흐뭇한 추억을 갖는다. 누군가에게 즐거움을 주는 일은 언제나 기분 좋은 일이다.

　저널리즘은 어떤 기관에서 주관하는 시험을 보고 검증 받는 라이센스가 아니다.

　한번 살다 가는 자신의 삶에서 만난 세상과 사람, 그 모습과 생각을 담고 영원이 남길 때 진정한 저널리즘을 가진 저널리스트가 된다.

황학동에서

비오는 날

이승훈

코발트 주유

크롬도금

갤러리

Gallery

홍승진

Home Page :

www.photomind.com

홈페이지에서 새로운 느낌을 전

해줄 수 있는 사진을 만날 수

있다.

갤러리

Gallery

침묵의 세월 1 ···································

침묵의 세월 2 ···································

김용상

동호회(www.dvuser.co.kr)
갤러리 사진 中
640X480 사이즈로도
훌륭한 사진을 만들 수 있다는
사실을 확인시켜 준다.

디지털 카메라 · 디지털 비디오
촬영에서 편집, 활용까지의 노하우

나도 디지털 전문가 될 수 있다!!!

2003년 7월 25일 제1판 1쇄 발행

지은이/이승훈
펴낸이/강선희
펴낸곳/가림출판사

등록/1992. 10. 6. 제4-191호
주소/서울시 광진구 구의동 57-71 부원빌딩 4층
대표전화/458-6451   팩스/458-6450
홈페이지 http://www.galim.co.kr
e-mail galim@galim.co.kr

값 19,200원

ISBN 89-7895-140-6 13000

가림출판사 · 가림M&B · 가림Let's에서 나온 책들

문 학

바늘구멍
켄 폴리트 지음 / 홍영의 옮김

미국 추리작가 협회의 최우수 장편상을 받은 초유의 베스트 셀러로 전쟁을 통한 두뇌싸움을 치밀하고 밀도 있게 그려낸 추리소설. 신국판 / 342쪽 / 5,300원

레베카의 열쇠
켄 폴리트 지음 / 손연숙 옮김

최고의 모험, 폭력, 음모 그리고 미국적인 열정 속에 담긴 두 남녀의 사랑이야기를 독자들의 상상을 뒤엎는 확실한 긴장감으로 마지막까지 흥미진진한 켄 폴리트의 장편 추리소설. 신국판 / 492쪽 / 6,800원

암병선
니시무라 쥬코 지음 / 홍영의 옮김

암병선을 무대로 인간생명의 존엄성을 지키기 위해 불의와 맞서는 시라도리 선장의 꿋꿋한 의지와 애절한 암환자들의 심리가 생생하게 묘사된 근래 보기드문 걸작. 신국판 / 300쪽 / 4,800원

첫키스한 얘기 말해도 될까
김정미 외 7명 지음

이 시대의 젊은 작가 8명이 가슴속 깊이 간직했던 나만의 소중한 이야기를 살짝 털어 놓은 상큼한 비밀 이야기. 신국판 / 228쪽 / 4,000원

사미인곡 上·中·下
김충호 지음

파란만장한 일생을 보낸 정철의 생애를 통해 난세를 살아가는 우리에게 삶의 지혜와 기쁨을 선사하는 대하 역사 소설. 신국판 / 각 권 5,000원

이내의 끝자리
박수완 스님 지음

앞만 보고 살아가는 우리에게 자신을 뒤돌아볼 수 있는 여유를 갖게 해주는 승려시인의 가슴을 울리는 주옥 같은 시집. 국판변형 / 132쪽 / 3,000원

너는 왜 나에게 다가서야 했는지
김충호 지음

세상에 대한 사랑의 아픔, 그리움, 영혼에 대한 고뇌를 달래야 했던 시인이 살아있는 영혼을 지닌 이들에게 전하는 사랑의 메시지. 국판변형 / 124쪽 / 3,000원

세계의 명언
편집부 엮음

위인이나 유명인들의 글, 연설문 혹은 각 나라에서 전해져 오는 속담을 통하여 지난날을 되새겨보는 백과전서로서, 오늘을 반성하는 교과서로서, 그리고 미래를 설계하는 참고서로서 역할을 해줄 것이다. 신국판 / 322쪽 / 5,000원

여자가 알아야 할 101가지 지혜
제인 아서 엮음 / 지창국 옮김

남녀가 함께 살면서 경험으로 터득한 의미심장하면서도 재미있는 조언들을 발췌한 내용으로 독신의 삶을 청산하려는 이들이 알아야 할 유용하고 상상력 풍부한 힌트로 가득찬 감동의 메시지이다. 4·6판 / 132쪽 / 5,000원

현명한 사람이 읽는 지혜로운 이야기
이정민 엮음

현대를 살아가는 우리들에게 삶의 가치를 부여해주고 자기 성찰의 기회를 갖게 해준다. 신국판 / 236쪽 / 6,500원

성공적인 표정이 당신을 바꾼다
마츠오 도오루 지음 / 홍영의 옮김

자신뿐만 아니라 주위 사람들의 마이너스 사고를 플러스 사고로 바꾸어서 사람의 마음을 움직이며, 그리고 사람의 마음에 남는 최고의 웃는 얼굴을 만드는 비법 총망라! 신국판 / 240쪽 / 7,500원

태양의 법
오오카와 류우호오 지음 / 민병수 옮김

불법 진리 사상의 윤곽과 그 목적 · 사명을 명백히 함으로써 한사람 한사람의 인간이 깨달음을 추구하고 영적으로 깨우치기 위한 명확한 방향을 제시하였다. 신국판 / 246쪽 / 8,500원

영원의 법
오오카와 류우호오 지음 / 민병수 옮김

일찍이 설해졌던 적도 없고 앞으로도 설해지지 않을 구원의 진리를 한 권의 책에 이론적 형태로 응축한 기본 삼법의 완결편. 신국판 / 240쪽 / 8,000원

석가의 본심
오오카와 류우호오 지음 / 민병수 옮김

석가모니의 사고방식을 현대인들에 맞게 써 현대인들이 친근하게 석가모니에게 다가설 수 있게 한 불교 가이드서. 신국판 / 246쪽 / 10,000원

옛 사람들의 재치와 웃음
강형중 · 김경익 편저

옛 사람들의 재치와 해학을 통해 한문의 묘미를 터득하고 한자를 재미있게 배우며 유머감각까지 높일 수 있는 일석삼조의 효과 만점. 신국판 / 316쪽 / 8,000원

지혜의 쉼터
쇼펜하우어 지음 / 김충호 엮음

쇼펜하우어의 철학체계를 통하여 풍요로운 삶의 지혜를 얻고 기쁨을 얻을 수 있도록 꾸며 놓은 철학이야기. 4·6판 양장본 / 160쪽 / 4,300원

헤세가 너에게
헤르만 헤세 지음 / 홍영의 엮음

순수한 애정과 자유를 갈구하는 헤세의 아름다운 세상을 통한 깨끗한 정신세계를 공유할 수 있는 기회를 제공. 4·6판 양장본 / 144쪽 / 4,500원

사랑보다 소중한 삶의 의미
크리슈나무르티 지음 / 최윤영 엮음

금세기 최고의 사상가이자 철학자인 크리슈나무르티가 인간의 정신적 사고의 구조와 본질을 규명하여 인간의 삶에 대한 가장 완벽한 해답을 제시. 신국판 / 180쪽 / 4,000원

장자-어찌하여 알 속에 털이 있다 하는가
홍영의 엮음

동양 사상의 저변에 흐르고 있는 자연에의 경외감을 유감없이 표현한 장자를 통하여 인간 본연의 자세로 돌아가 나를 돌아보는 계기를 만들어 주는 책. 4·6판 / 180쪽 / 4,000원

논어-배우고 때로 익히면 즐겁지 아니한가
신도희 엮음

인간에게 필요불가결한 윤리와 도덕생활의 교훈들을 평이한 문체로 광범위하게 집약한 논어의 모든 것!! 4·6판 / 180쪽 / 4,000원

맹자-가까이 있는데 어찌 먼 데서 구하려 하는가
홍영의 엮음

반성과 자책을 통해 잃어버린 양심을 수습하고 선으로 복귀할 것을 천명하는 맹자 사상의 집대성!! 4·6판 / 180쪽 / 4,000원

아름다운 세상을 만드는 사랑의 메시지 365
DuMont monte Verlag 엮음 / 정성호 옮김

독일에서 출간 이후 1백만 권 이상 판매된 베스트셀러. 특별히 소중한 사람을 행복하게 만드는 독창적인 사랑고백법 365가지를 수록한 마음이 따뜻해지는 책. 4·6판 변형 양장본 / 240쪽 / 8,000원

황금의 법
오오카와 류우호오 지음 / 민병수 옮김

불법진리의 연구 및 공부를 통하여 종교적 깨달음의 깊이를 더해 주는 불서. 신국판 / 320쪽 / 12,000원

왜 여자는 바람을 피우는가?
기젤라 룬테 지음 / 김현성 · 진정미 옮김

각계 각층의 여자들과의 인터뷰를 바탕으로 하여 여자들이 바람 피우는 이유를 진솔하게 해부한 여성 탐구서.　국판 / 200쪽 / 7,000원

건 강

식초건강요법
건강식품연구회 엮음 / 신재용(해성한의원 원장) 감수

가장 쉽게 구할 수 있고 경제적인 식품이면서 상상할 수 없을 정도로 뛰어난 약효를 지닌 식초의 모든 것을 담은 건강지침서!　신국판 / 224쪽 / 6,000원

아름다운 피부미용법
이순희(한독피부미용학원 원장) 지음

피부조직에 대한 기초 이론과 우리 몸의 생리를 알려줌으로써 아름다운 피부, 젊은 피부를 오래 유지할 수 있는 비결 제시!　신국판 / 296쪽 / 6,000원

버섯건강요법
김병각 외 6명 지음

종양 억제율 100%에 가까운 96.7%를 나타내는 기적의 약용버섯 등 신비의 버섯을 통하여 암을 치료하고 비만, 당뇨, 고혈압, 동맥경화 등 각종 성인병 예방을 위한 생활 건강 지침서!　신국판 / 286쪽 / 8,000원

성인병과 암을 정복하는 유기게르마늄
이상현 편저 / 카오 샤오 감수

최근 들어 각광을 받고 있는 새로운 치료제인 유기게르마늄을 통한 성인병, 각종 암의 치료에 대해 상세히 소개.　신국판 / 312쪽 / 9,000원

난치성 피부병
생약효소연구원 지음

현대의학으로도 치유불가능했던 난치성 피부병인 건선 · 아토피(태열)의 완치요법이 수록된 건강 지침서.　신국판 / 232쪽 / 7,500원

新 방약합편
정도명 편역

자신의 병을 알고 증세에 맞춰 스스로 처방을 할 수 있고 조제할 수 있는 보약 506가지 수록.　신국판 / 416쪽 / 15,000원

자연치료의학
오홍근(신경정신과 의학박사 · 자연의학박사) 지음

대한민국 최초의 자연의학박사가 밝힌 신비의 자연치료의학으로 자연산물을 이용하여 부작용 없이 치료하는 건강 생활 비법 공개!!　신국판 / 472쪽 / 15,000원

약초의 활용과 가정한방
이인성 지음

주변의 흔한 식물과 약초를 활용하여 각종 질병을 간편하게 예방 · 치료할 수 있는 비법제시.　신국판 / 384쪽 / 8,500원

역전의학
이시하라 유미 지음 / 유태종 감수

일반상식으로 알고 있는 건강상식에 대해 전혀 새로운 관점에서 비판하고 아울러 새로운 방법들을 제시한 건강 혁명 서적!!　신국판 / 286쪽 / 8,500원

이순희식 순수피부미용법
이순희(한독피부미용학원 원장) 지음

자신의 피부에 맞는 관리법으로 스스로 피부관리를 할 수 있는 방법을 제시하고 책 속 부록으로 천연팩 재료 사전과 피부 타입별 팩 고르기.

신국판 / 304쪽 / 7,000원

21세기 당뇨병 예방과 치료법
이현철(연세대 의대 내과 교수) 지음

세계 최초 유전자 치료법을 개발한 저자가 당뇨병과 대항하여 가장 확실하게 이길 수 있는 당뇨병에 대한 올바른 이론과 발병시 대처 방법을 상세히 수록!
신국판 / 360쪽 / 9,500원

신재용의 민의학 동의보감
신재용(해성한의원 원장) 지음

주변의 흔한 먹거리를 이용하여 신비의 명약이나 보약으로 활용할 수 있는 건강지침서로서 저자가 TV나 라디오에서 다 밝히지 못한 한방 및 민간요법까지 상세히 수록!!　신국판 / 476쪽 / 10,000원

치매 알면 치매 이긴다
배오성(백상한방병원 원장) 지음

B.O.S.요법으로 뇌세포의 기능을 활성화시키고 엔돌핀의 분비효과를 극대화시켜 증상에 맞는 한약 처방을 병행하여 치매를 치유하는 획기적인 치유법 제시.
신국판 / 312쪽 / 10,000원

21세기 건강혁명 밥상 위의 보약 생식
최경순 지음

항암식품으로, 다이어트식으로, 젊고 탄력적인 피부를 유지할 수 있게 해주는 자연식으로의 생식을 소개하여 현대인들의 건강 길라잡이가 되도록 하였다.
신국판 / 348쪽 / 9,800원

기치유와 기공수련
윤한홍(기치유 연구회 회장) 지음

누구나 노력만 하면 개발할 수 있고 활용할 수 있는 기 수련 방법과 기치유 개발 방법 소개.　신국판 / 340쪽 / 12,000원

만병의 근원 스트레스 원인과 퇴치
김지혁(김지혁한의원 원장) 지음

만병의 근원인 스트레스를 속속들이 파헤치고 예방법까지 속시원하게 제시!!
신국판 / 324쪽 / 9,500원

김종성 박사의 뇌졸중 119
김종성 지음

우리나라 사망원인 1위. 뇌졸중 분야의 최고 권위자인 저자가 일상생활에서의 건강관리부터 환자간호에 이르기까지 뇌졸중의 예방, 치료법 등 모든 것 수록.
신국판 / 356쪽 / 12,000원

탈모 예방과 모발 클리닉
장정훈 · 전재홍 지음

미용적인 측면과 우리가 일상적으로 고민하고 궁금해 하는 털에 관한 내용들을 다양하고 재미있게 예들을 들어가면서 흥미롭게 풀어간 것이 이 책의 특징.

신국판 / 252쪽 / 8,000원

구태규의 100% 성공 다이어트
구태규 지음

하이틴 영화배우의 다이어트 체험서.
저자만의 다이어트법을 제시하면서 바람직한 다이어트에 대해서도 알려준다.
건강하게 날씬해지고 싶은 사람들을 위한 필독서!

4 · 6배판 변형 / 240쪽 / 9,900원

암 예방과 치료법
이춘기 지음

암환자와 가족들을 위해서 암의 치료방법에서부터 합병증의 예방 및 암이 생기기 전에 알 수 있는 방법에 이르기까지 상세하게 해설해 놓은 책.
신국판 / 296쪽 / 11,000원

알기 쉬운 위장병 예방과 치료법
민영일 지음

소화기관인 위와 관련 기관들의 여러 질환을 발병 원인, 증상, 치료법을 중심으로 알기 쉽게 해설해 놓은 건강서.　신국판 / 328쪽 / 9,900원

이온 체내혁명
노보루 야마노이 지음 / 김병관 옮김

새로운 건강관리 이론으로 주목을 받고 있는 음이온을 통해 건강을 돌볼 수 있는 방법 제시.　신국판 / 272쪽 / 9,500원

어혈과 사혈요법
정지천 지음

침과 부항요법 등을 사용하여 모든 질병을 다스릴 수 방법과 우리 주변에서 흔하게 접할 수 있는 각 질병의 상황별 처치를 혈자리 그림과 함께 해설.
신국판 / 308쪽 / 12,000원

약손 경락마사지로 건강미인 만들기
고정환 지음

경락과 민족 고유의 정신 약손을 결합시킨 약손 성형경락 마사지로 수술하지 않

고도 자신이 원하는 부위를 고치는 방법을 제시하는 건강 미용서.
4×6배판 변형 / 284쪽 / 15,000원

정유정의 LOVE DIET
정유정 지음

널리 알려진 온갖 다이어트 방법으로 살을 빼려고 노력했던 저자의 고통스러웠던 다이어트 체험담이 실려 있어 지금 살 때문에 고민하는 사람들이 가슴에 와 닿는 나만의 다이어트 계획을 나름대로 세울 수 있을 것이다.
4×6배판 변형 / 196쪽 / 10,500원

머리에서 발끝까지 예뻐지는 부분다이어트
신상만 · 김선민 지음

한약을 먹거나 침을 맞아 살을 빼는 방법, 아로마요법을 이용한 다이어트법, 운동을 이용한 부분만 해소법 등이 실려 있으므로 나에게 맞는 방법을 선택해 날씬하고 예쁜 몸매를 만들 수 있을 것이다. 4×6배판 변형 / 196쪽 / 11,000원

알기 쉬운 심장병 119
박승정 지음

서울아산병원 심장 내과에 있는 저자가 심장병에 관해 심장질환이 생기는 원인, 증상, 치료법을 중심으로 내용을 상세하게 해설해 놓은 건강서.
신국판 / 248쪽 / 9,000원

알기 쉬운 고혈압 119
이정균 지음

생활 속의 고혈압에 관해 일반인들이 관심을 가지고 예방할 수 있도록 고혈압의 원인, 증상, 합병증 등을 상세하게 해설해 놓은 건강서. 신국판 / 304쪽 / 10,000원

여성을 위한 부인과질환의 예방과 치료
차선희 지음

남들에게는 말할 수 없는 증상들로 고민하고 있는 여성들을 위해 부인암, 골다공증, 빈혈 등 부인과질환을 원인 및 치료방법을 중심으로 설명한 여성건강 정보서. 신국판 / 304쪽 / 10,000원

교 육

우리 교육의 창조적 백색혁명
원상기 지음

자라나는 새싹들이 기본적인 지식과 사고를 종합적 · 창조적으로 발전시켜 창조적인 사고능력을 배양할 수 있도록 한 교육지침서. 신국판 / 206쪽 / 6,000원

육아아이디어 263
생활컨설턴트그룹 엮음 / 한양심 옮김

세상에서 가장 예쁘고 소중한 우리 아기에게 언제나 여유로우면서도 무슨 일이든 척척 처리하는 현명한 신세대 엄마가 되기 위한 최신 육아 정보 수록!
신국판 / 318쪽 / 6,000원

현대생활과 체육
조창남 외 5명 공저

각종 현대병의 원인과 예방 및 운동요법에 대한 이론과 요즘 각광받는 골프 · 스키 · 볼링 등의 레저스포츠 총망라한 생활체육 총서. 신국판 / 340쪽 / 10,000원

퍼펙트 MBA
IAE유학네트 지음

기존의 관련 도서들과는 달리 Top MBA로 가는 길을 상세하고 완벽하게 수록. 가장 완벽하고 충실한 최신 정보 제공. 신국판 / 400쪽 / 12,000원

유학길라잡이 I -미국편
IAE유학네트 지음

미국의 교육제도 및 유학을 가기 위해서 준비해야 할 절차, 미국 현지 생활 정보, 최신 비자정보 등을 한눈에 볼 수 있는 유학길잡이서.
4 · 6배판 / 372쪽 / 13,900원

유학길라잡이 II - 4개국편
IAE유학네트 지음

영어권 국가인 영국 · 캐나다 · 호주 · 뉴질랜드의 현지 정보 · 교육제도 및 각 국가별 학교의 특화된 교육내용 완전 수록!! 4 · 6배판 / 348쪽 / 13,900원

조기유학길라잡이.com
IAE유학네트 지음

영어권으로 나이 어린 자녀를 유학보내기 위해 준비중인 학부모 및 준비생들이 반드시 읽어야 할 필독서!!
영어권 나라의 교육제도 및 학교별 데이터를 완벽하게 수록하여 유학정보서의 질을 한 단계 상승시킨 결정판!! 4 · 6배판 / 428쪽 / 15,000원

현대인의 건강생활
박상호 외 5명 공저

현대인들의 건강한 삶을 위한 사회체육의 중요성을 강조. 건강과 체력 증진을 위한 기본상식, 노인과 건강 등 이론과 스쿼시 · 스키 · 윈드 서핑 등 레저스포츠 등의 실기편으로 이루어진 알찬 내용 수록. 4 · 6배판 / 268쪽 / 15,000원

천재아이로 키우는 두뇌훈련
나카마츠 요시로 지음 / 민병수 옮김

머리가 좋은 아이로 키우기 위한 환경 만들기, 식사, 운동 등 연령별 두뇌 훈련법 소개. 국판 / 288쪽 / 9,500원

테마별 고사성어로 익히는 한자
김경익 지음

세글자, 네글자로 이루어진 고사성어를 통해 실용한자를 익히고 성어 속에 담긴 의미도 오늘에 맞게 재해석 해보는 한자 학습서. 4 · 6배판 변형 / 248쪽 / 9,800원

취미 · 실용

김진국과 같이 배우는 와인의 세계
김진국 지음

포도주 역사에서 분류, 원료 포도의 종류와 재배, 양조 · 숙성 · 저장, 시음법, 어울리는 요리와 와인의 유통과 소비, 와인 시장의 현황과 전망, 와인 판매 요령, 와인의 보관과 재고의 회전, '와인 양조 비밀의 모든 것'을 동영상으로 제작한 CD까지, 와인의 모든 것이 담긴 종합학습서.
국배판 변형양장본(올 컬러판) / 208쪽 / 30,000원

경제 · 경영

CEO가 될 수 있는 성공법칙 101가지
김승룡 편역

또 한 번의 경제위기를 겪고 있는 우리의 현실을 극복하고 일어설 수 있는 리더로서의 역할과 책임에 대한 명확한 해답을 제시해줄 것이다.
신국판 / 320쪽 / 9,500원

정보소프트
김승룡 지음

홍수처럼 쏟아지는 정보를 수집 · 분석하여 효과적으로 활용하는 방법을 총망라한 정보 전략 완벽 가이드!! 신국판 / 324쪽 / 6,000원

기획대사전
다카하시 겐코 지음 / 홍영의 옮김

기획에 관련된 모든 사항을 실례와 도표를 통하여 초보자에서 프로기획맨에 이르기까지 효율적으로 활용할 수 있도록 체계적으로 총망라하였다.
신국판 / 552쪽 / 19,500원

맨손창업 · 맞춤창업 BEST 74
양혜숙 지음

창업대행 현장 전문가가 추천하는 유망업종을 7가지 주제별로 나누어 수록한 맞춤창업서로 창업예비자들에게 창업의 길을 밝혀줄 발로 뛰면서 만든 실무 지침서!! 신국판 / 416쪽 / 12,000원

무자본, 무점포 창업! FAX 한 대면 성공한다
다카시로 고시 지음 / 홍영의 옮김

완벽한 FAX 활용법을 제시하여 가장 적은 자본으로 창업하려는 예비자들에게 큰 투자를 필요로 하지 않으면서 성공을 이끌어주는 길라잡이가 되는 실무 지침서. 신국판 / 226쪽 / 7,500원

성공하는 기업의 인간경영
중소기업 노무 연구회 편저 / 홍영의 옮김

무한경쟁시대에서 각 기업들의 다양한 경영 실태 속에서 인사 · 노무 관리 개선에 있어서 기업의 효율을 높이고 발전을 이룰 수 있는 원칙을 제시.
신국판 / 368쪽 / 11,000원

21세기 IT가 세계를 지배한다
김광희 지음

21세기 화두로 떠오른 IT혁명의 경쟁력에 대해서 전문가의 논리적이고 철저한 해설과 더불어 매장 끝까지 실제 사례를 곁들여 설명.   신국판 / 380쪽 / 12,000원

경제기사로 부자아빠 만들기
김기태 · 신현태 · 박근수 공저

날마다 배달되는 경제기사를 꼼꼼히 챙겨보는 사람만이 현대생활에서 부자가 될 수 있다. 언론인의 현장감각과 학자의 전문성을 접목시킨 것이 이 책의 특성! 누구나 이 책을 읽고 경제원리를 체득, 경제예측을 할 수 있게 준비된 생활경제 서적.   신국판 / 388쪽 / 12,000원

포스트 PC의 주역 정보가전과 무선인터넷
김광희 지음

포스트 PC의 주역으로 급부상하고 있는 정보가전과 무선인터넷 그리고 이를 구현하기 위한 관련 테크놀러지를 체계적으로 소개.   신국판 / 356쪽 / 12,000원

성공하는 사람들의 마케팅 바이블
채수명 지음

최근의 이론을 보완하여 내놓은 마케팅 관련 실무서. 마케팅의 정보전략, 핵심요소, 컨설팅실무까지 저자의 노하우와 창의적인 이론이 결합된 마케팅서.
신국판 / 328쪽 / 12,000원

느린 비즈니스로 돌아가라
사카모토 게이이치 지음 / 정성호 옮김

미국식 스피드 경영에 익숙해져 현실의 오류를 간과하고 있는 사람들을 위한 어떻게 팔 것인가보다 무엇을 팔 것인가를 차분히 설명하는 마케팅 컨설턴트의 대안 제시서!   신국판 / 276쪽 / 9,000원

적은 돈으로 큰돈 벌 수 있는 부동산 재테크
이원재 지음

700만 원으로 부동산 재테크에 뛰어들어 100배 불린 저자가 부동산 재테크를 계획하고 있는 사람들이 반드시 알아두어야 할 내용을 경험담을 담아 해설해 놓은 경제서.   신국판 / 340쪽 / 12,000원

바이오혁명
이주영 지음

21세기 국가간 경쟁부문으로 새로이 떠오르고 있는 바이오혁명에 관한 기초지식을 언론사에 몸담고 있는 현직 기자가 아주 쉽게 해설해 놓은 바이오 가이드서. 바이오 관련 용어 해설 수록.   신국판 / 328쪽 / 12,000원

두뇌혁명
나카마츠 요시로 지음 / 민병수 옮김

『뇌내혁명』 하루야마 시게오의 추천작!!
어른들을 위한 두뇌 개발서로, 풍요로운 인생을 만들기 위한 '뇌'와 '몸' 자극법 제시.   4 · 6판 양장본 / 288쪽 / 12,000원

성공하는 사람들의 자기혁신 경영기술
채수명 지음

자기 계발을 통한 신지식 자기경영마인드를 갖추어야 한다는 전제 아래 그 방법을 자세하게 알려주는 자기계발 지침서.   신국판 / 344쪽 / 12,000원

CFO
고텐 토요오 · 타하라 오키시 지음 / 민병수 옮김

일반인들에게 생소한 용어인 CFO. 세계화에 발맞추어 기업이 경쟁력을 갖추려면 CFO, 즉 최고 재무책임자의 역할이 지금까지와는 완전히 달라져야 한다. 이에 기업을 이끌어가는 새로운 키잡이로서의 CFO의 역할, 위상 등을 일본의 기업을 중심으로 하여 알아보고 바람직한 방향을 제시.   신국판 / 312쪽 / 12,000원

네트워크시대 네트워크마케팅
임동학 지음

학력, 사회적 지위 등에 관계 없이 자신이 노력한 만큼 돈을 벌 수 있는 네트워크마케팅에 관해 알려주는 안내서.   신국판 / 376쪽 /12,000원

성공리더의 7가지 조건
다이앤 트레이시 · 윌리엄 모건 지음 / 지창영 옮김

개인과 팀, 조직관계의 개선을 위한 방향제시 및 실천을 위한 안내자 역할을 해주는 책. 현장에서 활용할 수 있는 실용서.   신국판 / 360쪽 / 13,000원

김종결의 성공창업
김종결 지음

누구나 창업을 할 수는 있지만 아무나 돈을 버는 것은 아니다라는 전제 아래 중견 연기자로서, 음식점 사장님으로 성공한 탤런트 김종결의 성공비결을 통해 창업전략과 성공전략을 제시한다.   신국판 / 340쪽 / 12,000원

주 식

개미군단 대박맞이 주식투자
홍성걸(한양증권 투자분석팀 팀장) 지음

초보에서 인터넷을 활용한 주식투자까지 필자의 현장에서의 경험을 바탕으로 한 주식 성공전략의 모든 정보 수록.   신국판 / 310쪽 / 9,500원

알고 하자! 돈 되는 주식투자
이길영 외 2명 공저

일본과 미국의 주식시장을 철저한 분석과 데이터화를 통해 한국 주식시장의 투자의 흐름을 파악함으로써 한국 주식시장에서의 확실한 성공전략 제시!!
신국판 / 388쪽 / 12,500원

항상 당하기만 하는 개미들의 매도 · 매수타이밍 999% 적중 노하우
강경무 지음

승부사를 꿈꾸며 와신상담하는 모든 이들에게 희망의 등불이 될 것을 확신하는 Jusicman이 주식시장에서 돈벌고 성공할 수 있는 비결 전격공개!!
신국판 / 336쪽 / 12,000원

부자 만들기 주식성공클리닉
이창희 지음

저자의 경험담을 섞어서 주식이란 무엇인가를 풀어서 써놓은 주식입문서. 초보자와 자신을 성찰해볼 기회를 가지려는 기존의 투자자를 위해 태어났다.
신국판 / 372쪽 / 11,500원

선물 · 옵션 이론과 실전매매
이창희 지음

선물과 옵션시장에서 일반인들이 실패하는 원인을 분석하고, 반드시 지켜야 할 투자원칙에 따라 유형별로 실전 매매 테크닉을 터득함으로써 투자를 성공적으로 할 수 있게 한 지침서!!   신국판 / 372쪽 / 12,000원

너무나 쉬워 재미있는 주가차트
홍성무 지음

주식시장에서는 차트 분석을 통해 주가를 예측하는 투자자만이 주식투자에서 성공하므로 차트에서 급소를 신속, 정확하게 뽑아내 매매타이밍을 잡는 방법을 알려주는 주식투자 지침서.   4 · 6배판 / 216쪽 / 15,000원

역 학

역리종합 만세력
정도명 편저

현존하는 만세력 중 최장 기간을 수록하였으며 누구나 이 책을 보고 자신의 사주를 쉽게 찾아보고 맞춰 볼 수 있게 하였다.   신국판 / 532쪽 / 10,500원

작명대전
정보국 지음

독자들 스스로 작명할 수 있도록 한글 소리 발음에 입각한 작명의 원리를 밝힌 길라잡이서.   신국판 / 460쪽 / 12,000원

하락이수 해설
이천교 편저

점서학인 하락이수를 직역으로 풀어 놓아 원작자의 깊은 뜻을 원형 그대로 전달하고 원문을 공부하려는 사람들에게 도움이 되는 해설서이다.
신국판 / 620쪽 / 27,000원

현대인의 창조적 관상과 수상
백운산 지음

관상학을 터득하여 적절히 운명에 대처해 나감으로써 어느 분야에서든지 성공적인 삶을 누릴 수 있는 비법을 전해줄 것이다. 신국판 / 344쪽 / 9,000원

대운용신영부적
정재원 지음

수많은 역사와 신비로운 영험을 지닌 1,000여 종의 부적과 저자가 수십 년간 연구·개발한 200여 종의 부적들을 집대성한 국내 최대의 영부적이다.

신국판 양장본 / 750쪽 / 39,000원

사주비결활용법
이세진 지음

컴퓨터와 역학의 만남!! 운명의 숨겨진 비밀을 꿰뚫어 보는 신녹현사주 방정식의 모든 것을 수록. 신국판 / 392쪽 / 12,000원

컴퓨터세대를 위한 新 성명학대전
박용찬 지음

이름 속에 운명을 바꾸는 비결이 있다. 태어난 아기 이름은 물론 개명·상호·아호 짓는 법까지 사람이 살아가면서 필요한 모든 이름 짓기가 총망라되어 각자의 개성과 사주에 맞게 이름을 짓는 작명비법을 수록. 신국판 / 388쪽 / 11,000원

길흉화복 꿈풀이 비법
백운산 지음

길몽과 흉몽을 구분하여 그림과 함께 보기 쉽게 엮었으며, 특히 요즘 신세대 엄마들에게 관심이 많은 태몽이 여러 가지로 자세하게 풀이되어 있다.

신국판 / 410쪽 / 12,000원

새천년 작명컨설팅
정재원 지음

혼자 배워야 하는 독자들도 정말 이해하기 쉽도록 구성된 신세대 부모를 위한 쉽고 좋은 아기 이름만들기의 결정판. 신국판 / 470쪽 / 13,000원

백운산의 신세대 궁합
백운산 지음

남녀궁합 보는 법뿐만 아니라 인간관계, 출세, 재물, 자손문제, 건강문제, 성격, 길흉관계 등을 미리 규명할 수 있도록 쉽게 풀어놓았다. 신국판 / 304쪽 / 9,500원

동자삼 작명학
남시모 지음

최초의 한글 성명학으로 한글의 독창성·우수성·과학성을 운명철학 차원에서 검증한, 한국사람에게 알맞은 건물명·상호·물건명 등의 이름을 자신에게 맞는 한글이름으로 지을 수 있는 작명비법을 제시한다. 신국판 / 496쪽 / 15,000원

구성학의 기초
문길여 지음

방위학의 모든 것을 통하여 개인의 일생운·결혼운·사고운·가정운·부부운·자식운·출세운을 성공적으로 이끄는 비법 공개. 신국판 / 412쪽 / 12,000원

법률 일반

여성을 위한 성범죄 법률상식
조명원(변호사) 지음

성희롱에서 성폭력범죄까지 여성이었기 때문에 특히 말 못하고 당해야만 했던 이 땅의 여성들을 위한 성범죄 법률상식서. 사례별 법적 대응방법 제시.

신국판 / 248쪽 / 8,000원

아파트 난방비 75% 절감방법
고영근 지음

예비역 공군소장이 잘못 부과된 아파트 난방비를 최고 75%까지 줄일 수 있는 방법을 구체적인 법적 근거를 토대로 작성한 아파트 난방비 절감방법 제시.

신국판 / 238쪽 / 8,000원

일반인이 꼭 알아야 할 절세전략 173선
최성호(공인회계사) 지음

세법을 제대로 알면 돈이 보인다.
현직 공인중개사가 알려주는 합법적으로 세금을 덜 내고 돈을 버는 절세전략의 모든 것! 신국판 / 392쪽 / 12,000원

변호사와 함께하는 부동산 경매
최환주(변호사) 지음

새 상가건물임대차보호법에 따른 권리분석과 채무자나 세입자의 권리방어기법은 제시한다. 또한 새 민사집행법에 따른 각 사례별 해설도 수록.

신국판 / 404쪽 / 13,000원

혼자서 쉽고 빠르게 할 수 있는 소액재판
김재용·김종철 공저

나홀로 소액재판을 할 수 있도록 소장작성에서 판결까지의 실제 재판과정을 상세하게 수록하여 이 책 한 권이면 모든 것을 완벽하게 해결할 수 있다.

신국판 / 312쪽 / 9,500원

"술 한 잔 사겠다"는 말에서 찾아보는 채권·채무
변환철 지음

일반인들이 꼭 알아야 할 채권·채무에 관한 법률 사항을 빠짐없이 수록.

신국판 / 408쪽 / 13,000원

알기쉬운 부동산 세무 길라잡이
이건우 지음

부동산에 관련된 모든 세금을 알기 쉽게 단계별로 해설. 합리적이고 탈세가 아닌 적법한 절세법 제시. 신국판 / 400쪽 / 13,000원

알기쉬운 어음, 수표 길라잡이
변환철(변호사) 지음

어음, 수표의 발행에서부터 도난 또는 분실한 경우의 공시최고와 제권판결에 이르기까지 어음, 수표 관련 법률사항을 쉽고도 상세하게 압축해 놓은 생활법률서. 신국판 / 328쪽 / 11,000원

제조물책임법
강동근·윤종성 공저

제품의 설계, 제조, 표시상의 결함으로 소비자가 피해를 입었을 때 제조업자가 배상책임을 져야 하는 제조물책임 시대를 맞아 제조업자가 갖춰야 할 법률적 지식을 조목조목 설명해 놓은 법률서. 신국판 / 368쪽 / 13,000원

생활법률

부동산 생활법률의 기본지식
대한법률연구회 지음 / 김원중 감수

부동산관련 기초지식과 분쟁해결을 위한 노하우, 테크닉을 제시하고 권두 특집으로 주택건설종합계획과 부동산 관련 정부주요 시책을 소개하였다.

신국판 / 480쪽 / 12,000원

고소장·내용증명 생활법률의 기본지식
하태웅 지음

스스로 고소·고발장을 작성할 수 있도록 예문과 서식을 함께 소개. 또 민사소송에 대해서도 자세하게 설명. 신국판 / 440쪽 / 12,000원

노동 관련 생활법률의 기본지식
남동희 지음

4만 여 건 이상의 무료 상담을 계속하고 있는 저자의 상담 사례를 통해 문답식으로 풀어나가는 노동 관련 생활법률 해설의 최신 결정판.

신국판 / 528쪽 / 14,000원

외국인 근로자 생활법률의 기본지식
남동희 지음

외국인 연수협력단의 자문위원으로 오랜 시간 실무를 접했던 저자의 경험을 바탕으로 외국인 근로자의 체류자격 및 취업자격 등 법적 문제와 법률적 지위를 상세하게 다루었다. 신국판 / 400쪽 / 12,000원

계약작성 생활법률의 기본지식
이상도 지음

국민생활과 직결된 계약법의 기초를 이루는 핵심 기본지식을 간단명료한 해설 및 관련 계약서 작성 예문과 함께 제시. 신국판 / 560쪽 / 14,500원

지적재산 생활법률의 기본지식
이상도 · 조의제 공저

현대 산업사회에서 중요시되고 있는 특허, 실용신안, 의장, 상표, 저작권, 컴퓨터프로그램저작권 등 지적재산의 모든 것을 체계화하여 한 권으로 요약하였다.
신국판 / 496쪽 / 14,000원

부당노동행위와 부당해고 생활법률의 기본지식
박영수 지음

노사관계 핵심사항인 부당노동행위와 정리해고 · 징계해고를 중심으로 간단 명료한 해설과 더불어 대법원 판례, 노동위원회에 의한 구제절차, 소송절차 및 노동부 업무처리지침을 소개. 신국판 / 432쪽 / 14,000원

주택 · 상가임대차 생활법률의 기본지식
김운용 지음

전세업자들이 보증금 반환소송이나 민사소송, 경매절차까지의 기본적인 흐름을 알 수 있도록 인터넷을 통한 실제 법률 상담을 전격 수록.
신국판 / 480쪽 / 14,000원

하도급거래 생활법률의 기본지식
김진홍 지음

경제적 약자인 하도급업자를 위하여 하도급거래 관련 필수적인 법률사안들을 쉽게 해설함과 동시에 실무에 필요한 12가지 하도급표준계약서를 소개.
 신국판 / 440쪽 / 14,000원

이혼소송과 재산분할 생활법률의 기본지식
박동섭 지음

이혼과 관련하여 해결해야 할 법률문제들을 저자의 실무경험을 바탕으로 명쾌하게 해설하였다. 아울러 약혼이나 사실혼파기로 인한 위자료문제도 함께 다루어 가정문제로 고민하는 사람들에게 길잡이가 되도록 하였다.
신국판 / 460쪽 / 14,000원

부동산등기 생활법률의 기본지식
정상태 지음

등기를 하지 않으면 어떤 위험이 따르고, 등기를 하면 어떤 효력이 생기는가! 등기신청은 어떻게 하며, 필요한 서류는 무엇이고, 등기종류에는 어떤 것들이 있는가 등 부동산등기 전반에 걸쳐 일반인이 꼭 알아야 할 법률상식을 간추려 간단, 명료하게 해설하였다. 신국판 / 456쪽 / 14,000원

기업경영 생활법률의 기본지식
안동섭 지음

사업을 구상하고 있는 사람이나 현재 경영하고 있는 사람 및 관리실무자에게 필요한 법률을 체계적으로 알려주고 관련 법률서식과 서식작성 예문도 함께 소개.
신국판 / 466쪽 / 14,000원

교통사고 생활법률의 기본지식
박정무 · 전병찬 공저

교통사고 당사자가 쉽게 응용할 수 있도록 단계별 해결책을 제시함과 동시에 사고유형별 Q&A를 통하여 상세한 법률자문 역할을 하였다.
신국판 / 480쪽 / 14,000원

소송서식 생활법률의 기본지식
김대환 지음

일상생활과 밀접한 소송서식을 중심으로 소장작성부터 판결을 받을 때까지 그 서식작성요령을 서식마다 항목별로 자세히 설명하였다.
신국판 / 480쪽 / 14,000원

호적 · 가사소송 생활법률의 기본지식
정주수 지음

개명, 성 · 본 창설, 취적절차 및 법원의 허가 및 판결에 의한 호적정정절차, 친권 · 후견절차, 실종선고 · 부재선고절차에 상세한 해설과 함께 신고서식 작성요령과 구비할 서류 및 재판절차에 대하여 자세히 설명.
 신국판 / 516쪽 / 14,000원

상속과 세금 생활법률의 기본지식
박동섭 지음

상속재산분할, 상속회복청구, 유류분반환청구, 상속세부과처분취소 등 상속관련 사건들을 해결하는 데 도움이 되도록 상속법과 상속세법을 상세하게 함께 수록. 신국판 / 480쪽 / 14,000원

담보 · 보증 생활법률의 기본지식
류창호 지음

살아가다 보면 담보를 제공하거나 보증을 서는 일이 비일비재하다. 이렇게 담보를 제공하거나 보증을 섰는데 문제가 생겼을 때의 해결방법을 법조항 설명과 함께 실례를 실어 알아 본다. 신국판 / 436쪽 / 14,000원

처 세

성공적인 삶을 추구하는 여성들에게 우먼파워
조안 커너 · 모이라 레이너 공저 / 지창영 옮김

사회의 여성을 향한 냉대와 편견의 벽을 깨뜨리고 성공적인 삶을 이루려는 여성들이 갖추어야 할 자세 및 삶의 이정표 제시!! 신국판 / 352쪽 / 8,800원

聽 이익이 되는 말 訴 손해가 되는 말
우메시마 미요 지음 / 정성호 옮김

직장이나 집안에서 언제나 주고받는 일상의 화제를 모아 실음으로써 대화의 참 의미를 깨닫고 비즈니스를 성공적으로 이끌기 위한 대화술을 키우는 방법 제시!! 신국판 / 304쪽 / 9,000원

성공하는 사람들의 화술테크닉
민영욱 지음

개인간의 사적인 대화에서부터 대중을 위한 공적인 강연에 이르기까지 어떻게 말하고 어떻게 스피치를 할 것인가에 관한 지침서. 신국판 / 320쪽 / 9,500원

부자들의 생활습관 가난한 사람들의 생활습관
다케우치 야스오 지음 / 홍영의 옮김

경제학의 발상을 기본으로 하여 사람들이 살아가면서 생활에서 생각해 볼 수 있는 경제 이익을 보는 생활습관과 손해를 보는 생활습관을 수록, 독자 자신에게 맞는 생활습관의 기본 전략을 설계할 수 있도록 제시. 신국판 / 320쪽 / 9,800원

코끼리 귀를 당긴 원숭이-히딩크식 창의력을 배우자
강충인 지음

코끼리와 원숭이의 우화를 히딩크의 창조적 경영기법과 리더십에 대비하여 자기혁신, 기업혁신을 꾀하는 창의력 개발법을 제시. 신국판 / 208쪽 / 8,500원

성공하려면 유머와 위트로 무장하라
민영욱 지음

21세기에 들어 새로운 추세를 형성하고 있는 말 잘하기. 이러한 추세에 맞추어 현재 스피치 강사로 활약하고 있는 저자가 말을 잘하는 방법과 유머와 위트를 만들고 즐기는 방법을 제시한다. 신국판 / 292쪽 / 9,500원

등소평의 오뚝이전략
조창남 편저

중국 역사상 정치 · 경제 · 학문 등의 분야에서 최고 위치에 오른 리더들의 인재 활용, 상황 극복법 등 처세 전략 · 전술을 통해 이 시대의 성공인으로 자리매김하는 해법 제시. 신국판 / 304쪽 / 9,500원

노무현 화술과 화법을 통한 이미지 변화
이현정 지음

현재 불교방송에서 활동하고 있는 이현정 아나운서의 화술 길라잡이서. 노무현 대통령의 독특한 화술과 화법을 통해 리더로서, 성공인으로서 갖추어야 할 화술 화법을 배우는 화술 실용서. 신국판 / 320쪽 / 10,000원

성공하는 사람들의 토론의 법칙
민영욱 지음

다양한 사람들의 다양한 욕구를 하나로 응집시키는 수단으로 등장하고 있는 토론에 관해 간단하고 쉽게 제시한 토론 길라잡이서. 신국판 / 280쪽 / 9,500원

명 상

명상으로 얻는 깨달음
달라이 라마 지음 / 지창영 옮김

티베트의 정신적 지도자이자 실질적 지도자인 달라이 라마의 수많은 가르침 가운데 현대인에게 필요해지고 있는 인내에 대한 이야기. 국판 / 320쪽 / 9,000원

어 학

2진법 영어
이상도 지음

2진법 영어의 비결을 통해서 기존 영어학습 방법의 단점을 말끔히 해소시켜 주는 최초로 공개되는 고효율 영어학습 방법. 적은 시간을 투자하여 영어의 모든 것을 획기적으로 향상시킬 수 있는 비법을 제시한다.

4 · 6배판 변형 / 328쪽 / 13,000원

한 방으로 끝내는 영어
고제윤 지음

일상생활에서의 이야기를 바탕으로 하는 영어강의로 영어문법은 재미없고 지루하다고 생각하는 이 땅의 모든 사람들의 상식을 깨면서 학습 효과를 높이기 위한 공부방법을 제시하는 새로운 영어학습서. 신국판 / 316쪽 / 9,800원

한 방으로 끝내는 영단어
김승엽 지음 / 김수경 · 카렌다 감수

일상생활에서 우리가 무심코 던지는 영어 한마디가 당신의 영어수준을 드러낸다는 사실을 깨닫게 하는 영어 실용서. 풍부한 예문을 통해 참영어를 배우겠다는 사람, 무역업이나 관광 안내업에 종사하는 사람, 영어권 나라로 이민을 가려는 사람들에게 많은 도움을 줄 것이다. 4 · 6배판 변형 / 236쪽 / 9,800원

해도해도 안 되던 영어회화 하루에 30분씩 90일이면 끝낸다
Carrot Korea 편집부 지음

온라인과 오프라인을 넘나들면서 영어학습자들의 각광을 받고 있는 린다의 현지 생활 영어 수록. 교과서에서 배울 수 없었던 생생한 실생활 영어를 90일 학습으로 모두 끝낼 수 있다. 4 · 6배판 변형 / 260쪽 / 15,000원

바로 활용할 수 있는 기초생활영어
김수경 지음

다양한 상황에 대처할 수 있도록 인사나 감정 표현, 전화나 교통, 장소 및 기타 여러 사항에 관한 기초생활영어를 총망라. 신국판 / 240쪽 / 10,000원

바로 활용할 수 있는 비즈니스영어
김수경 지음

해외 출장시, 외국의 바이어 접견시 기본적으로 사용할 수 있는 상황별 센텐스를 수록하여 해외 출장 준비 및 외국 바이어 접견을 완벽하게 끝낼 수 있게 했다. 신국판 / 252쪽 / 10,000원

스포츠

수열이의 브라질 축구 탐방 삼바 축구, 그들은 강하다
이수열 지음

축구에 대한 관심만으로 각 나라의 축구팀, 특히 브라질 축구팀에 애정을 가지고 브라질 축구팀의 전력 및 각 선수들의 장단점을 나름대로 분석하고 연구하여 자신의 의견을 피력하고 있는 축구 길라잡이서. 신국판 / 280쪽 / 8,500원

마라톤, 그 아름다운 도전을 향하여
빌 로저스 · 프리실라 웰치 · 조 헨더슨 공저 / 오인환 감수 / 지창영 옮김

마라톤에 입문하고자 하는 초보 주자들을 위한 마라톤 가이드서. 올바르게 달리는 법, 음식 조절법, 달리기 전 준비운동, 주자에게 맞는 프로그램 짜기, 부상 예방법을 상세하게 설명하고 있다. 4 · 6배판 / 320쪽 / 15,000원

레포츠

퍼팅 메커닉
이근택 지음

감각에 의존하는 기존 방식의 퍼팅은 이제 그만!!
저자 특유의 과학적 이론을 신체근육 운동학에 접목시켜 몸의 무리를 최소한으로 덜고 최대한의 정확성과 거리감을 갖게 하는 새로운 퍼팅 메커닉 북.
4 · 6배판 변형 / 192쪽 / 18,000원

아마골프 가이드
정영호 지음

골프를 처음 시작하는 모든 아마추어 골퍼를 위해 보다 쉽고 빠르게 이해할 수 있도록 내용이 구성된 아마골프 레슨 프로그램서.
4 · 6배판 변형 / 216쪽 / 12,000원

인라인스케이팅 100% 즐기기
임미숙 지음

레저 문화에 새로운 강자로 자리매김하고 있는 인라인 스케이팅을 안전하고 재미있게 즐길 수 있도록 알려주는 인라인 스케이팅 지침서. 각단계별 동작을 한눈에 알아볼 수 있도록 세부 동작별 일러스트 수록.
4 · 6배판 변형 / 172쪽 / 11,000원

배스낚시 테크닉
이종건 지음

현재 한국배스스쿨에서 강사로 활약하고 있는 아마추어 배스 낚시꾼이 중급 수준의 배스 낚시꾼들이 자신의 실력을 한 단계 업그레이드 시킬 수 있도록 루어의 활용, 응용법 등을 상세하게 해설. 4 · 6배판 변형 / 440쪽 / 20,000원